So löst du die Arbeitsaufträge in diesem Buch:

(Fortsetzung auf der hinteren Umschlagklappe)

Hinweis Die **fett** gedruckten Operatoren stammen aus der Operatorenübersicht aus dem niedersächsischen Kerncurriculum für das Fach Geschichte am Gymnasium.

Anforderungsbereich I

Du arbeitest Informationen aus historischen Quellen oder Darstellungen heraus und gibst sie in mündlicher oder schriftlicher Form wieder.

Arbeitsauftrag = Operator	Das tust du	Tipps und Formulierungsvorschläge
(be-)nennen/ aufzählen	Du trägst in knapper Form und unkommentiert einzelne Begriffe und Informationen aus einem Material zusammen, z. B. als Liste oder in einer Tabelle.	*Folgende Gründe werden im Text genannt:* – ... – ... ...
beschreiben/ skizzieren	Du gibst den Inhalt eines Materials (z. B. Bild, Text, Karte) mit eigenen Worten schlüssig wieder.	*Es zeigt ... / In der Mitte sieht man ...* *Mir fällt auf, ...* *Hier wird deutlich, ...*
gliedern	Du ordnest Informationen zu einem historischen Sachverhalt mithilfe von vorgegebenen oder selbst gewählten Kriterien.	
wiedergeben	Du formulierst einen Sachtext oder eine Textquelle in deinen eigenen Worten. Berücksichtige alle wichtigen Textaussagen.	
zusammenfassen	Du gibst die wesentlichen Informationen aus einem Text knapp und mit eigenen Worten wieder.	*In dem Text geht es um ...* *Der Verfasser / die Verfasserin nennt ...*

Anforderungsbereich II

Du bearbeitest historische Quellen oder Darstellungen selbstständig. Du gibst Informationen und Inhalte aus Quellen oder Darstellungen in mündlicher oder schriftlicher Form wieder.

Arbeitsauftrag = Operator	Das tust du	Tipps und Formulierungsvorschläge
analysieren/ untersuchen	Du untersuchst einen historischen Sachverhalt oder eine Quelle, indem du gezielt Fragen stellst und Materialien auswertest.	
charakterisieren	Du bestimmst einen historischen Sachverhalt oder eine Situation in seinen/ihren Grundzügen und nennst die typischen Merkmale.	*Ein typisches Kennzeichen für ...* *Allgemeine Merkmale waren ...*

Europa heute
500 km
Alb. = Albanien
And. = Andorra
BH. = Bosnien und Herzegowina
K. = Kosovo (zzt. nur von 62 Staaten anerkannt)
Li. = Liechtenstein
Lib. = Libanon
Luax. = Luxemburg
Mc. = Monaco
Mol. = Moldawien
Mt. = Montenegro
Nmz. = Nordmazedonien
Slw. = Slowenien
SM. = San Marino
Europäisches Nordmeer
Barents-see
Reykjawik
Island
Färöer-Inseln
Norwegen
Oslo
Schweden
Stockholm
Finnland
Helsinki
Russland
Ob
Ural
Wolga
Moskau
Don
Kasachstan
Aral-see
Usbekistan
Turk-menistan
Kaspisches Meer
Nordsee
Ostsee
Irland
Dublin
Groß-britannien
London
Dänemark
Kopenhagen
Estland
Tallin
Lettland
Riga
Litauen
Wilna
Russland
Belarus
Minsk
Nieder-lande
Amsterdam
Elbe
Berlin
Deutsch-land
Rhein
Polen
Warschau
Oder
Brüssel
Belgien
Lux.
Paris
Loire
Frankreich
Atlantischer Ozean
Prag
Tschechien
Donau
Kiew
Dnjepr
Ukraine
Li.
Bern
Schweiz
Wien
Österreich
Slowakei
Bratislava
Budapest
Ungarn
Mol.
Chisinau
Rumänien
Bukarest
Slw.
Po
Kroatien
BH.
Sarajevo
Belgrad
Ser-bien
Donau
Mt.
K.
Bulgarien
Sofia
Tirana
Nmz.
Alb.
Schwarzes Meer
Bosporus
Georgien
Armenien
Aser-baidschan
Portugal
Lissabon
Tajo
Madrid
Spanien
And.
Mc.
SM.
Italien
Rom
Korsika
Balearen
Sardinien
Sizilien
Griechen-land
Athen
Kreta
Ankara
Türkei
Iran
Tigris
Irak
Euphrat
Syrien
Nikosia
Zypern
Lib.
Marokko
Algerien
Tune-sien
Malta
Mittel-meer

6

Forum Geschichte

Niedersachsen / Schleswig-Holstein
Gymnasium G 9

Vom Mittelalter bis zum Aufbruch in die Neuzeit

Cornelsen

Forum Geschichte

Band 6 wurde erarbeitet von:
Mathis Jama, René Jenkel, Dr. Mareile Rassiller, Markus Rassiller

Mit Beiträgen von: Dagmar Bäuml-Stosiek, Timo Blanken, Nicky Born, Dr. Moritz Burgmann, Hans-Joachim Cornelißen, Christine Fuchs, Cordula Gimbel, Thomas Kozianka, Silke Lehmacher, Tim Lodemann, Anja Petschulat, Andrea Plötz, Natascha Rupp, Dr. Andrea Schallenberg, Götz Schwarzrock, Jens Tanzmann, Veronika Weidemann, Stefan Weißhampel, Andreas Zodel

Redaktion: Andreas Holy
Bildassistenz: Anne-Katrin Dombrowsky
Illustration: Klaus Becker, Oberursel; Thomas Binder, Magdeburg; Michael Teßmer, Hamburg; Hans Wunderlich, Berlin
Grafik: Erfurth Kluger Infografik GbR, Berlin; Elisabeth Galas, Bad Breisig
Karten: Carlos Borrell Eiköter, Berlin
Technische Umsetzung: zweiband.media, Berlin
Umschlagbild: Nachbau der Santa Maria und der Niña, zwei Schiffe, mit denen Christoph Kolumbus einen westlichen Weg nach Ostasien suchte und 1492 Amerika entdeckte, Foto von Einrique Shore/ dpa Picture-Alliance/Reuters, 1991

Das Lehrwerk enthält Fremdtexte, die aus didaktischen Gründen gekürzt wurden; sie sind in den Quellenangaben mit * gekennzeichnet. Fremdtexte, die gekürzt und bearbeitet wurden, sind mit ** gekennzeichnet.

Die Cornelsen Lernen App ist eine fakultative Ergänzung zu Forum Geschichte, die die inhaltliche Arbeit begleitet und unterstützt. Als solche unterliegt sie nicht der Genehmigungspflicht.

1. Auflage, 1. Druck 2024

Alle Drucke dieser Auflage sind inhaltlich unverändert und können im Unterricht nebeneinander verwendet werden.

Druck: Mohn Media Mohndruck, Gütersloh

ISBN 978-3-06-066251-7 (Schülerbuch)
ISBN 978-3-06-066253-1 (E-Book)

PEFC
PEFC/04-31-1033
PEFC-zertifiziert
Dieses Produkt stammt aus nachhaltig bewirtschafteten Wäldern und kontrollierten Quellen
www.pefc.de

1 Lebensformen im Mittelalter

2 Kulturbegegnungen im Mittelalter

3 Die Frühe Neuzeit ab 1500

4 Kirchenspaltung am Beginn der Neuzeit

Anhang

Umschlag

So arbeitest du erfolgreich mit Forum Geschichte

Hier bekommst du einige Hinweise, damit du dich in diesem Buch gut zurechtfindest: wie die Kapitel aufgebaut sind, was die unterschiedlichen Farben bedeuten oder welche Texte, Materialien und Aufgaben es gibt.

Fragen stellen und sich orientieren

Jedes Kapitel beginnt mit der **Auftaktseite**. Sie zeigt, worum es in dem Kapitel geht. Mithilfe des Webcodes und des QR-Codes kannst du dir alle Darstellungstexte des Kapitels online anhören.

Auf der **Orientierungsseite** erfährst du mehr: Die Zeitleiste gibt dir den Zeitraum an, mit dem du dich beschäftigen wirst, die Karte zeigt dir den Raum. Der Text und die Bilder führen dich in das Kapitelthema ein.

Ein Thema untersuchen

Auf den **Themenseiten** erklärt dir ein kurzer Text unterhalb der Überschrift, um welches Thema es auf der Doppelseite geht (= Moderationstext). Der Schulbuchtext (= Darstellungstext), die Abbildungen, die blau unterlegten „Quellentexte“ oder Begriffserklärungen helfen dir, ein geschichtliches Thema zu untersuchen. Die Arbeitsaufträge sind vielfältig: Oft kannst du eine Aufgabe auswählen oder du findest Hinweise zu Partner- oder Gruppenarbeit. Der **Wortschatz** auf jeder Themenseite hilft dir beim Verständnis des Darstellungstextes und beim Bearbeiten der Aufgaben.

Wortschatz und Lesetechniken

Zu jeder Themeneinheit gibt es einen Wortschatz. Er hilft dir beim Verständnis der Darstellungstexte und bei der Bearbeitung der Aufgaben. In vielen Aufgaben findest du darüber hinaus Formulierungshilfen.

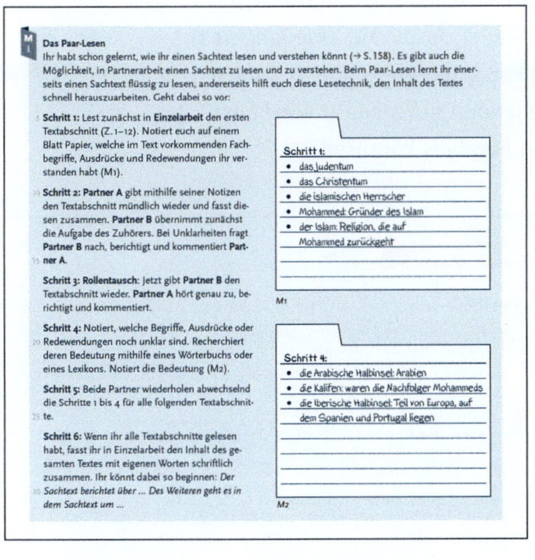

Du findest im Buch Anleitungen, wie du Darstellungstexte und Begriffe selbstständig verstehen und erarbeiten kannst. Dazu gehört die Lesetechnik des **Paar-Lesens**.

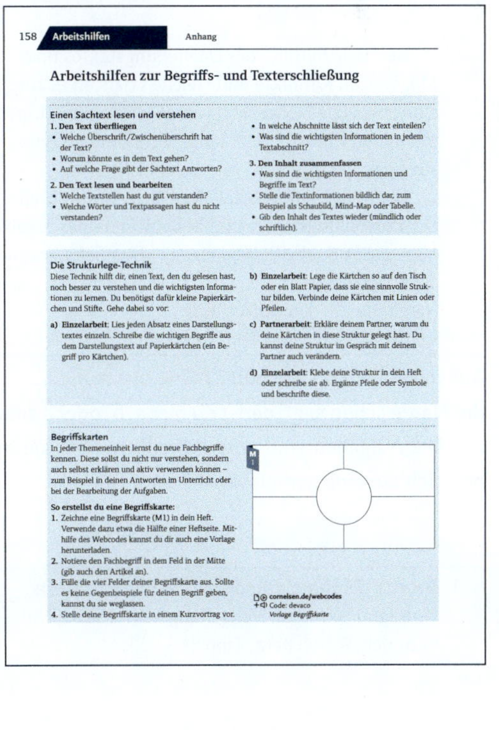

Bereits eingeführte **Arbeitshilfen zur Begriffs- und Texterschließung** findest du im Anhang, darunter die **Strukturlege-Technik** und eine Anleitung zur Erstellung von **Begriffskarten**.

Differenzierung: Unterschiedliche Lernwege auswählen

Wähle-aus-Seiten

Historische Fragen lassen sich auf verschiedene Weise beantworten. Auf den orangefarbenen **Wähle-aus-Seiten** kannst du dich für ein Material entscheiden: Traust du dir zu, eine längere Textquelle zu bearbeiten? Oder arbeitest du lieber mit Bildquellen? Interessieren dich Zahlen und Statistiken? Wähle aus, was zu dir passt! Bei einer abschließenden **Aufgabe für alle** könnt ihr trotz unterschiedlicher Lösungswege zu einem gemeinsamen Ergebnis kommen.

4 Wähle eine Aufgabe aus:

a) Beurteile mithilfe des Darstellungstextes und M4, welche Konflikte und welche Chancen es für eine friedliche Koexistenz von Muslimen und Christen in den Kreuzfahrerstaaten zur Zeit der Kreuzzüge gab.

b) Beurteile die Frage aus der Überschrift mithilfe des Darstellungstextes und M4 sowie deiner Ergebnisse aus Aufgabe 2. Beginne so: *„Einerseits waren … Andererseits …"*

Nutze jeweils den **Wortschatz**.

Auf vielen Seiten siehst du **„Wähle-aus-Aufgaben"**. Wie der Name schon sagt, darfst du hier a, b, oder c auswählen. Die Aufgaben sind unterschiedlich, aber sie beziehen sich auf eine gemeinsame Frage.

146 **Zusatzaufgaben** Anhang

Kapitel 1:

→ S. 22/23

1 Arbeite aus M1 die Abgaben und Frondienste heraus, die Hörige dem Abt des Klosters Limburg leisten mussten.

2 Bewerte die Abgaben und Dienste der Limburger Hörigen: Welche Forderungen des Grundherrn scheinen dir aus heutiger Sicht noch akzeptabel, welche nicht? Begründe deine Meinung.

M1 **Aus einer Urkunde Kaiser Konrads II. für das Kloster Limburg (1035):**
Jeder Mann entrichte jährlich einen Schilling, eine Frau sechs Pfennige, oder aber es dienen Männer wie Frauen wöchentlich einen Tag auf dem Abtshof. Der Abt hat auch die Verfügungsgewalt über ihre noch unverheirateten Söhne. Er kann, welchen er will, in die Küche …, in die Backstube stellen …, die Wäsche waschen …, die Pferde bewachen lassen und ihn zu jedem Dienst … abordnen … Wenn der Abt einen … in seinem Gefolge haben will und ihn zum Truchsess[1] oder Mundschenk[2] oder zu seinem Reiter machen [will] …, [so ist ihm dies erlaubt]. Nach dem Tode des Mannes wird das beste Stück Vieh … zum Abtshof entrichtet, nach dem Tode einer Frau das wertvollste Kleid. Eine Frau, die außerhalb des Dorfes heiratet, gibt selbstverständlich ihren Zins von sechs Pfennigen.

*Zit. nach Quellen zur Geschichte des deutschen Bauernstandes, hg. v. Günther Franz, 2. Aufl., Darmstadt (Wiss. Buchgesellschaft) 1976, Nr. 51.***

[1] *Amtsträger, der für die Tafel und den Speisesaal zuständig war*
[2] *Amtsträger, der für den Wein zuständig war*

Wenn du schneller bist als die anderen und dich für weitere Aspekte eines Themas interessierst, findest du **Zusatzaufgaben** im Anhang. Du kannst sie entweder mit den Informationen der Doppelseite oder mit anderen Materialien lösen.

1 Arbeite die Hintergründe und Motive der Hexenverfolgung aus dem Darstellungstext heraus. Nutze dazu den **Wortschatz**. **Tipp** → S. 151.

Bei manchen Aufgaben findest du **Tipps** zur Lösung im Anhang des Schulbuchs. Nutze sie, wenn du möchtest.

Mit Medien und Methoden arbeiten

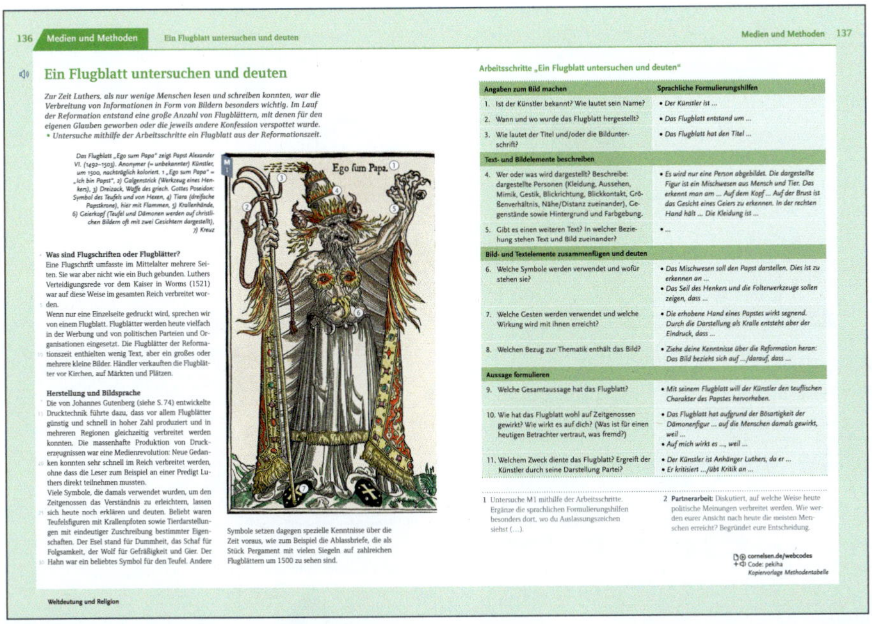

Auf den **Medien- und Methoden-Seiten** lernst du schriftliche Quellen, Bilder oder Karten fachgerecht auszuwerten. In der grünen Tabelle stehen links die Arbeitsschritte, nach denen du vorgehst. In der rechten Spalte gibt es sprachliche Formulierungshilfen oder Lösungshinweise zu dem Beispiel auf der Seite. Über einen Webcode auf der Seite kannst du dir auch eine Kopiervorlage mit den Arbeitsschritten herunterladen.

Cornelsen Lernen App: Digitales Begleitmaterial zu deinem Schulbuch

Mit der Cornelsen Lernen App kannst du digitales Begleitmaterial zu den Schulbuchseiten kostenlos herunterladen. In der App sind digitale Materialien, wie Audios, Videos, interaktive Übungen oder digitale Hilfen für dein Schulbuch verfügbar. Die App kann im Unterricht, unterwegs oder zu Hause genutzt werden. Sind die Inhalte erst einmal heruntergeladen, brauchen sie keine Internetverbindung mehr.

Folge dieser Anleitung, um die Cornelsen Lernen App auszuprobieren:

- Gehe in den Apple App Store oder in den Google Play Store.
- Suche dort nach der kostenlosen App „Cornelsen Lernen" und installiere sie.
- Öffne die App und wähle das Materialpaket zum Schulbuch „Forum Geschichte Niedersachsen / Schleswig-Holstein 6" aus.
- Du kannst das digitale Begleitmaterial zu deinem Schulbuch auf dein Gerät herunterladen.

Siehst du eines dieser Symbole in deinem Buch, kannst du in deiner App über die Eingabe der Seitenzahl:

(Audio) (Video)	Üben	Check	Hilfe
alle Audios und Videos zu deinem Buch aufrufen,	interaktive Übungen zu den entsprechenden Themenseiten absolvieren,	dein Wissen am Ende des Kapitels überprüfen,	auf weitere Informationen, Ideen und Hilfen zugreifen.

Wiederholen und die eigenen Kompetenzen prüfen

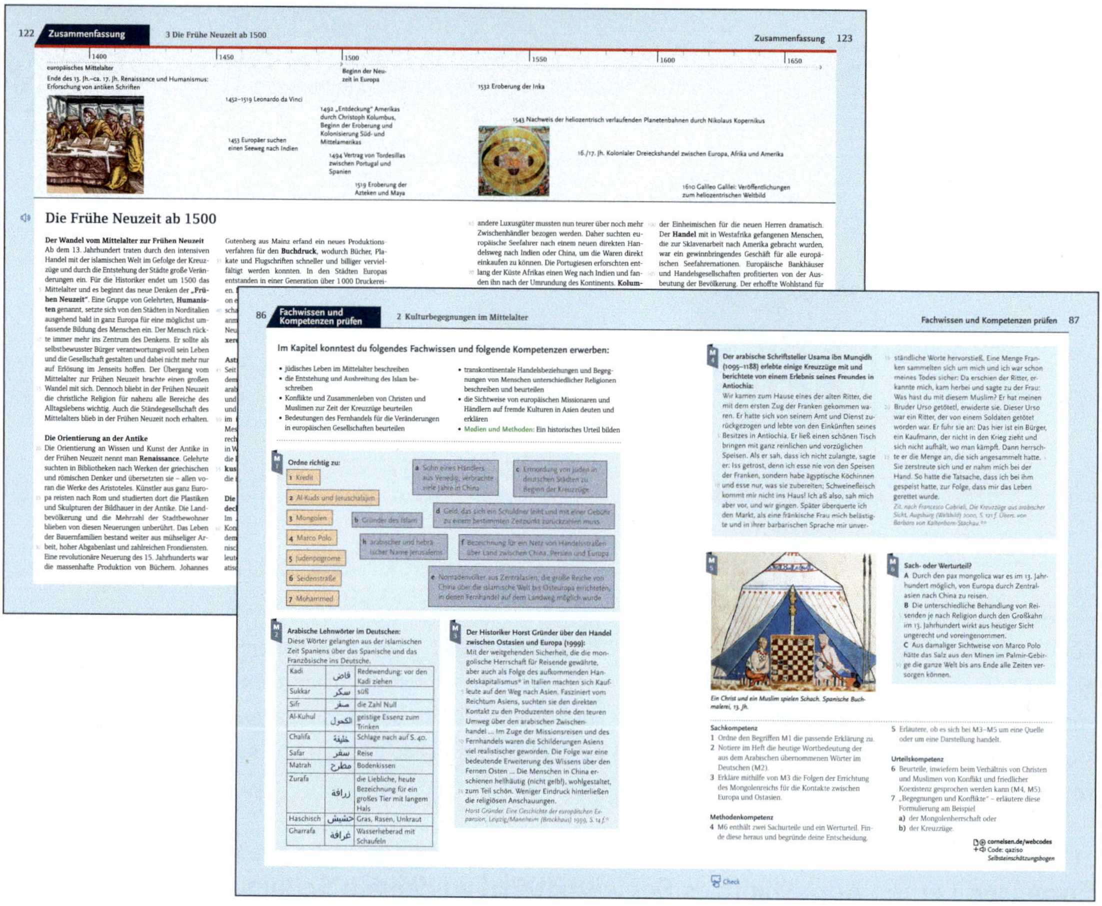

Auf der **Zusammenfassungsseite** am Schluss des Kapitels fasst ein Text den Inhalt noch einmal zusammen. Die Zeitleiste hilft dir, die wichtigsten Daten zu wiederholen. Wenn du wissen möchtest, was du im Kapitel gelernt hast, solltest du die Aufgaben auf der Seite **Fachwissen und Kompetenzen prüfen** lösen. Falls du mit einzelnen Aufgaben Schwierigkeiten hast, liest du im Kapitel noch einmal nach. Lösungshilfen findest du im Anhang. Ein weiteres Hilfsmittel zur Überprüfung der erlernten Kompetenzen eines Kapitels ist ein Selbsteinschätzungsbogen, den du dir über einen Webcode auf der Seite herunterladen und bearbeiten kannst.

Hilfen im Anhang und im Umschlag

Der **Anhang** unterstützt dich bei der Arbeit.
Hier findest du:

- Zusatzaufgaben
- Tipps zu den Aufgaben aus den jeweiligen Themeneinheiten
- Lösungshinweise zu den Seiten „Fachwissen und Kompetenzen prüfen“
- Arbeitshilfen zur Begriffs- und Texterschließung
- ein Lexikon mit Erklärungen schwieriger Begriffe
- ein Register zum schnellen Nachschlagen
- hilfreiche Tipps für Referate und Unterrichtsmethoden
- eine Übersicht digitaler Anwendungen zur Aufgabenbearbeitung

In den **Umschlagklappen** kannst du die „Operatoren“ nachschlagen, die in den Arbeitsaufträgen verwendet werden. Auch findest du dort interessante Karten (Welt, Europa, Exkursionsziele).

Zusätzlich: Webcodes – passend zu Forum Geschichte

- **alle Darstellungstexte zum Anhören**
- **Selbsteinschätzungsbögen**
- **Internetlinks mit weiteren Informationen**

Die Webcodes sind auf den Schulbuchseiten abgedruckt.

Ein **Webcode** sieht so aus: **cornelsen.de/webcodes**
+ *Code: koqoma*
Der Thron Karls des Großen

So geht es:
1. Gehe auf die Seite www.cornelsen.de/webcodes
2. Gib dort den Webcode ein, der auf der Schulbuchseite abgedruckt ist, und du findest zum Beispiel Selbsteinschätzungsbögen, die Darstellungstexte der Kapitel als Audio, Kopiervorlagen oder nützliche Internetlinks mit weiteren Informationen zu einem Thema.

1 Lebensformen im Mittelalter

Vor etwa 600 Jahren wurde dieses Bild von einem Mönch gemalt. Es gewährt uns Einblicke in die Lebensformen jener Zeit und zeigt die bedeutendsten Gruppen der Gesellschaft: den König, Adlige, Geistliche, Kaufleute und Bauern. Diese Epoche wird als Mittelalter bezeichnet und dauerte etwa von 500 bis 1500 n. Chr. an.

Nenne für jeden Bildabschnitt die Personen, die zu sehen sind: König, Adlige, Geistliche, Kaufleute oder Bauern. Entscheide dich für eine Person, deren mögliche Gedanken und Worte du aufschreibst. Lies vor und lass die Klasse erraten, welche Person du gewählt hast.

alle Darstellungstexte zum Anhören

gutara

Französische Buchmalerei, um 1420

500 600 700 800 900

Antike Mittelalter

um 500 Das Frankenreich entsteht

seit 6. Jh. Entstehung von Klöstern in Europa

seit 7./8. Jh. Grundherrschaft und Lehnswesen

800 Kaiserkrönung Karls des Großen

Lebensformen im Mittelalter

Im Mittelalter verbreitete sich in Europa die Überzeugung, dass es von Gott gewollt sei, die Gesellschaft in drei Stände aufzuteilen. Aus dem jeweiligen gesellschaftlichen Stand und Lebensmittelpunkt ergaben sich für die Menschen unterschiedliche Lebensformen. Könige, Adlige und hohe Geistliche standen an der Spitze der Gesellschaft und übten großen Einfluss aus. 800 n. Chr. wurde der erfolgreiche Frankenkönig Karl der Große vom Papst sogar zum Kaiser gekrönt. Unter seinen Nachfolgern entstand das Heilige Römische Reich.

Das Lehnswesen half den Königen und Adligen, ihre Herrschaft durch persönliche Bindung und wechselseitige Abhängigkeit zu sichern. Aber es gab auch Konflikte. So stritten sich zum Beispiel König Heinrich IV. und Papst Gregor VII., wer von ihnen mehr Macht besäße.

Die meisten Menschen lebten auf dem Land als Bauern und waren von ihrem Grundherrn abhängig. Daneben gab es aber noch andere Lebensorte: Burgen, Klöster und, etwas später, Städte mit uns heute fremd erscheinenden Regeln des Zusammenlebens.

- Wie regierten die Könige im Mittelalter?
- Wie übten Adlige ihre Macht über die Bauern aus?
- Warum kam es zu Konflikten zwischen weltlicher und geistlicher Macht und wie verliefen diese?
- Wie wird unser heutiges Bild vom Mittelalter beeinflusst?

M 1

Herrschaftsgebiete in Europa um 1000

1000 | 1100 | 1200 | 1300 | 1400 | 1500

Mittelalter → Neuzeit

seit 1100 Entstehung vieler Städte in Europa

13./14. Jh. Hanse entwickelt sich vom Handels- zum Städtebund

11./12. Jh. Streit zwischen weltlicher und geistlicher Macht um die Einsetzung von Bischöfen im Reich

M 2

Beginen-Turm – verbliebener Turm der Stadtbefestigung von Hannover, Foto, 2023

M 3

Der Nonnenchor des Klosters Wienhausen in Niedersachsen aus dem frühen 14. Jh., Foto

M 4

Foto vom mittelalterlichen Modelldorf Steinrode in Niedersachsen, Foto, 21. Jh.

M 5

Statue Karls des Großen, entstanden um 1620 (Foto vom Standort im Aachener Rathaus). Auf dem Kopf trägt Karl die Reichskrone, in den Händen hält er Zepter und den Reichsapfel.

1 Arbeite mithilfe der Karte M1 heraus, zu welchem Herrschaftsgebiet dein Wohnort im Mittelalter gehörte. ▸ Hilfe

2 Betrachte die vier Abbildungen M2 bis M5 und entscheide, welche deiner Meinung nach typisch für das Mittelalter ist. Erläutere deine Entscheidung.

3 Nennt in der Klasse Begriffe, die ihr mit dem Mittelalter verbindet, und notiert sie auf einem Plakat. Am Ende des Kapitels könnt ihr das Gleiche noch einmal machen und die beiden Plakate vergleichen.

Neue Macht im Westen: Die Frankenkönige

Nach dem Untergang des Römischen Reichs breitete sich das Christentum weiter in West- und Mitteleuropa aus. Im Westen Europas entstand das Reich der Franken. Die Franken waren Germanen und siedelten ab dem 3. Jahrhundert östlich des Rheins. Unter ihrem König Chlodwig (488–511) eroberten sie große Teile der vorher römischen Provinz Gallien.

- ***Worauf gründeten die Frankenkönige ihre Macht?***
- ***Welche Rolle spielte die christliche Kirche für die fränkischen Herrscher?***

M 1

Bischof Remigius von Reims tauft König Chlodwig. Französische Buchmalerei, 1375/79

Die Macht der Könige und Königinnen

König Chlodwig stammte aus der Adelsfamilie der Merowinger. Er stützte seine Macht und sein Ansehen auf militärische Erfolge. Wie alle germanischen Könige trug er Bart und lange Haare als Zeichen einer besonderen Macht, des „Königsheils*“. Dieses bedeutete, dass nur der König und seine Familie gute Ernten, Kriegsglück und das Wohlergehen des Volkes garantieren konnten. Ein wichtiger Grund für Chlodwigs Erfolg war vermutlich seine Entscheidung, Christ zu werden: Um das Jahr 498 ließ er sich zusammen mit 3000 Kriegern taufen. Damit wurden die Bischöfe und anderen hohen Geistlichen zu Verbündeten des Königs.

Die Ausbreitung des Christentums im Mittelalter

Chlodwig war der erste Frankenkönig, der zum Christentum übertrat. Mit seiner Taufe war das Frankenreich aber noch lange kein christliches Land. Erst ganz allmählich verbreitete sich die neue Religion in West- und Mitteleuropa. Wanderprediger aus Irland und Schottland machten die christliche Religion bekannt und tauften die Germanen. Die Wanderprediger gründeten zahlreiche Klöster. Der bekannteste Missionar* war der Angelsachse Winfried mit dem Beinamen Bonifatius (= Wohltäter). Nach römischem Vorbild teilte Bonifatius die bereits christlich gewordenen Gebiete in Verwaltungsbezirke ein. An deren Spitze berief er fähige Männer, die er zu Bischöfen* machte. Bis zum Jahr 1000 war ganz West- und Nordeuropa christlich geworden. In Russland und auf dem Balkan verbreiteten Mönche aus dem Oströmischen Reich die orthodoxe Form des Christentums.

Nach dem Tod Chlodwigs führten seine Söhne die fränkische Eroberungspolitik fort und nahmen die Stämme der Thüringer, Burgunder und Bayern ins Frankenreich auf. Starb ein fränkischer König, dann wurde das Reich wie ein Familienbesitz unter den Söhnen aufgeteilt. Dies führte zu Machtkämpfen.

M 2

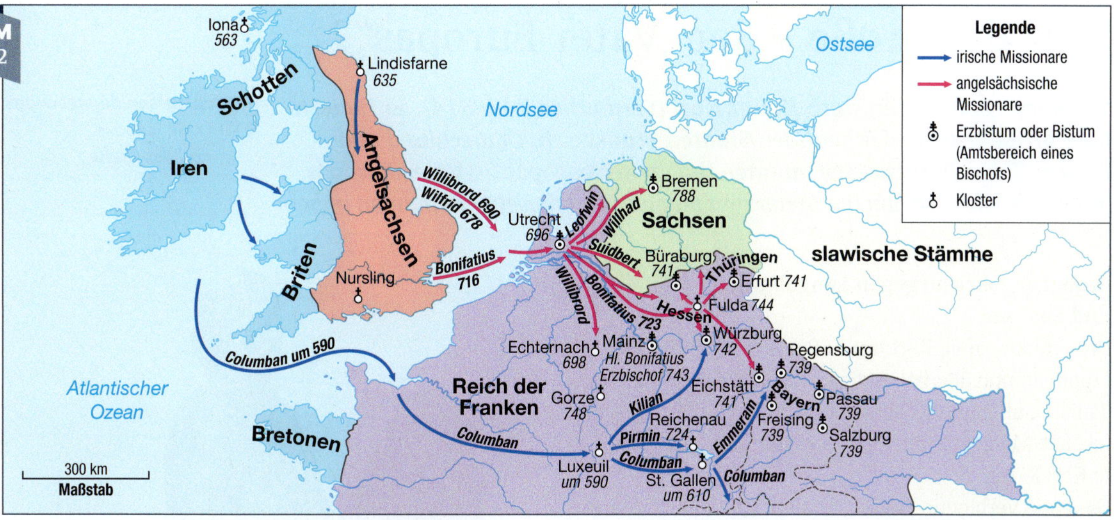

Ausbreitung des Christentums in Mitteleuropa im 7./8. Jh.

Warum verbündet sich der Karolinger Pippin mit dem Papst*?

Die Streitigkeiten der Merowinger-Familie um die Reichsteilungen schwächten die Machtstellung des Königs. Im 8. Jahrhundert erlangte deshalb der „Hausmeier" am Königshof immer mehr an Einfluss. Die Hausmeier waren für das Personal am Hof und für die königlichen Landgüter verantwortlich. Auch gewannen sie militärische Befehlsgewalt: Der Hausmeier Karl Martell, der aus der Adelsfamilie der Karolinger stammte, besiegte 732 bei Poitiers im heutigen Frankreich eine Truppe islamischer Krieger aus Al-Andalus (heutiges Spanien), die auf Beutezug ins Frankenreich eingedrungen war. Karl Martells Sohn Pippin wurde ebenfalls Hausmeier. Er strebte nach noch mehr Macht und ließ beim Bischof von Rom, dem Papst, anfragen, wer die Königskrone verdient habe: derjenige, der die Macht ausübt, oder derjenige, der den Königstitel trägt? Der Papst antwortete, dass derjenige König genannt werden solle, der die Macht besitze. Daraufhin ließ Pippin dem letzten Merowinger-König Childerich die Haare und den Bart abrasieren und ihn in ein Kloster bringen. So erlangte Pippin als erster Karolinger die Königswürde.

Die Karolinger – Könige von „Gottes Gnaden"

Im Jahr 754 reiste Papst Stephan II. ins Frankenreich und bat Pippin um militärischen Schutz gegen Angriffe der Langobarden aus Norditalien. Bei seinem Besuch salbte er nach biblischem Vorbild König Pippin und seine Söhne mit heiligem Öl und verlieh Pippin den Titel „Schutzherr der Römer" (Patricius Romanorum).
Mit seiner Entscheidung, den fränkischen König zu salben, hatte sich der Papst zum ersten Mal an die Seite eines germanischen Herrschers gestellt. Dies bedeutete, dass der Papst den König akzeptierte und unterstützte. Pippin führte zwei Feldzüge nach Italien durch und schenkte dem Papst fünf Hafenstädte an der Adria und einen Streifen Land bis nach Rom. Der Bund zwischen Papst und Frankenkönig wurde in der Folgezeit noch bedeutender. Der vom Papst gesalbte König galt als von Gott selbst eingesetzt, und Pippin war der erste König „von Gottes Gnaden".

1 Erkläre die Ausbreitung des Christentums im 7. und 8. Jahrhundert (M2, Darstellungstext).

2 Fasse mithilfe des Darstellungstextes und M1 zusammen, worauf sich die fränkische Königsherrschaft stützte. Nutze auch den **Wortschatz**.

3 Verfasse einen Brief, in dem Pippin dem Papst darlegt, warum er als Hausmeier Ansprüche auf den Thron und die Königskrone erhebt. **Tipp** → S. 151.

4 Stelle in einer Tabelle Vorteile und Nachteile gegenüber, die sich aus der Verbindung zwischen dem Papst in Rom und dem Frankenkönig Pippin ergaben:
a) aus der Sicht des Papsttums
b) aus der Sicht des Frankenkönigs
Nutze dazu auch den Lexikonbegriff zum Papsttum.

Wortschatz: die Macht auf … stützen • Einfluss auf … nehmen • der Hausmeier • den Anspruch auf … erheben • jemanden entmachten • den König einsetzen • die Salbung • der König wird gesalbt

Karl der Große – der „Vater Europas"?

Vor über 1200 Jahren starb Kaiser Karl (vermutlich 748–814). Er regierte über große Gebiete der heutigen Staaten Frankreich, Deutschland und Italien. Seine Zeitgenossen nannten ihn „pater europae" – Vater Europas.

- ***Untersuche, warum die Menschen damals Karl diese(n) Beinamen gaben.***

cornelsen.de/webcodes
+ Code: caboke
Karl der Große

Eroberungskriege gegen Langobarden und Sachsen

Der Frankenkönig Karl trat 768 das Erbe seines Vaters Pippin an und übernahm die Herrschaft. Mit seinen für damals außergewöhnlichen 1,84 Metern überragte er fast alle Männer seiner Zeit. Über drei Jahrzehnte führte Karl Krieg.

Die enge Verbindung zwischen dem Papst in Rom und dem fränkischen König setzte sich unter Karls Herrschaft fort. Ein Hilferuf des Papstes an Karl löste 773 einen Feldzug gegen das Volk der Langobarden in Norditalien aus. Karl eroberte 774 deren Hauptstadt Pavia, setzte sich die Königskrone der Langobarden auf und nannte sich von nun an „König der Franken und Langobarden".

Den mit über 30 Jahren längsten Krieg führte Karl gegen die germanischen Sachsen im heutigen Niedersachsen. Immer wieder kam es dort zu Aufständen gegen die fränkische Herrschaft. Den Widerstand ließ Karl mit aller Härte unterdrücken und zwang die Sachsen zur Übernahme des Christentums. Um 800 hatte Karl das Reich seines Vaters an Größe verdoppelt und eine politische Einheit der christlichen Völker im Westen und der Mitte Europas geschaffen.

Kaiserkrönung und Tod Karls des Großen

Am Weihnachtstag des Jahres 800 wurde Karl von Papst Leo III. in Rom zum Kaiser gekrönt. Damit gab es nach der Absetzung des letzten weströmischen Kaisers 476 wieder einen Kaiser im Westen Europas. Karl, der schon zu seinen Lebzeiten den Beinamen „der Große" erhielt, betrachtete seine Kaiserwürde als ein „von Gottes Gnaden" übertragenes Amt. Als Kaiser war er das weltliche Oberhaupt aller katholischen Christen. 814 starb Karl in seiner Lieblingspfalz in Aachen. Nach seinem Tod entwickelten sich aus den Gebieten des Frankenreichs die Länder Deutschland und Frankreich.

(der) Kaiser – (das) Kaisertum
Der höchste weltliche Herrschertitel in Europa wurde von dem Namen Caesar abgeleitet. Mit der Kaiserkrönung Karls des Großen lebte die römische Reichsidee (= die Schaffung eines großen, geeinten Reichs) wieder auf. Das Krönungsrecht lag beim Papst, der damit auf den weltlichen Bereich Einfluss nahm. Die mittelalterlichen Kaiser verbanden mit der Kaiserkrone den Herrschaftsanspruch über Italien und sahen sich als Beschützer der Christen.

Wortschatz: Krieg gegen ... führen • das Reich vergrößern • jemanden besiegen • etwas einnehmen • die Ausbreitung des christlichen Glaubens • sich durchsetzen • im Norden/Süden des Reichs • einen Herrschaftsanspruch über etwas haben

M 2

Rekonstruktion eines karolingischen Panzerreiters für eine Ausstellung über Karl den Großen in Aachen, 2014. Karl Martell hatte die Panzerreiter in der Auseinandersetzung mit islamischen Heeren im Frankenreich eingeführt.

M 3

Ein Mitglied des Königshofs in einem gedichteten Text über Karl den Großen (um 800):

Der König übertrifft alle Könige auf der ganzen Welt an Würde und Weihe, er ist gerechter, und mächtiger als alle ragt er empor. Er ist das Haupt der Welt, die Liebe und die Zierde des Volkes, die bewundernswerte Spitze Europas, der beste Vater, der Held, der Augustus, aber auch mächtig in der Stadt[1], die als zweites Rom zu neuer Blüte gewaltig emporwächst, mit hoch gebauten Kuppeln, die Sterne berührend.

Karolus Magnus et Leo Papa (Paderborner Epos), MG Poetae Latinii Medii. Zit. nach Geschichte in Quellen, Bd. 2, bearb. und übers. v. Wolfgang Lautemann, 2. Aufl., München (bsv) 1978, S. 68.

[1] *Gemeint ist die Stadt Aachen, wo Karl sich häufig aufhielt.*

M 4

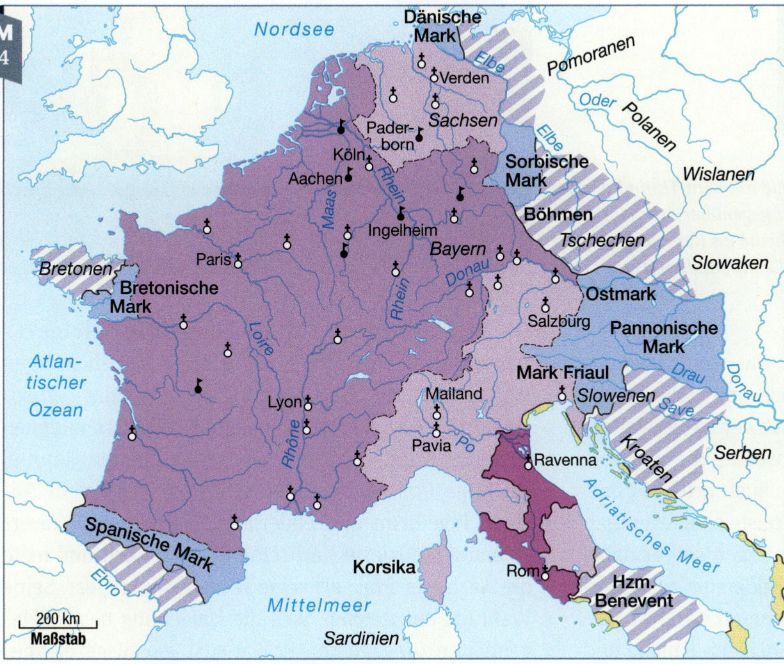

Legende
- Frankenreich 768
- Gebietserweiterungen Karls des Großen
- Grenzmarken* Karls des Großen
- fränkisches Einflussgebiet um 814
- Kirchenstaat
- Oströmisches Reich
- Bischofssitz
- Königspfalz

* Grenzmarken sind Grenzgebiete, die von Grafen* verwaltet wurden und der Grenzsicherung des Reichs dienten.

Das Frankenreich unter Karl dem Großen. Der „Kirchenstaat" ist das Gebiet, das Pippin dem Papst geschenkt hatte (siehe S. 17). Heute gibt es davon nur noch den sehr kleinen Vatikanstaat innerhalb der Stadt Rom.

1 Arbeite heraus, was im Darstellungstext zum Verhältnis von Karl und dem Papst gesagt wird.

2 Beschreibe die Reiterstatue M1. **Tipp** → S. 151.

3 **a)** Vergleiche die Abbildungen M1 und M2.
b) Begründe, welche Abbildung du für glaubwürdiger hältst.

4 **Wähle eine Aufgabe aus:**
a) Erkläre mithilfe der Karte M4 und des Darstellungstextes, wie Karl der Große seinen Machtbereich erweiterte.
b) Ordne die Entwicklung des Frankenreichs unter Karl dem Großen in einer Zeitleiste ein (Darstellungstext, M4).

5 Überprüfe die Sichtweise auf Karl den Großen in der schriftlichen Quelle M3. ▸ Hilfe

Üben   Kartenanimation: *Das Frankenreich unter Karl dem Großen*

Wie regierte Karl der Große?

Karl regierte nicht von einer Hauptstadt aus, sondern reiste mit seinem Gefolge durch das Frankenreich. Als Aufenthaltsorte dienten ihnen die Pfalzen. Das waren große Gebäudeanlagen, in denen viele Hundert Menschen unterkommen konnten.
- ***Untersuche, warum Aachen sich zu Karls „Lieblingspfalz" entwickelte.***

M 1

Aachener Königsthron, um 800 n. Chr. Der Thron besteht aus einem Holzgestell und Marmorplatten und wurde im Auftrag Karls des Großen in der Aachener Pfalzkapelle aufgestellt.

M 2

Die Pfalzkapelle mit dem Thron Karls des Großen direkt gegenüber dem Hochaltar hat sich bis heute als Kern des Aachener Doms erhalten. Foto, 21. Jh.

Regierung „vom Sattel" aus

Karl der Große regierte ein Reich, das weite Teile des heutigen Frankreichs, Deutschlands und Italiens umfasste. So ein großes Gebiet war schwer zu verwalten. Karl tat dies, indem er Grafen* einsetzte, die sein Vertrauen genossen und seine Befehle ausführten. Er entsandte auch Boten, vor allem aber reiste er selbst durch das Reich: Nach heutigen Berechnungen soll er dabei mit seinen Pferden rund 80 000 Kilometer zurückgelegt haben. Bei seinen Reisen begleiteten Karl fast tausend Gefolgsleute, darunter die königliche Familie und seine Berater. Auf den Resten alter Römerstraßen kämpfte sich der Tross aus schwer bepackten Ochsenkarren durch die von riesigen Wäldern bedeckten Landschaften. Am schnellsten und sichersten war der Seeweg auf den Flüssen Rhein und Donau.

Das Reisen war für Frauen, Kinder und Bedienstete sehr anstrengend. Viele erkrankten oder starben unterwegs.

Die Pfalz: Herberge für das königliche Gefolge

Das große Königsgefolge war schwer zu beherbergen und zu ernähren. Deshalb entstanden mit der Zeit sogenannte Pfalzen (von lat. palatium = Palast), in denen sich der König mehrere Wochen aufhalten konnte. Wichtige Pfalzen befanden sich zum Beispiel in Aachen, Ingelheim und Paderborn. Nach seiner Kaiserkrönung reduzierte Karl seine Reisetätigkeit und legte die Aachener Pfalz als seine Hauptresidenz fest. Seine Wahl fiel auf Aachen, weil die Umgebung beste Gelegenheiten zur Jagd bot. Er war auch ein ausgezeichneter Schwimmer, der gerne in den heißen Wasserquellen Aachens badete. Der Kaiser nutzte die Badestunden auch, um Politik zu betreiben. Zeitweise begleiteten ihn etwa hundert Menschen beim Baden, darunter viele seiner Berater.

cornelsen.de/webcodes
Code: koqoma
Der Thron Karls des Großen

Wortschatz: das Reich umfasste ... • jemanden einsetzen • Boten entsenden • der große Reisetross • schneller und sicherer sein als ... • die Reiseanstrengungen • eine Herberge suchen • jemanden beherbergen • die Pfalz

M 3

Rekonstruktionszeichnung der Pfalz von Aachen:
1 Königshalle (47 x 20 m)
2 Wohngebäude des Königs
3 Torhalle mit Gerichtssaal
4 Pfalzkapelle
5 Badehäuser und Schwimmbecken
6 Wohnhäuser für Knechte und Mägde

M 4

Lebensmittel für eine Pfalz

Nahrungsbedarf des Königs oder Kaisers mit seinem Gefolge (etwa 1000 Mann) am Beispiel der Pfalz Ingelheim (geschätzte Werte für das Jahr 800 nach Ergebnissen der Geschichtsforschung):

	Fleisch	Getreide	Wein
je Mann und Tag	2 kg	2 kg	3 l
1000 Mann in 10 Tagen	20 000 kg	20 000 kg	30 000 l

Um 800 wurden aus den Schlachttieren (Schweine und Schafe) nur je 10 kg Fleisch gewonnen. Eine große Pfalz wie Ingelheim hatte wohl nicht mehr als 2000 Schlachttiere. Zur Pfalz gehörten etwa 1000 ha Ackerland. Für 20 000 kg Getreide mussten etwa 400 ha Getreide angebaut werden.
Maximal dürften 30 Fässer zu je 1000 l Wein und Bier zur Verfügung gestanden haben.

*Gustav A. Süß, Versorgung und Wirtschaften auf der Pfalz, in: Praxis Geschichte, H. 2, 1988, S. 20 f.***

M 5

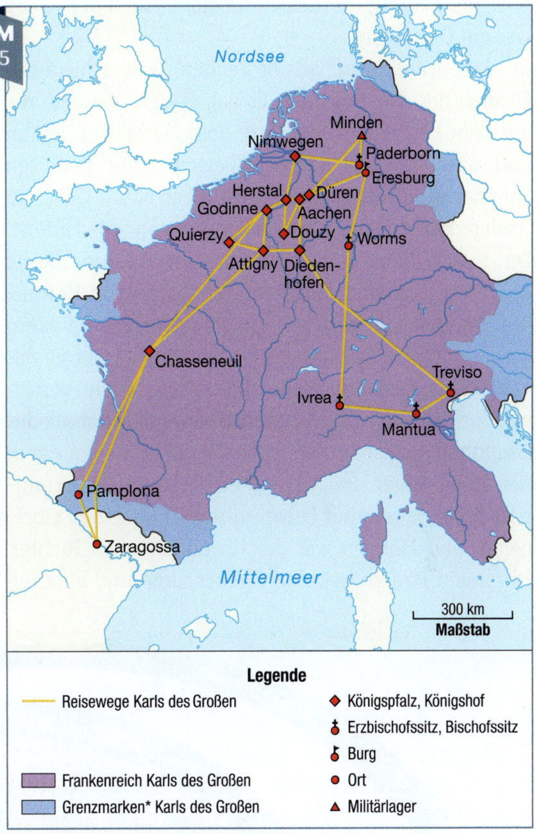

Die Reisen Karls des Großen 775–778.
Während seiner gesamten Regierungszeit bereiste Karl einige Orte mehrfach, zum Beispiel: Worms: 16, Herstal: 12, Diedenhofen: 7, Düren: 6, Quierzy: 6, Aachen: 27-mal.

1 Erkläre mithilfe des Darstellungstextes und des Begriffskastens, warum Karl so viel reiste.
2 Arbeite aus M5 heraus, in welchem Gebiet des Frankenreichs Karl sich besonders häufig aufhielt.
3 Verfasse einen Bericht aus der Sicht einer jungen Begleitung im Gefolge Karls. Nutze dazu M4 und den **Wortschatz**. ▸ Hilfe
4 Erläutere mithilfe von M3, warum sich die Anlage für die Regierungsgeschäfte des Königs eignete. ▸ Hilfe
5 Erkläre an M1 und M2, wie sich in der Pfalzkapelle Herrschaft und Religion miteinander verbinden.

(das) Reisekönigtum
Die Könige und Kaiser der Franken und später der Deutschen besaßen keine feste Hauptstadt, sondern reisten mit ihrer Gefolgschaft durch ihr Herrschaftsgebiet. Regieren bedeutete, politische und rechtliche Entscheidungen vor Ort zu treffen. Auf ihren Reisen hielten sie sich oft in großen Klöstern oder den eigens dafür vorgesehenen Pfalzen auf.

Die Grundherrschaft

Die meisten Menschen im Mittelalter waren Bauern. Die wenigsten von ihnen waren freie Bauern. Ihr Herr, der Grundherr, besaß das Land, auf dem sie lebten und arbeiteten.

- ***Was bedeutete es für die Bauern, „unfrei" zu sein?***

Wie war die Grundherrschaft organisiert?

Im Laufe des Mittelalters wurden immer mehr Bauern von einem Grundherrn abhängig. Grundherr konnte ein Adliger sein, etwa ein Graf*. Ebenso gab es Grundherren, die Geistliche waren, zum Beispiel ein Bischof* oder der Leiter (Abt*) eines Klosters. Auch der König war ein Grundherr.

In der Grundherrschaft bestanden unterschiedliche Formen der Abhängigkeit: Es gab Bauernfamilien, die auf dem Hof des Grundherrn, dem Herrenhof, lebten und arbeiteten. Sie waren Leibeigene* und gehörten zum persönlichen Besitz des Grundherrn.

Andere Bauern lebten und wirtschafteten auf „Hufen". Das waren kleine Bauernhöfe mit etwas Land, die im Besitz des Grundherrn waren und abseits von Herrenhof und Herrenland zu Dörfern gehörten. Diese Bauern waren unfrei. Man nannte sie auch Hörige*, da sie das Land ohne Zustimmung des Grundherrn nicht verlassen durften. Die Hörigen standen unter dem Schutz des Grundherrn und mussten nicht wie die freien Bauern in den Krieg ziehen. Bei Missernten versorgte der Grundherr seine Bauern mit Lebensmitteln. Für seine Leibeigenen und Hörigen war der Grundherr auch Richter. Die freien Bauern besaßen eigenes Land und mussten Kriegsdienst leisten. Sie durften sich frei bewegen und den Wohnort wechseln. Bei Missernten, Krankheit oder Verletzung konnten sie oft ihre Familien nicht mehr ernähren und begaben sich freiwillig in die Grundherrschaft.

Abgaben und Dienste

Die hörigen Bauern mussten dem Grundherrn Abgaben und Dienste leisten. Die Abgaben der Bauern wurden auf Fronhöfen (althochdeutsch fro = Herr) abgeliefert. Hier wohnte auch der Meier. Er war der Verwalter, dem mehrere Hufen und die darauf lebenden Bauern unterstellt waren.

Von den Erträgen der Landwirtschaft mussten die hörigen Bauern jährlich einen festgelegten Anteil abliefern, den sogenannten Zehnt. Oft genug betrug der Zehnt mehr als den zehnten Teil, weil z. B. nicht jedes zehnte Huhn, sondern immer das erste von zehn Hühnern abzugeben war – Pech für den Bauern, der nur acht Hühner hatte! Die Hörigen mussten für den Grundherrn auch Frondienste leisten. Dazu gehörten vor allem landwirtschaftliche Arbeiten auf dem Herrenhof oder auf einem der Fronhöfe. Im Laufe des Mittelalters wurden die Frondienste zunehmend durch Geldzahlungen ersetzt.

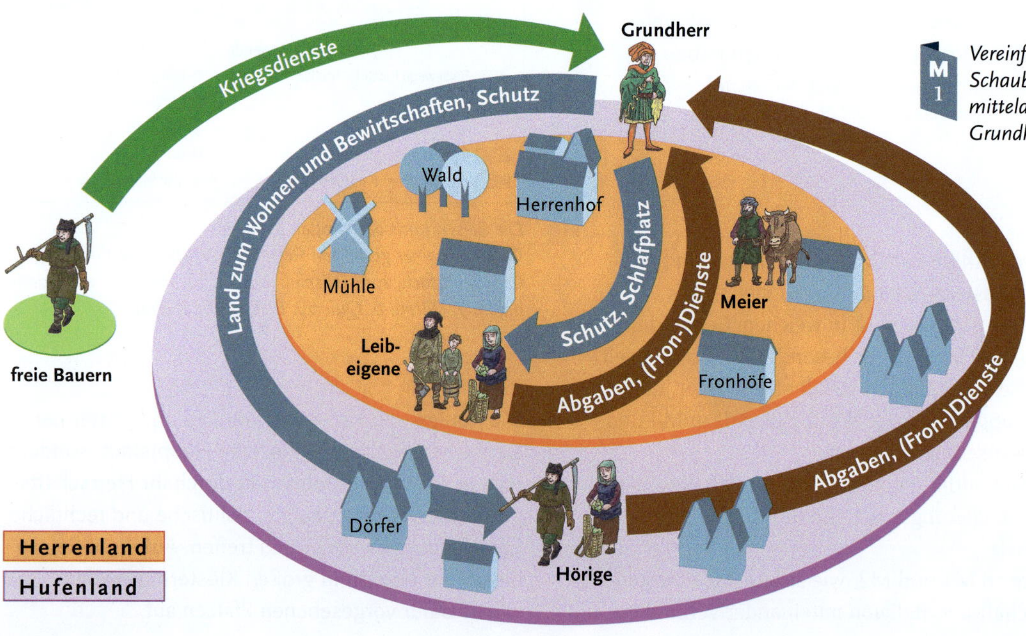

M 1 Vereinfachtes Schaubild der mittelalterlichen Grundherrschaft

M 2 *Bauern bei der Fronarbeit, englische Buchmalerei aus dem Psalter der Königin Maria, 14. Jh.*

M 3 *Abgaben an den Grundherrn, Buchmalerei aus dem Sachsenspiegel, 14. Jh.*

M 4 **Ein Problem der Geschichte beurteilen:**

Frage: Warum begaben sich freie Bauern in die Abhängigkeit?

Mit den Augen der Menschen damals urteilen: ein Sachurteil	**Mit den Augen der Menschen heute urteilen: ein Werturteil**
Wie würden die Menschen in der Vergangenheit diese Frage beantworten?	Wie würdest du diese Frage aus heutiger Sicht beantworten?
Im Falle, dass ein ___ Bauer krank oder im Krieg verletzt wird, kann er nicht mehr ___. Dann ist er zwar frei, kann aber sich und seine ___ nicht mehr versorgen. Begibt er sich in einem solchen Fall in die ___, können er und seine Familie überleben, denn der ___ bietet dem Bauern Schutz und befreit ihn vom Kriegsdienst. Dafür verlangt er aber ___ und ___.	*Ein ___ Bauer in Not musste sich zwischen Freiheit und Überleben entscheiden. Es ist deshalb verständlich, dass sich freie Bauern in die ___ begaben. Der Grundherr war sehr mächtig und die Bauern hatten nicht die gleichen ___ und Möglichkeiten wie er. Heute sind alle Menschen ___ und wir müssen uns dieser Frage nicht stellen, da wir bei Krankheit Unterstützung von der Familie, aber auch von Versicherungen oder dem Staat erhalten. Unsere Freiheit wird durch ___ geschützt, die für alle gleich sind.*

1 In der Grundherrschaft gab es Leibeigene, Hörige und freie Bauern. Erläutere mithilfe des Darstellungstextes, welche Rechte und Pflichten sie gegenüber dem Grundherrn hatten. Nutze dazu auch den **Wortschatz**.

2 Untersuche M2 und M3: Wer könnten die abgebildeten Personen sein? Welches Verhältnis zwischen ihnen kommt in den Bildern jeweils zum Ausdruck? ▸ Hilfe

Zusatzaufgabe → S. 146.

3 **a)** Beurteile und bewerte das Problem, warum sich freie Bauern in die Hörigkeit begaben. Nutze dazu M4 und vervollständige mithilfe des Darstellungstextes die Lücken.

b) Erkläre den Unterschied zwischen einem historischen Sachurteil und einem historischen Werturteil in eigenen Worten.

4 Erstelle mithilfe des Schaubildes M1 eine Begriffskarte „Grundherrschaft". Nimm die Anleitung auf S. 158 zu Hilfe.

Wortschatz: von einem Grundherrn abhängig sein • unfrei/hörig sein • Abgaben und Frondienste leisten • unter dem Schutz der Grundherren stehen • an das Land gebunden sein • den Zins entrichten

Das Lehnswesen: Herrschaft durch persönliche Bindung

Um ihr Reich zu regieren, hatten die Könige des Mittelalters noch keine Behörden mit Tausenden von Beamten, Polizisten und Richtern wie heutige Staaten. Durch persönliche Verbindungen mit dem Adel versuchten die Herrscher sicherzustellen, dass ihre Macht im ganzen Reich anerkannt wurde.

- ***Welche Bedeutung hatte das Lehnswesen für die Königsherrschaft im Mittelalter?***

M 1

Die Belehnung geistlicher und weltlicher Fürsten, Abbildung aus dem Sachsenspiegel, 13./14. Jh.

M 2

Ein Vasall huldigt Graf Wilhelm I. von der Normandie:

Der Graf fragte den künftigen Vasallen, ob er ohne Vorbehalte sein Gefolgsmann werden wolle, und er antwortete: „Ich will es." Darauf verbündeten sie sich mit einem Kuss, während die Hände des Vasallen in denen des Grafen lagen. Darauf gelobte der Vasall seine Treue ...: „Ich verspreche auf meinen Glauben von diesem Augenblick an, dem Grafen Wilhelm treu zu sein und ihm ... meinen Eid zu halten, in gutem Glauben und ohne Falsch." Zum Dritten schwört er dasselbe auf die Reliquien des Heiligen.

*Galbert von Brügge. Zit. nach Jacques Le Goff, Das Hochmittelalter, Frankfurt a. M. (Fischer Weltgeschichte 11) 1965, S. 66.**

Herrschaft unter Adligen

Im Mittelalter verdankte ein Herrscher seine Macht den geistlichen und adligen Fürsten, die ihn zum König wählten. Nach der Krönung brauchte er die Fürsten, um seine Herrschaft im Reich durchzusetzen. Ohne eigenes Heer war der König im Kriegsfall auf deren Unterstützung angewiesen. Als Reisekönig* musste er sich darauf verlassen können, dass die Fürsten im gesamten Königreich in seinem Interesse handelten.

Für die Adligen zahlte sich der Dienst am König aus. Sie erhielten als Gegenleistung für ihre Gefolgschaft Land, eine Burg oder ein besonderes Recht (zum Beispiel das Recht, einen Markt* zu gründen). Diese Leihgabe auf Lebenszeit nannte man Lehen. Gleichzeitig band der König die Adligen durch einen Treueid an seine Person. Anders als heute gab es noch keine schriftliche Verfassung, in der die staatliche Ordnung dauerhaft geregelt war. So entstand das für die Herrschaft im Mittelalter typische System persönlicher Bindungen, das sich seit dem 8. Jahrhundert zum Lehnswesen* entwickelte.

1 Erkläre mithilfe des Darstellungstextes und des Schaubilds M3, wie das Lehnswesen entstand. Nutze dazu den **Wortschatz**.

2 **Partnerarbeit:** Erläutert mithilfe der Begriffsinformation „Die Vergabe von Lehen" (S. 25) den Vorgang, der in M1 dargestellt ist.

3 Vergleiche M2 mit der Beschreibung der Vergabe von Lehen (S. 25).

4 **Methode:** Untersuche das Schaubild M3 mithilfe der Arbeitsschritte auf S. 162. ▸ Hilfe

5 Überprüfe mithilfe des Schaubilds die Aussage: „Jeder Lehnsherr und Vasall war zugleich Grundherr."

6 **Wähle eine Aufgabe aus:**

a) Beurteile das Herrschaftsverständnis, das in der Aussage „Herrschaft durch persönliche Bindung" deutlich wird.

b) Beurteile, ob das Lehnswesen für die Ausübung von Herrschaft unentbehrlich war.

M 3

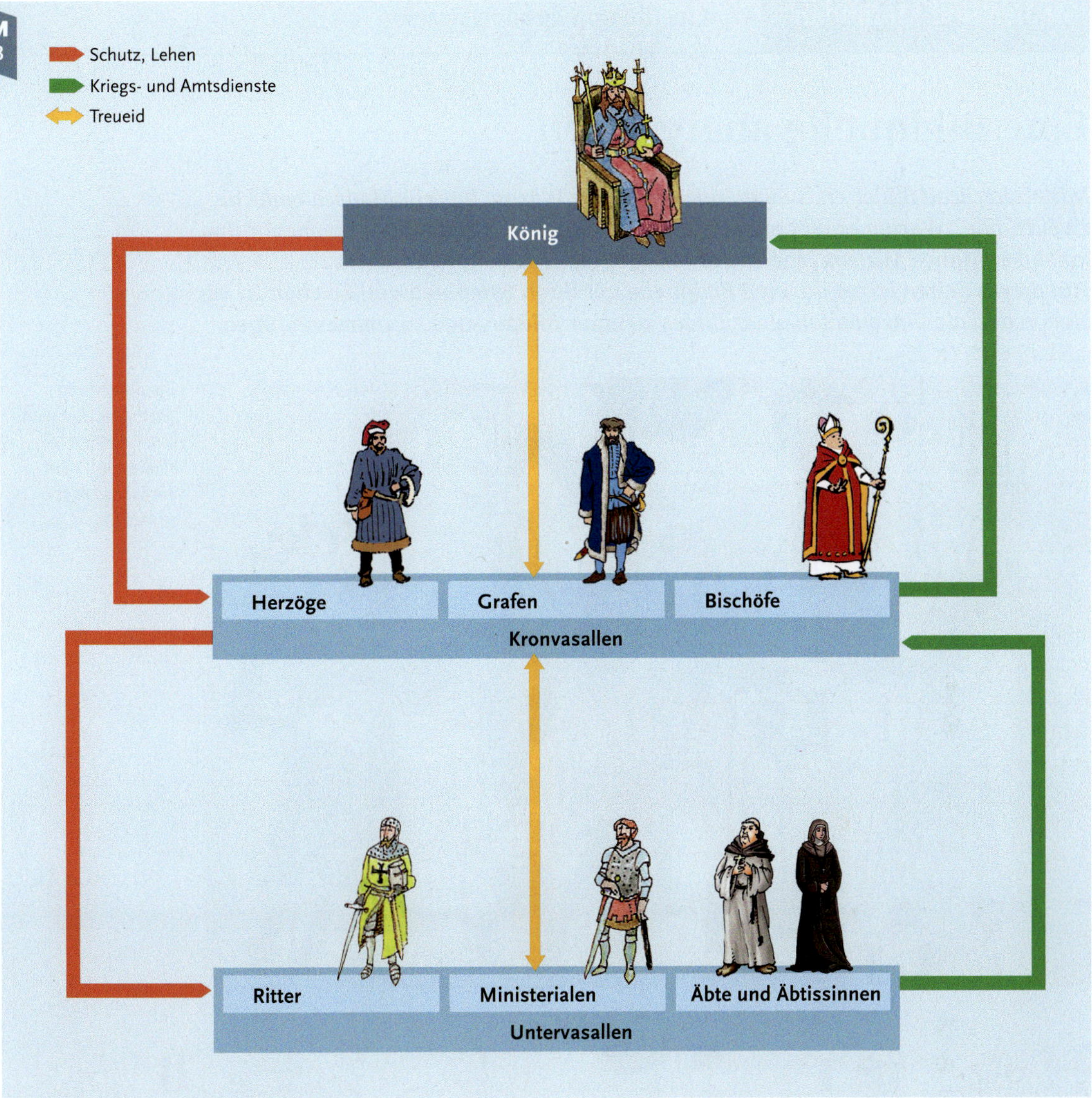

Vereinfachte Darstellung des Lehnswesens

Die Vergabe von Lehen

Das Lehen war ein vom Lehnsherrn an den Lehnsmann (**Vasall**) lebenslang geliehenes Gut, für das der Vasall dem Herrn Dienste leistete. **Lehnsherr** und **Vasall** begaben sich in ein gegenseitig verpflichtendes Verhältnis, in dem beide einander Treue schuldeten: Der Herr erwartete im Frieden Rat und im Kriegsfall militärische Hilfe. Als Gegenleistung belohnte der Herr den Vasallen mit einem Lehen. Nicht nur Land, auch Ämter oder Rechte wie das Münzrecht* wurden als Lehen vergeben. Herzöge, Grafen und Bischöfe waren Vasallen des Königs (**Kronvasallen**), die Ämter in der Reichsverwaltung ausübten.

Die Übergabe des Lehens bestand aus drei Teilen:

1. Mannschaft: Der Vasall gab seine zusammengelegten Hände in die Hände des Herrn; der umschloss sie als Zeichen von Schutz und gegenseitiger Treue.

2. Treueid des Vasallen: Der Vasall versprach Rat und Hilfe.

3. Lehnsübergabe an den Vasallen: Je nach Art des Lehens wird ein Symbol übergeben.

Kronvasallen konnten Teile des empfangenen Lehens an **Untervasallen** weiterverleihen, die dann ihrem unmittelbaren Lehnsherrn, aber nicht mehr dem König zu Treue verpflichtet waren.

Wortschatz: jemandem seine Macht verdanken • als Gegenleistung für ... • jemandem huldigen • einen Treueid leisten • zur Treue verpflichtet • das Lehen übergeben • die Vasallen des Königs • Dienst ableisten • die persönliche Bindung

Eine Bildquelle analysieren

Mittelalterliche Bilder erscheinen uns oft fremd: Warum hat ein Mensch mehr als zwei Hände? Warum erhebt ein Mensch den Zeigefinger gegenüber einem vor ihm knienden Mann? Warum legen zwei Männer die Hände ineinander?
Auf diesen Seiten lernst du, eine Bildquelle mit ihren Symbolen und Zeichen zu verstehen und die Einzelheiten eines Bildes zu einer Bildaussage zusammenzufügen.

M1

Die Belehnung geistlicher und weltlicher Fürsten, Abbildung aus dem Sachsenspiegel, 13./14. Jh.

M2

Szenen aus dem Lehnsrecht, Illustrationen aus dem Sachsenspiegel, 13./14. Jh.

1 Analysiere M1 mithilfe der Arbeitsschritte auf S. 83. Vergleiche anschließend deine Ergebnisse mit den Lösungshinweisen in der rechten Spalte.
2 Analysiere eines der Bilder aus M2 mithilfe der Arbeitsschritte.
3 **Rollenspiel:** Wählt ein Bild dieser Seite aus und schreibt einen Dialog für die abgebildete Handlung. Spielt diese Zeremonie mithilfe eurer Kenntnisse zum Lehnswesen nach. Eine Anleitung für ein Rollenspiel findest du auf S. 156. ▸ Hilfe
4 Zeichne dein eigenes Sachsenspiegel-Bild zu einer symbolischen Handlung von heute, z. B. (d)eine Einschulung, Preisverleihung oder Eheschließung. Verwende eigene Symbole, aber auch mindestens ein Element der Zeichensprache aus M3.

Arbeitsschritte „Eine Bildquelle analysieren“

Einzelne Elemente beschreiben	Sprachliche Formulierungshilfen
1. Was ist dargestellt (Personen, Gegenstände)?	• *Eine Person mit Krone auf einem Thron (ein König) gibt drei gekrönten Personen rechts drei Fahnen, zwei Personen links (eine mit Schleier, die andere mit Bischofshut) ein Zepter.* • *Es scheint sich um eine Übergabe zu handeln.* • *Es ist merkwürdig, dass die drei Personen auf der rechten Seite identisch aussehen.*
2. In welchen Positionen (Haltungen), in welchen Bewegungen sind sie zu sehen?	
3. Wie lässt sich die Situation beschreiben?	
4. Was erscheint merkwürdig?	
Zusätzliche Informationen hinzuziehen und Bedeutung der Bildelemente herausarbeiten	
5. Welche Hinweise gibt die Bildunterschrift?	• *Der Bischof und die Äbtissin* links erhalten vom König ein Zepterlehen als Symbol ihrer geistlichen Herrschaft, die drei weltlichen Fürsten rechts erhalten Fahnen als Herrschafts- und Lehnssymbole.* • *Der äußerste von ihnen macht eine erklärende Geste mit seiner Hand; vielleicht deutet dies auf den Lehnseid hin, den er dem König schwören muss.* • *Der König sitzt erhöht gegenüber den anderen Personen, er ist ihnen also überlegen.*
6. Welche Bedeutung würdest du der entsprechenden Geste, Gebärde, Handlung oder auch dem Gegenstand heute noch zuordnen?	
7. Recherchiere Hintergrundinformationen zu den Symbolen (Bibliothek, Internet; hier: M3).	
8. Welche Einzelaussagen ergeben sich aus den Symbolen und Gesten?	
Bildaussage formulieren	
9. Welche Gegenstände oder Handlungen scheinen besonders wichtig zu sein für die Aussage des Bildes? Woran erkennst du dies?	• *Das Lehnswesen wird als ein gegenseitiges Verhältnis dargestellt, da der König den Kronvasallen Lehen gibt, dafür von ihnen aber einen Treueid erhält. Der König hat die oberste Stellung inne.* • *Die anderen Personen stehen für Gruppen; deshalb sehen die drei weltlichen Fürsten identisch aus.*
10. Welche Gesamtaussage lässt sich formulieren? Gibt es mehrere Deutungen?	

M3

Kleines Zeichensprachelexikon des Mittelalters:

Ähren anbieten: Bereitschaft, das Lehnsverhältnis fortzusetzen
Fahne (halten, übergeben): Herrschafts- und Lehnssymbol; Fahnenlehen: Lehen an einen Fürsten
Gabel am Hals: Drohung, das Lehen wegzunehmen
Hand schräg nach unten geführt: Geste der Erklärung
Handschuh: Eigentumsübertragung
Kniefall: Geste der Huldigung und Unterwerfung
Kreuz: Hauptsymbol des Christentums; als Zeichen der Weltherrschaft des Christentums gedeutet
Krone: Zeichen königlicher Macht
Kugel, Reichsapfel: Zeichen königlicher Herrschaft, Kugel = Erde
Mit dem Zeigefinger auf jemanden zeigen: Geste der Ermahnung, des Benennens
Schwert: Zeichen der Macht und der strafenden Gerechtigkeit
Wappen: schildförmiges, grafisch festgelegtes Symbol, zuerst während der Kreuzzüge verwendet; Zeichen für Erblichkeit der Lehen
Zeigefinger nach unten: Geste des Zeigens
Zepter: Herrschaftssymbol; Zepterlehen: Lehen an Geistliche

cornelsen.de/webcodes
Code: megeva
Kopiervorlage Methodentabelle

Wie wird die königliche Herrschaft legitimiert?

Otto I. war einer der mächtigsten Könige des Mittelalters. Über seine Wahl und Krönung im Jahr 936 hat der Mönch Widukind aus dem Kloster Corvey bei Höxter einen genauen Bericht verfasst. Ob die Wahl Ottos tatsächlich so ablief, wissen wir nicht. Widukind (geb. um 930) war bei dem Ereignis nicht dabei. Sein Bericht zeigt jedoch, wie die Könige des Heiligen Römischen Reichs gekrönt wurden.

- *Untersuche mithilfe der Quelle die Frage in der Überschrift.*

M 1

Bericht Widukinds von Corvey über die Wahl und Krönung König Ottos I. 936

König Heinrich I. (919–936) hatte seinen Sohn Otto, gegen den Widerstand der anderen Söhne, zum alleinigen Nachfolger bestimmt.

1

Nachdem also der Vater des Vaterlandes und der größte wie beste König Heinrich gestorben war, wählte sich das gesamte Volk der Franken und Sachsen seinen Sohn Otto, der schon von seinem Vater zum König bestimmt worden war, als Herrscher aus. Als Ort der allgemeinen Wahl ... bestimmte man die Pfalz* Aachen.

2

Und als man dort angekommen war, versammelten sich die Herzöge und obersten Grafen mit der übrigen Schar vornehmster Ritter in dem Säulenhof, der mit der Basilika[1] Karls des Großen verbunden ist, setzten den neuen Herrscher auf einen dort aufgestellten Thron, ... gelobten ihm Treue, versprachen ihm Unterstützung gegen alle seine Feinde und machten ihn nach ihrem Brauch zum König.

3

... [Der Erzbischof von Mainz] wandte sich zum Volk und sagte: „Seht, ich bringe euch den von Gott erwählten und von dem mächtigen Herrn Heinrich einst erwählten, jetzt aber von allen Fürsten zum König gemachten Otto. Wenn euch diese Wahl gefällt, zeigt dies an, indem ihr die rechte Hand zum Himmel emporhebt." Da streckte das ganze Volk die Rechte in die Höhe und wünschte unter lautem Rufen dem neuen Herrscher viel Glück.

4

Dann schritt der Erzbischof mit dem König, der nach fränkischer Sitte mit einem eng anliegenden Gewand bekleidet war, hinter den Altar, auf dem die königlichen Herrschaftszeichen (Insignien*) lagen: das Schwert mit dem Wehrgehänge, der Mantel mit den Spangen, der Stab mit dem Zepter[2] und die Krone ... Auf der Stelle wurde er mit dem heiligen Öl gesalbt[3] und mit der goldenen Krone gekrönt ...

5

Und nachdem die rechtmäßige Weihe vollzogen war, wurde er von ... Bischöfen zum Thron geführt ..., dass er von da aus alle sehen und selbst von allen gesehen werden konnte. Zusammen sang man dann das Lob Gottes und beging feierlich die Messe.

6

[Dann] ging der König hinunter zur Pfalz, trat an die mit königlicher Pracht geschmückte Tafel* aus Marmor und nahm mit den Bischöfen und dem ganzen Adel Platz; die Herzöge aber taten Dienst. Der Herzog der Lothringer, Giselbert, zu dessen Machtbereich dieser Ort gehörte, organisierte alles; [der Herzog der Franken] Eberhard kümmerte sich um den Tisch, [der Herrscher der Schwaben] Hermann um die Mundschenken[4], [der Bayernherzog] Arnulf sorgte für die Ritterschaft sowie für die Errichtung des Lagers.

7

Der König beehrte danach jeden Fürsten in königlicher Freigebigkeit mit einem angemessenen Geschenk und entließ die Menge höchst leutselig[5].

*Sachsengeschichte. Zit. nach Deutsche Geschichte in Quellen und Darstellungen, Bd. 1: Frühes und Hohes Mittelalter 750 bis 1250, hg. v. Wilfried Hartmann, Stuttgart (Reclam) 1995, Nr. 33, S. 143 f.***

[1] *große Kirche, Kathedrale*
[2] *verzierter Stab*
[3] *Dem Herrscher wurde wohlriechendes Öl auf Stirn, Brust, Nacken und rechten Arm gestrichen.*
[4] *Amtsträger am Königshof, der für den Wein und die Weinberge des Königs zuständig war*
[5] *in bester Stimmung*

Wie wurde der Nachfolger des Königs bestimmt?

Heute ist es ein Unterschied, ob jemand ein Amt erbt (zum Beispiel Könige und Königinnen) oder ob eine Person an die Spitze des Staates gewählt wird (zum Beispiel Kanzler oder Präsidentinnen). Das war im Mittelalter anders. Hatte der König einen Sohn, so war der göttliche Wille offensichtlich: Gott hatte durch die Geburt des Sohnes gezeigt, dass das Königtum in der Familie fortgesetzt werden sollte.
Trotzdem mussten die Königssöhne immer auch von den Mächtigen im Reich gewählt werden. Frauen konnten im Heiligen Römischen Reich nicht ins Königsamt gewählt werden.

Die Aufgaben des Königs

Als „Gesalbter des Herrn" hatte der König die Aufgabe, die Kirche und alle Christen zu schützen.
Weitere wichtige Aufgaben des Königs waren:
- den Frieden in seinem Herrschaftsgebiet bewahren
- gegen äußere Feinde das Heer anführen
- im Namen des Reichs Verträge mit anderen Herrschern schließen
- Urkunden ausstellen
- Recht sprechen
- prüfen, ob seine Untergebenen sich ihm gegenüber treu verhielten.

M 2

Die Reichsinsignien, die im Heiligen Römischen Reich den Königen und Kaisern als Herrschaftszeichen verliehen wurden. Foto, 10./11. Jh. Zu den Reichsinsignien gehörten die Reichskrone, das Zepter, der Reichsapfel, das Reichsschwert und die heilige Lanze (die letzten beiden sind nicht im Bild). Die Insignien können heute in der Schatzkammer der Wiener Hofburg besichtigt werden.

A Daraufhin erhielt Otto I. die königlichen Herrschaftszeichen. Die Erzbischöfe von Köln und Mainz salbten ihn. Dann setzten sie ihm die Krone auf. Damit war Otto zum König geweiht.

D Otto bestieg den Thron und alle feierten einen Gottesdienst.

B Otto war schon von seinem Vater Heinrich zum Nachfolger ernannt worden.

F

C Anschließend zog Otto I. in die Kirche ein. Dort nahm der Erzbischof von Mainz seine rechte Hand und fragte alle Anwesenden, ob sie den von Gott erwählten Kandidaten akzeptierten. Alle hoben ihre rechte Hand und wünschten dem gewählten Herrscher Glück.

G

E

1 **Methode:** Untersuche die Quelle M1 mithilfe der Arbeitsschritte auf S. 162. ▸ Hilfe

2 **a)** Ordne die Textkarten (A–D) den passenden Abschnitten der Quelle M1 zu.
b) Verfasse eigene Textkärtchen zu den restlichen Abschnitten. Nutze den **Wortschatz**.
c) Bringe alle Kärtchen (A–E) mithilfe von M1 in die richtige Reihenfolge und schreibe den Ablauf der Königskrönung auf.

3 Erkläre die Bedeutung der Gegenstände in M2. Nutze dabei auch die Informationen aus M1 und dem Lexikoneintrag „Insiginien".

4 Der Tischdienst der Herzöge (M1, Z. 51 ff.) war ein fester Bestandteil der Königswahl. Beurteile den Tischdienst vor dem Hintergrund der Informationen, die dir der Darstellungstext (Z. 25 ff.) über die beteiligten Personen gibt.

Wortschatz: jemanden zum König erheben • die Herrschaftszeichen überreichen • den König salben • die Weihe • jemanden weihen • Tischdienst leisten • Recht sprechen • eine Urkunde ausstellen • einen Vertrag schließen

Machtkampf zwischen Papst und Krone

Im 11. Jahrhundert kam es zu einem folgenschweren Streit zwischen weltlicher und geistlicher Macht über die Einsetzung („Investitur") von Bischöfen.

- ***Arbeite heraus, worum es im „Investiturstreit" ging und wie er (vorläufig) gelöst wurde.***

M1

Buchillustration zum Verhältnis zwischen weltlicher und geistlicher Macht, Sachsenspiegel, 13./14. Jh. Nach der „Zwei-Schwerter-Lehre" hatte Gott dem König/Kaiser ein Schwert als Zeichen für die weltliche Herrschaft und dem Papst ein Schwert als Symbol für die geistliche Herrschaft gegeben.

Wie begann der Investiturstreit?

Die Könige des Mittelalters vergaben Lehen auch an Bischöfe. Damit wurden die Bischöfe zu Lehnsmännern (Kronvasallen) des Königs. Bischöfe und Priester durften nicht heiraten und hatten daher keine Erben. Deshalb gab es keine Erbansprüche von Nachkommen wie bei den weltlichen Kronvasallen. Beim Tod eines Bischofs konnte der König das Lehen wieder neu an einen seiner Getreuen vergeben. Die Kirchenmänner kümmerten sich zuverlässig im Namen des Königs um die Verwaltung des ihnen anvertrauten Gebietes. Die Könige konnten sich auf die gute Arbeit der geistlichen Kronvasallen verlassen und betrachteten es als ihr Recht, die Bischöfe auszuwählen und in ihr Amt einzusetzen. Gegen diese Praxis regte sich ab dem 11. Jahrhundert Widerstand von kirchlicher Seite: Von dem Kloster Cluny in Burgund ging eine Reformbewegung aus. Die Kirchenreformer waren der Ansicht, dass Könige kein Recht hätten, Geistliche in ein Amt einzusetzen. Sie verlangten, dass die Könige damit aufhörten.

Wie verlief der Streit?

Ende des 11. Jahrhunderts kam es zum Streit zwischen dem deutschen König Heinrich IV. und Papst Gregor VII. In Mailand, das zum Heiligen Römischen Reich gehörte, setzte der König gegen den Willen der dortigen Bevölkerung und des Papstes einen Bischof ein. Da drohte der Papst dem König mit der härtesten Strafe: dem Ausschluss aus der Kirche (Kirchenbann*). Viele deutsche Bischöfe ergriffen Partei für König Heinrich IV. und forderten den Papst im Januar 1076 zum Rücktritt auf. Der Papst bannte daraufhin Heinrich IV. und erklärte alle dem König geleisteten Treueide für ungültig. Nun entstand eine bislang undenkbare Situation: Die Vertreter Gottes auf Erden – der Papst und der König – erklärten sich gegenseitig für abgesetzt! Da der König aus der Gemeinschaft der Christen ausgeschlossen war, durfte kein Christ mehr mit ihm reden oder ihm helfen. Im Herbst 1076 stellten Fürsten und Bischöfe Heinrich IV. ein Ultimatum: Wenn er nicht innerhalb eines Jahres vom Kirchenbann gelöst wäre, würden sie einen neuen König wählen. Heinrich IV. entschloss sich, im Winter die Alpen zu überqueren, um Gregor VII. aufzusuchen. Am 25. Januar 1077 erschien er vor dem Papst auf der Burg Canossa in Norditalien und bat um Vergebung. Daraufhin hob Gregor VII. den Bann auf. Dieser „Gang nach Canossa" beendete aber nicht den Streit, der kurze Zeit später mit Waffengewalt weitergeführt wurde. Heinrich IV. zog 1084 in Rom ein, schlug Papst Gregor VII. in die Flucht und ließ sich von dem neu eingesetzten Papst zum Kaiser krönen. Gregor VII. verstarb ein Jahr später im Exil.

Wie wurde der Investiturstreit gelöst?

Erst unter den Nachfolgern Heinrichs IV. und Gregors VII. kam es zu einer Einigung (Wormser Konkordat*, 1122): Ein Bischof konnte auch weiterhin neben seinen geistlichen Aufgaben die weltliche Verwaltung ausüben. Er verwaltete das Bistum, einen kirchlichen Verwaltungsbezirk, und bestimmte über das religiöse Leben. Nach der Auswahl eines Kandidaten im Bistum und dessen Bestätigung durch den Papst wurde dem Bischof mit der Bischofsweihe das geistliche Amt übertragen. Zum Abschluss der Investitur verlieh der König dem Bischof die weltlichen Herrschaftsrechte.

Wortschatz: jemanden in ein Amt einsetzen • das Recht zur Investitur besitzen • sich in etwas einmischen • die Macht missbrauchen • jemanden bannen • der Kirchenbann • ein Ultimatum stellen • zu einer Einigung kommen

M 2

Unter dem Titel „Dictatus papae" stellte Papst Gregor VII. im Jahr 1075 folgende kirchenrechtliche Grundsätze auf:

1. Einzig und allein von Gott ist die römische Kirche gegründet ...

3. Er [der Papst] ganz allein kann Bischöfe absetzen und auch wieder einsetzen ...

7. Nur er darf ... neue Gemeinden gründen ..., ein reiches Bistum teilen und arme zu einem einzigen zusammenlegen.

8. Nur er verfügt über die kaiserlichen Herrschaftszeichen.

9. Alle Fürsten haben die Füße einzig und allein des Papstes zu küssen ...

12. Der Papst kann Kaiser absetzen ...

18. Sein Entscheid kann von niemandem aufgehoben werden, er selbst aber kann Urteile aller anderen ... aufheben.

19. Über ihn besitzt niemand richterliche Gewalt ...

27. Er kann Untertanen vom Treueid gegen ungerechte Herrscher entbinden.

*Zit. nach Geschichte in Quellen, Bd. 2, hg. u. übers. v. Wolfgang Lautemann, 3. Aufl., München (bsv) 1978, S. 291 f.***

M 3

Zwei Briefe Heinrichs IV. an Papst Gregor VII.

Im Jahr 1073 schrieb Heinrich IV. dem neuen Papst:

Da weltliche und geistliche Herrschaft ... wechselseitiger Hilfe bedürfen, o mein Herr und geliebter Vater, darf zwischen ihnen auch nicht die geringste Spannung bestehen, sondern sie müssen unauflöslich zusammenhängen, wobei Christus sozusagen der Leim zwischen ihnen ist.

*Zit. nach Geschichte in Quellen, Bd. 2, hg. u. übers. v. Wolfgang Lautemann, 3. Aufl., München (bsv) 1978, S. 285.**

Am 24. Januar 1076 antwortete Heinrich IV. auf die Androhung des Kirchenbanns:

Heinrich, ... durch Gottes gerechte Anordnung König, an Hildebrand, nicht mehr den Papst, sondern den falschen Mönch ... [D]u hast ... dich ... nicht gescheut, dich ... gegen die uns von Gott verliehene königliche Gewalt zu erheben, ... als ob in deiner ... Hand Königs- und Kaiserherrschaft lägen ... Ein anderer steige auf den Thron des heiligen Petrus ... Ich, Heinrich, ... sage dir zusammen mit allen meinen Bischöfen: Steige herab, steige herab!

*Zit. nach Geschichte in Quellen, Bd. 2, hg. u. übers. v. Wolfgang Lautemann, 3. Aufl., München (bsv) 1978, S. 298–300.***

Papst Gregor VII. (≈1020–1085) hieß eigentlich Hildebrand von Soana und war zunächst Mönch und großer Anhänger der Kirchenreform. Er wurde 1073 Papst und geriet mit König Heinrich IV. in Streit um die Vorrangstellung des Papstes gegenüber weltlichen Herrschern. Kurzfristig hatte sich Heinrich ihm 1077 in Canossa unterworfen. Bald schon belagerte dieser Rom und Gregor musste fliehen. Er starb 1085 in Salerno.

Kaiser Heinrich IV. (1050–1106) wurde bereits als Dreijähriger zum König gewählt. Erst 1065 übernahm er allein die Regierung. Heinrich begann, seine Machtposition im Reich auszubauen, und zog damit die Feindschaft vieler Adliger, schließlich auch die des Papstes, auf sich. Wenige Jahre nach seinem „Gang nach Canossa" (1077) gelang es ihm, 1084 Papst Gregor zu vertreiben und sich zum Kaiser krönen zu lassen.

1 Beschreibe die Abbildung M1 und vergleiche die jeweilige Position von König und Papst.

2 **Methode:** Untersuche M2 und M3 mithilfe der Arbeitsschritte „Eine schriftliche Quelle untersuchen" auf S. 162. Fasse anschließend zusammen, worum es beim Investiturstreit ging. ▸ Hilfe

3 **Wählt eine Aufgabe aus (Partnerarbeit):**

a) Entwickelt und spielt mithilfe des Darstellungstextes ein Streitgespräch zwischen Heinrich IV. und Gregor VII. in Canossa. ▸ Hilfe

b) Beurteilt das Wormser Konkordat aus der Sicht des Königs und aus der Sicht des Papstes. Nutzt jeweils den **Wortschatz**.

Zusatzaufgabe → S. 146.

Video: *Der Gang nach Canossa*

Die Ständegesellschaft: Eine festgefügte Ungleichheit?

Von der Antike bis ins 19. Jahrhundert entschieden Herkunft, Vermögen und unterschiedliche Rechte über die Stellung des Einzelnen in der Gesellschaft. Heute ist das nicht mehr so. Durch Fleiß, Bildung und Können ist es möglich, in der Gesellschaft aufzusteigen. Im Mittelalter war jedem Menschen von Geburt an ein bestimmter Platz zugewiesen.

- ***Untersuche, warum das so war und wie die Ständegesellschaft gerechtfertigt wurde.***

Die Einteilung in Stände

In der Antike war die Gesellschaft in zwei Gruppen eingeteilt: Freie und Sklaven. Die Rechtsgelehrten von Karl dem Großen übernahmen diese Auffassung und legten im Jahre 803 fest: „Es gibt nichts außer frei und unfrei." Die Unfreien des Mittelalters waren aber nicht völlig rechtlos wie die Sklaven im Altertum. Im Laufe der Jahrhunderte hatten sich Zwischengruppen gebildet, zum Beispiel die Freigelassenen oder die Hörigen (siehe S. 24). Ab dem 11. Jahrhundert entwickelten Gelehrte ein neues Bild von der Gesellschaft: die Lehre von den drei Ständen, nach der jeder Mensch einem Stand zugewiesen wurde. Zum ersten Stand gehörten die Geistlichen (= Klerus), zum zweiten die Adligen und zum dritten alle anderen wie die Bauern, Handwerker und später die Bürger in den Städten.

Geistliche und Adlige waren von Abgaben befreit. Sie durften keine körperliche Arbeit verrichten und Geistliche keinen Kriegsdienst leisten. Adlige und Geistliche lebten von den Abgaben und Diensten der Bauern, die den zahlenmäßig weitaus größten Stand ausmachten. Eine Heirat war nur innerhalb eines Standes möglich. Die Ständeordnung wurde als von Gott gegeben anerkannt. Daher durfte sich niemand gegen sie auflehnen. Diese Einteilung der Gesellschaft galt in den meisten europäischen Ländern bis weit ins 19. Jahrhundert.

Nicht erfasst wurden in dieser Ordnung Frauen, Kinder oder Juden. Auch „unehrenhafte" Berufe wie der des Totengräbers und Henkers und Gruppen wie Schausteller und Bettler zählten zu keinem Stand, sie waren „Standeslose".

Heutige Historikerinnen und Historiker sehen in der Lehre von den drei Ständen den Beginn einer arbeitsteiligen Gesellschaft. Um diese Gesellschaft, das „Haus Gottes", in einen guten Zustand zu bringen, sollte jeder Stand seinen Teil dazu beitragen.

M 1

Christus und die drei Stände, Holzschnitt von Johannes Lichtenberger, 1488. Die Beschriftung lautet: Tu supplex ora – du bete demütig! Tu protege – du beschütze! Tuque labora – und du arbeite!

Wortschatz: die Ordnung festlegen • einem Stand angehören • in Stände eingeteilt sein • unter/über jemandem stehen • von Abgaben befreit sein • Abgaben leisten müssen • (nicht) rechtlos sein • von Gott gegeben • unehrenhaft sein

M 2

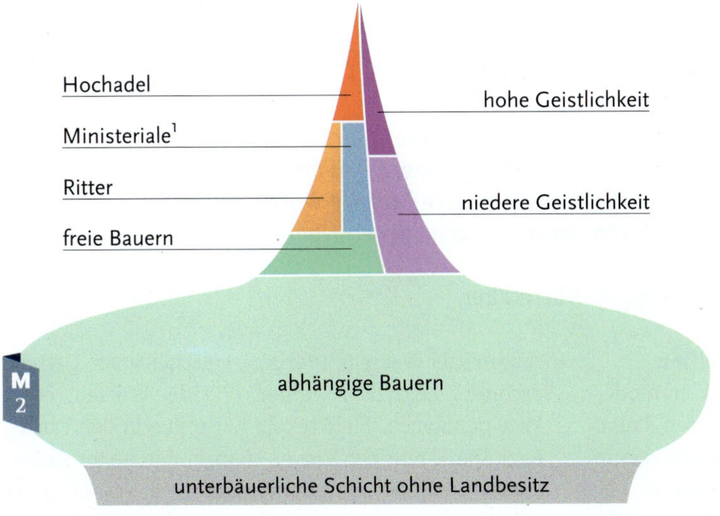

Schema der ländlichen mittelalterlichen Gesellschaft

1 Ministeriale (= Dienstmannen) waren ursprünglich Unfreie, die von ihrem Herrn zu Verwaltungsaufgaben oder Kriegsdienst herangezogen wurden. Seit dem 12. Jahrhundert verbanden sie sich mit dem Adel zum Ritterstand. Bei einem Adligen war es ein Unterschied, ob er wenig Besitz hatte oder Sohn eines Fürsten war. Dorfpriester waren arm im Vergleich zu Bischöfen. Hohe Verwaltungsaufgaben und Kirchenämter waren dem Hochadel und der hohen Geistlichkeit vorbehalten.

M 3

Bischof Adalbero von Laon (971–1030) schrieb ein Gedicht für König Robert II. von Frankreich, um 1025:

Dreigeteilt ist das Haus Gottes, welches als eine Einheit zu sehen ist.
Die einen beten, die anderen kämpfen und wieder andere arbeiten. Diese drei gehören zusammen und ertragen keine Trennung.
Durch die Aufgaben des einen Standes sind die Werke der beiden anderen erst möglich.
Durch die gegenseitigen Dienste bereiten sie sich gegenseitig Zuversicht.

Zit. nach Stefan Weinfurter, Die Ständegesellschaft, in: Praxis Geschichte 5 (2018), S. 6.

M 4

Aufruf eines Priesters an die Bauern (1381):

Aus welchem Grund sind die, die wir Herren nennen, größere Meister als wir? ... Warum halten sie uns in Knechtschaft? Und wenn wir alle von einem Vater und einer Mutter, Adam und Eva, abstammen, inwiefern können sie behaupten und beweisen, dass sie mit besserem Grund als wir Herren sind? Höchstens damit, dass sie uns erbringen und erpflügen lassen, was sie ausgeben.

*Zit. nach Arno Borst, Lebensformen im Mittelalter, Hamburg (Nikol) 2004, S. 284.**

M 5

Die Äbtissin Hildegard von Bingen schrieb an die Äbtissin von Andernach (1150):

Gott achtet bei jedem Menschen darauf, dass sich der niedere Stand nicht über den höheren erhebe, wie es einst Satan und der erste Mensch getan ... Wer steckt all sein Viehzeug zusammen in einen Stall: Rinder, Esel, Schafe, Böcke? Da käme alles übel durcheinander! ... Gott teilt sein Volk auf Erden in verschiedene Stände, wie die Engel im Himmel in verschiedene Gruppen geordnet sind, in die einfachen Engel und in die Erzengel.

*Zit. nach Johannes Bühler, Die Kultur im Mittelalter, Stuttgart (Kröner) 1954, S. 123.**

1 **Methode:** Untersuche M1 mithilfe der Arbeitsschritte „Eine Bildquelle analysieren" auf S. 27.
Tipp → S. 151. ▸ Hilfe

2 **Partnerarbeit:**
a) Teilt euch M3 und M5 auf: Arbeitet heraus, wie die Einteilung in Stände jeweils begründet wird. Nutzt dazu den **Wortschatz**.
b) Vergleicht eure Ergebnisse und überprüft mithilfe von M4, inwiefern es auch Kritik an der Einteilung gab. **Tipp** → S. 151.

3 Beschreibe das Schaubild M2. Ordne die abgebildeten Gesellschaftsgruppen den drei Ständen zu. Welche Gruppe wird hier nicht berücksichtigt? Nimm den Darstellungstext zu Hilfe.

4 **a)** Nenne mögliche Gründe, warum die Ständeordnung bis ins 19. Jahrhundert hinein bestehen blieb.
Tipp → S. 151.
b) Erläutere, warum die Ständeordnung heute nicht mehr funktionieren würde.

Video: *Die mittelalterliche Ständeordnung*

Wie lebten die Bauern im Mittelalter?

Riesige Wälder bedeckten um 1000 große Teile Europas. Die Bauerndörfer lagen in diesen Wäldern. Für neue Ackerflächen rodeten die Bauern den Wald mit einfachen Werkzeugen oder brannten ganze Waldstücke nieder. Sümpfe wurden trockengelegt und an vielen Flüssen und Küsten wurden Deiche gegen Überschwemmungen gebaut.

- ***Untersuche den Alltag von Bauernfamilien im Mittelalter.***

Die Lebensbedingungen der Bauernfamilien

Die Bauernfamilien lebten in einfachen Häusern oder Hütten. Viele bestanden nur aus einem einzigen Raum. Geschlafen wurde auf Stroh. Eine Feuerstelle diente zum Kochen, erzeugte Wärme und Helligkeit. Der Rauch zog über kleine Öffnungen im Dach langsam ab. Kerzenlicht gab es nicht, da sich die Bauern keine Kerzen leisten konnten. Kleine Löcher in den Wänden ließen etwas Licht und Luft herein.

Der harte Arbeitstag der Bauern begann bei Sonnenaufgang und endete bei Einbruch der Dunkelheit. Die Menschen orientierten sich am Sonnenstand und den Sternen, um die Zeit ungefähr bestimmen zu können. Parasiten verbreiteten Krankheiten, gegen die es kein Heilmittel gab. Toiletten waren Löcher in der Erde, die oft neben den Brunnen gegraben wurden und das Trinkwasser verunreinigten. Die bäuerliche Kleidung war vielfach ausgebessert und grau, denn Färbemittel für leuchtende Farben waren teuer. Das Hauptnahrungsmittel war ein Brei aus verschiedenen Getreidesorten. Zusätzlich wurden Früchte, Wurzeln oder Pilze gesammelt. Fleisch kam nur selten in den Kochtopf. Die Hälfte der Kinder starb in den ersten sechs Lebensjahren an Unterernährung oder Krankheiten. Wer Kindheit und Jugend überlebte, hatte im Mittelalter eine Lebenserwartung von 30 bis 40 Jahren.

M 1

Leben auf einem Bauernhof, Buchmalerei, um 1510

Neue Techniken verändern die Landwirtschaft

Wichtige Erfindungen verbesserten die Arbeit der Bauern: Überall entstanden ab dem 10. Jahrhundert Wassermühlen und Windmühlen. Mühlen trieben einfache hölzerne Geräte zum Mahlen an. Auch Blasebälge und Schmelzöfen und Schmiedehämmer wurden durch Wind- und Wasserkraft angetrieben.

Der mit Eisen beschlagene Räderpflug brach die Erde um, statt sie nur anzuritzen. Die Erfindung der Schubkarre und des Lastkarrens erleichterte den Warentransport. Durch die Erfindung eines mit Leder gepolsterten Halskragens für Pferde (Kummet) konnten diese jetzt die doppelte Last ziehen. Ochsen befestigte man ein gepolstertes Holzbrett zwischen den Hörnern. Sie waren zwar langsamer als Pferde, konnten jedoch viel schwerere Lasten ziehen. Eine bedeutende Neuerung war der Übergang zur Dreifelderwirtschaft*. Bis zum 11. Jahrhundert ließen die Bauern ein Feld nach der Ernte ein Jahr unbearbeitet („brach") liegen, damit sich der Boden erholte. Nun wechselten Wintersaat, Frühjahrssaat und Brache einander ab. Dies schonte den Boden, und der Ernteertrag stieg an. Durch die neuen Erfindungen konnten mehr Menschen ernährt werden. Die Zahl der Bevölkerung wuchs. Im Jahr 1200 lebten auf der Fläche des heutigen Deutschlands fünfmal mehr Menschen als noch im Jahr 800.

Wortschatz: schlechte/bessere/gute Lebensbedingungen • an Krankheit oder Unterernährung sterben • eine Lebenserwartung von ... Jahren haben • etwas wird verdorben durch • etwas antreiben • die Erde umbrechen • die Brache • das Feld brach liegen lassen • die Bevölkerung wächst • das Bevölkerungswachstum • die Neuerung

M 2

Tätigkeiten von Bäuerinnen und Bauern in den zwölf Monaten des Jahres, Illustration aus einer französischen Handschrift, 1480. Den Alltag von Bäuerinnen und Bauern des Mittelalters kennen wir vor allem aus gegenständlichen Quellen und aus Bildquellen. Die wenigen Textquellen zum bäuerlichen Alltag wurden in Klöstern und auf Burgen verfasst.

M 3

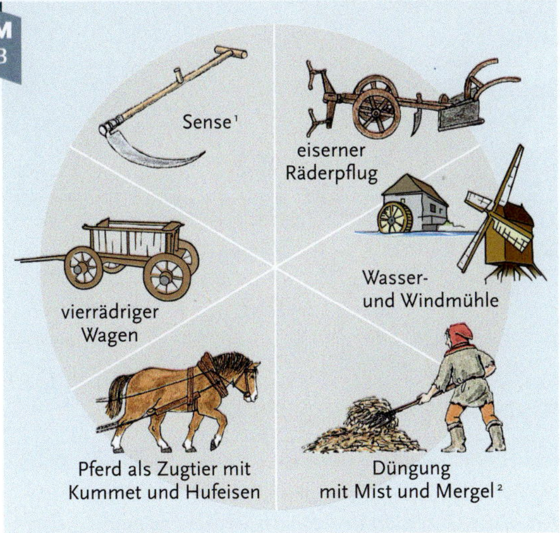

Neuerungen in der mittelalterlichen Landwirtschaft
[1] Die Sense ersetzte im 11. Jahrhundert die Sichel. Mit der Sense konnten die Bauern schneller ernten und die Getreidehalme tief unten abschneiden.
[2] Mergel ist ein mineralhaltiges Gestein aus Ton und Kalk, das vor allem die Qualität der Sandböden verbessert.

1 **Partnerarbeit:**
a) Arbeitet aus M2 heraus, was ihr über die Arbeit und die Aufgabenverteilung in Bauernfamilien erfahrt.
b) Erklärt, wer auf den Abbildungen fehlt.

2 Charakterisiere mithilfe des Darstellungstextes, M1 und M2 die Lebensbedingungen der Bauern im Mittelalter. Nutze den **Wortschatz**.

3 **Wähle eine Aufgabe aus:**
a) Erkläre, welche Vorteile die in M3 dargestellten Neuerungen für die Bevölkerung im Mittelalter jeweils brachten.
b) Erläutere mithilfe des Darstellungstextes Z. 27–52 und M3, welche Folgen die Verbesserungen in der Landwirtschaft hatten.

4 Untersuche den Zusammenhang zwischen neuen Techniken und Bevölkerungswachstum (Darstellungstext, M3).

cornelsen.de/webcodes
Code: subuku
Das Leben der Bauern im Mittelalter

Wie lebten die Ritter?

Im Mittelalter entstanden in Deutschland rund 20 000 Burgen, von denen mittlerweile noch etwa 6000 existieren. Die Überreste, die wir heute besuchen, sehen nur noch selten so aus, wie sie ursprünglich gebaut wurden. Viele der ehemaligen Burgen in Niedersachsen sind Ruinen. Das Leben der Ritter fasziniert bis heute: Ritterspiele und Feste auf Burgen sind Touristenattraktionen.

- ***Untersuche das Leben von Rittern und ihren adligen Familien im Mittelalter.***

Wie wurden adlige Jungen zu Rittern?

Ritter waren von Beruf Krieger. Sie waren Adlige und ihre Ausbildung für den Kampf begann mit sieben Jahren. Als Page lernte ein Junge auf einer fremden Burg mit Lanze und Schwert zu kämpfen. Dort brachte man ihm auch die Regeln für die ritterlichen Kampfspiele bei, die Turniere. Auch gutes Benehmen wurde unterrichtet. Adlige Mädchen lernten Lesen und Schreiben. Der Page wurde mit 14 Jahren zum Knappen. Dann musste er seinen Herrn zu Turnieren begleiten und mit ihm in den Kampf ziehen. Wenn er sich bewährte, wurde er mit etwa 20 Jahren in den Kreis der Ritter aufgenommen. Dazu erhielt er den „Ritterschlag" und es wurde ihm feierlich ein Schwert umgelegt.

Die Burg als Wohnsitz und Verteidigungsanlage

Ein Burgherr musste sein Herrschaftsgebiet und dessen Bauernfamilien schützen. Sein „Haus" bestand entweder aus einem befestigten Holzgebäude auf einem Hügel oder aus einer größeren Burganlage. Es diente der adligen Familie als Wohnort und Schutz vor Angriffen. Bei Gefahr flüchteten auch die Bauernfamilien der umliegenden Dörfer in die Burganlage. Im Laufe der Zeit wurden aus den einfachen Holzgebäuden stark befestigte Wohnsitze mit einem Bergfried, einem hohen Turm, als letztes Fluchtgebäude bei einer Belagerung und weiteren Gebäuden aus Stein. Der Name der Burg wurde meistens zum Familiennamen der adligen Besitzer. Da die Burgen vor allem Verteidigungsanlagen waren, hatten sie nur kleine Fenster, die im Winter gegen die Kälte mit Holzläden verschlossen wurden. Fenster aus Glas konnten sich nur sehr reiche Adlige leisten. Das herrschaftliche Wohngebäude (= der Palas*) enthielt einen großen Saal mit Holzmöbeln für Festlichkeiten und dazu mehrere Schlafräume. Dazu zählte die sogenannte Kemenate (lat. caminata = Kamin).

M 1

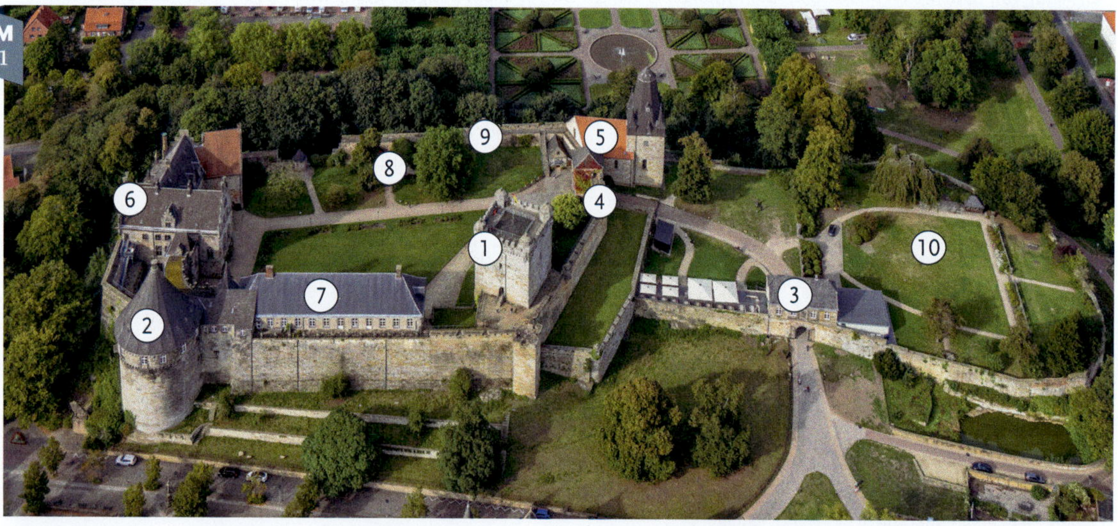

Burg Bentheim in Bad Bentheim in Niedersachsen, Foto, 2021. Die Burg wurde spätestens im 11. Jahrhundert errichtet. In schriftlichen Quellen wird sie erstmals im Jahr 1020 erwähnt. Im 12. Jahrhundert wurde sie zerstört und danach wiederaufgebaut. 1 = Bergfried, 2 = Batterieturm (= ein Verteidigungsturm), 3 = äußeres Tor, 4 = inneres Tor, 5 = Katharinenkirche, 6 = Kronenburg (= Wohngebäude der Burgherren), 7 Marstall (= diente zur Unterbringung der Pferde), 8 = Burgbrunnen, 9 = Wehrgang, 10 = Garten

Wortschatz: den Umgang mit Waffen erlernen • sich im Kampf bewähren • der Ritter • der Page • der Knappe • das Turnier • den Ritterschlag erhalten • zum Ritter geschlagen werden • als Schutz / zur Verteidigung dienen

M 2

Turnier (Manessische Liederhandschrift, um 1300). Der Ritter schützte seinen Körper mit einem Schild und einem Kettenhemd, das aus vielen miteinander verbundenen Eisenringen bestand. Auf dem Kopf trug er einen Helm, der wie ein Topf aussah.

M 3

Wolfram von Eschenbach über die Ausbildungsregeln des Knappen Parzival, ca. 1200:

Du hast eine schöne Gestalt und siehst gut aus und kannst wohl einmal ein Herrscher werden. Doch auch wenn du von hoher Geburt bist, sollst du stets Erbarmen[1] mit den Not Leidenden haben. Bekämpfe ihre Not mit Großherzigkeit und Güte. Sei immer bereit, anderen zu dienen. Du musst das rechte Augenmaß behalten, ob du arm oder reich bist. Verschwendung sollst du ebenso vermeiden wie das Anhäufen von Schätzen.

Wolfram von Eschenbach, Parzival 170, 21–172,16, Stuttgart (Reclam) 2001. Übers. d. Verf.

[1] *jemandem aus Mitleid helfen*

M 4

Ritter Ulrich von Hutten (1488–1523) berichtete über den Alltag eines niederen Adligen:

Die Leute, von denen wir unseren Unterhalt beziehen, sind ganz arme Bauern, denen wir unsere Äcker, Weinberge, Wiesen und Felder verpachten. Der Ertrag daraus ist im Verhältnis zu den darauf verwandten Mühen sehr gering ... Wir dienen auch einem Fürsten, von dem wir Schutz erhoffen ... Gleichgültig, ob eine Burg auf einem Berg oder in der Ebene steht, so ist sie auf jeden Fall doch nicht für die Behaglichkeit, sondern zur Wehr erbaut, mit Gräben und Wall umgeben, innen von bedrückender Enge, zusammengepfercht mit Vieh- und Pferdeställen, Dunkelkammern, vollgepfropft mit schweren Büchsen[1], Pech, Schwefel und allen übrigen Waffen und Kriegsgerät. Überall stinkt das Schießpulver, und der Duft der Hunde und ihres Unrates ist auch nicht lieblicher, wie ich meine.

*Zit. nach Wolfgang Schuerl, Burgen und Städte des Mittelalters, Wiesbaden (Ebeling) 1977, S. 92 f.**

[1] *Schusswaffe*

1 Beschreibe die Erziehung adliger Jungen zu Rittern (Darstellungstext).
2 Nenne die Eigenschaften eines Ritters, die in M3 hervorgehoben werden.
3 Erläutere die Lebensverhältnisse auf einer Burg (Darstellungstext, M1 und M4). Nutze dazu auch den **Wortschatz**.
4 **Methode:** Analysiere das Bild M2 mithilfe der Arbeitsschritte „Eine Bildquelle analysieren“ auf S. 27. ► Hilfe
5 Stelle Vermutungen an, warum Ritter in einem Turnier gegeneinander kämpften.
6 **Methode:** Recherchiere mithilfe der Arbeitsschritte auf S. 160 zur Burg Bentheim. Erstelle einen Steckbrief zur Geschichte der Burg. ► Hilfe

cornelsen.de/webcodes
Code: remegu
Die Ritter

Das Leben auf der Burg: Ein geregelter Alltag?

Auf dieser Doppelseite arbeitest du mit einer Rekonstruktionszeichnung einer mittelalterlichen Burg, die es so nie gegeben hat.

- ***Erforsche das Leben auf einer mittelalterlichen Burg.***

Wortschatz: Die Wehrmauer schützt vor ... • In der Vorburg ... • Die Kernburg besteht aus ... • auf dem Bergfried Ausschau halten • Im Palas befindet sich ...

M 2

Kemenate in der Marksburg bei Koblenz aus dem 15. Jahrhundert

M 3 **Eine Darstellung des Alltags auf einer mittelalterlichen Burg:**

Auf den größeren Burgen des Mittelalters wohnten oft viele Hundert Menschen. Mehrere gehörten zur Familie des Burgherrn, darunter Frauen, Kinder und unverheiratete Verwandte. Zehn oder mehr Männer gehörten der Besatzung an. Sie bewachten die Burg ... Zudem gab es Küchenmeister und -personal, Knechte für die Felder, Weinberge und Wälder sowie Mägde, die der Burgherrin und deren Verwandten dienten. Auch Handwerker wie Schmiede, Steinmetze und Zimmermänner durften auf keiner Burg fehlen ... Der Alltag ... richtete sich nach dem Stand der Sonne. Mit dem Morgengrauen standen die Burgbewohner auf und arbeiteten bis zur Dunkelheit. Als vorrangig galt die Versorgung jener Menschen, die vom Burgherrn abhängig waren. Daher war der Tagesablauf auf der Burg ganz auf die Landwirtschaft ausgerichtet ... Nur der Sonntag war frei und wurde zur Erholung und für den Kirchengang genutzt ... Der große Festsaal wurde nur an besonderen Tagen beheizt. Gegen Abend zogen sich die Burgbewohner in die kleineren Räume zurück, die sogenannten Kemenaten, da diese schneller aufheizten.

*Zit. nach https://www.planet-wissen.de/geschichte/mittelalter/leben_auf_der_burg/index.html (Stand: 21.06.2023).***

1 Fasse den Alltag auf einer mittelalterlichen Burg zusammen (M3).

2 Erkläre die Funktionen der folgenden Gebäude und Bauteile: Wehrmauer, Bergfried, Palas. Nutze das Lexikon und den **Wortschatz**. **Tipp** → S. 151.

3 **Gruppenarbeit:** Bildet Vierergruppen. Jedes Mitglied der Gruppe bearbeitet eine Aufgabe zu M1. Stellt euch anschließend gegenseitig die Ergebnisse vor.

a) Beschreibt die Wohnsituation eines wohlhabenden Ritters mithilfe der Räumlichkeiten im Palas (M1, M2).

b) Arbeitet mithilfe der abgebildeten Gebäude die unterschiedlichen Aufgaben des Gesindes (= Knechten und Mägden) auf der Burg heraus. Nehmt M3 zu Hilfe.

c) Arbeitet mithilfe der abgebildeten Gebäude die Aufgaben des adligen Burgenbesitzers heraus. **Tipp** → S. 151.

d) Arbeitet mithilfe der abgebildeten Gebäude die unterschiedlichen Berufsfelder heraus, die es damals auf einer Burg gab. Nehmt M3 zu Hilfe.

4 Skizziert in einer Mind-Map (→ S. 156), was ihr über das Leben auf der Burg herausgefunden habt. Ihr könnt so beginnen:

M 1 *Vorstellung von einer idealen Burg eines sehr wohlhabenden Adligen um 1400*

Das Kloster: Eine eigene Welt?

Mönche, Nonnen und Klöster* sind aus unserem Alltag nahezu verschwunden. Einzelne heute noch existierende Klöster bieten eine Unterkunft, um einige Tage im abgeschiedenen Klosterleben Ruhe zu finden. Manche bieten Jugendlichen Ausbildungsplätze an. Im Mittelalter sah das ganz anders aus.
- ***Untersuche das Klosterleben im Mittelalter.***

cornelsen.de/webcodes
Code: cehoqu
Das Kloster

Warum entstand das Mönchtum?

Der Ausdruck „Mönch" kommt vom Griechischen „monachos" (Einsiedler). Die ersten christlichen Mönche gab es im Orient. Sie zogen sich in die Wüsten Ägyptens und Syriens zurück und wollten durch Enthaltsamkeit (Askese*) Christus nahekommen. In Westeuropa bildete sich zuerst in Irland und Schottland eine andere Art des Mönchtums heraus. Die Lösung aller Bindungen von Familie, Freunden und Heimat erfolgte nicht als Rückzug in die Einsamkeit. Die Mönche gingen als Missionare in die Welt, um das Wort Gottes zu verbreiten. Dabei gründeten sie zahlreiche Klöster.

Wie war das Klosterleben geregelt?

Als Urvater des Mönchtums im Süden und Westen Europas gilt Benedikt von Nursia (480–547). Er gründete das Kloster Montecassino südlich von Rom und stellte dort Regeln für Mönche und Nonnen auf. Von den Mitgliedern seines Ordens*, den Benediktinern und Benediktinerinnen, verlangte die Regel die Einhaltung von drei Gelübden (Versprechen vor Gott): Wer ins Kloster eintrat, musste dort sein Leben lang bleiben, auf Eigentum und Ehe verzichten sowie gehorsam sein gegenüber dem Leiter des Klosters, dem Abt. Wer nach dieser Ordnung lebte, gehörte zur Mönchsgemeinschaft, dem Orden. In späteren Jahrhunderten entstanden andere Ordensgemeinschaften wie die Zisterzienser, Franziskaner oder Dominikaner. Auch Frauen gründeten neue Orden.

Welche Aufgaben erfüllten die Klöster?

Klöster waren nicht nur religiöse Zentren, sondern auch vielseitige Wirtschaftsbetriebe und Herrschaftseinrichtungen. Das Motto „Ora et labora" (bete und arbeite) stand für den Alltag der Mönche und Nonnen, die sich nicht nur dem Gebet widmeten. Jede Kloster-

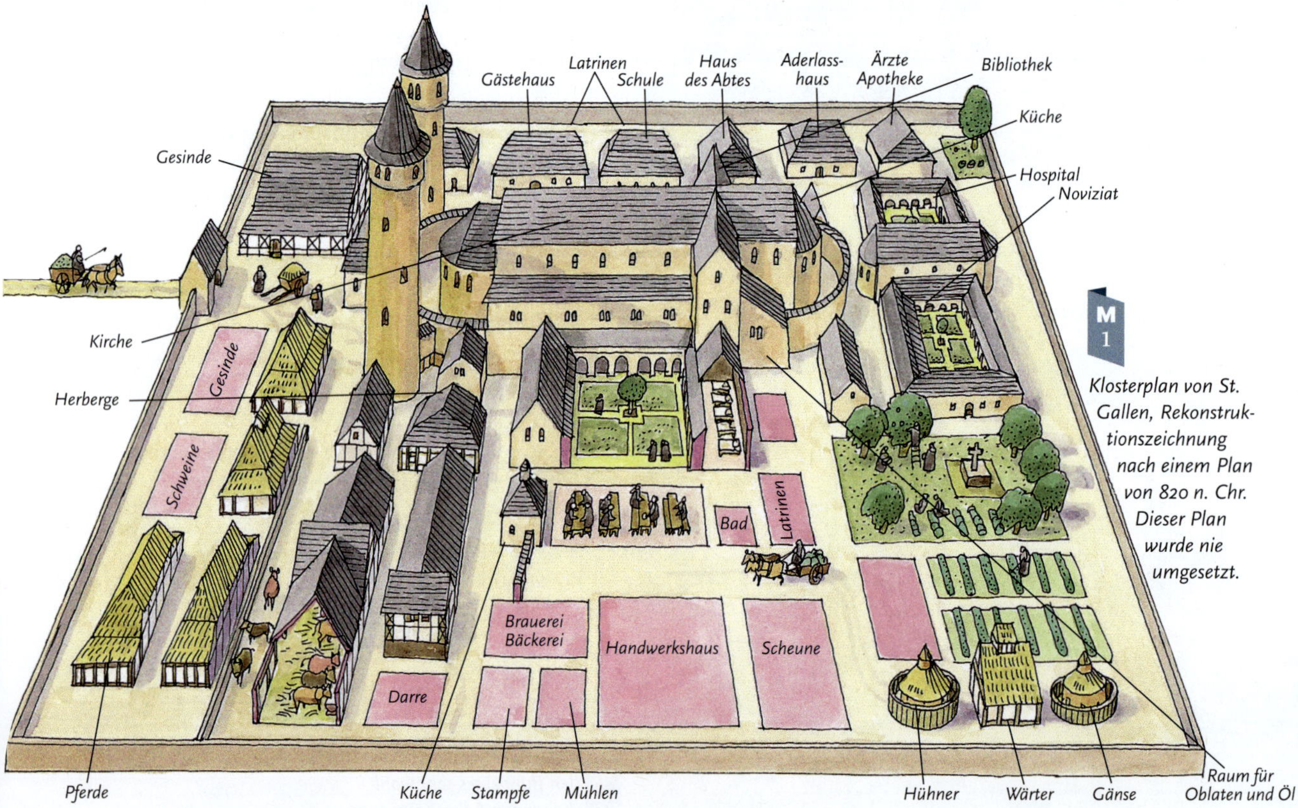

M1 *Klosterplan von St. Gallen, Rekonstruktionszeichnung nach einem Plan von 820 n. Chr. Dieser Plan wurde nie umgesetzt.*

gemeinschaft sorgte für ihren eigenen Lebensunterhalt, indem sie auf dem Feld arbeitete, im Klostergarten tätig war und Nutztiere züchtete. Dabei gab es Spezialisten wie Schreiner, Bäcker und Apotheker. Außerdem waren die Klöster bedeutende Bildungszentren. Sie vermittelten in Schulen vorhandenes Wissen und ergänzten es durch eigene Forschungen. Als eine weitere Aufgabe verwalteten die Klöster auch große Ländereien in ihrer Umgebung und hielten dabei Kontakt zu der weltlichen Macht.

M 2

Aus der Ordensregel des Benedikt von Nursia (um 540 n. Chr.):

Vor allem: Gott, den Herrn, lieben ... Ebenso: Den Nächsten lieben wie sich selbst. Nicht falsch aussagen. Alle Menschen ehren. Und keinem anderen antun, was man selbst nicht erleiden möchte ... Den Leib in Zucht nehmen. Sich Genüssen nicht hingeben. Das Fasten lieben. Arme bewirten. Nackte bekleiden. Kranke besuchen. Tote begraben. Bedrängten zu Hilfe kommen. Sich dem Treiben der Welt entziehen. Der Liebe zu Christus nichts vorziehen. Den Zorn nicht zur Tat werden lassen. Der Rachsucht nicht einen Augenblick nachgeben ...
Es kommt vor, dass ein Bruder... gegen die Heilige Regel und die Weisungen seiner Vorgesetzten handelt. Wenn er sich so als Verächter erweist, werde er ... einmal und ein zweites Mal im Geheimen ... ermahnt.
Wenn er sich nicht bessert, werde er öffentlich vor allen zurechtgewiesen. Wenn er sich aber auch so nicht bessert, treffe ihn die Ausschließung, falls er einsehen kann, was diese Strafe bedeutet. Wenn er es aber nicht versteht, erhalte er eine körperliche Strafe.

*http://www.benediktiner.de/index.php/die-geistliche-kunst-2/die-werkeuge-der-geistlichen-kunst/295-regula-benedicti-kapitel-4.html (Stand: 21.06.2023).***

M 3

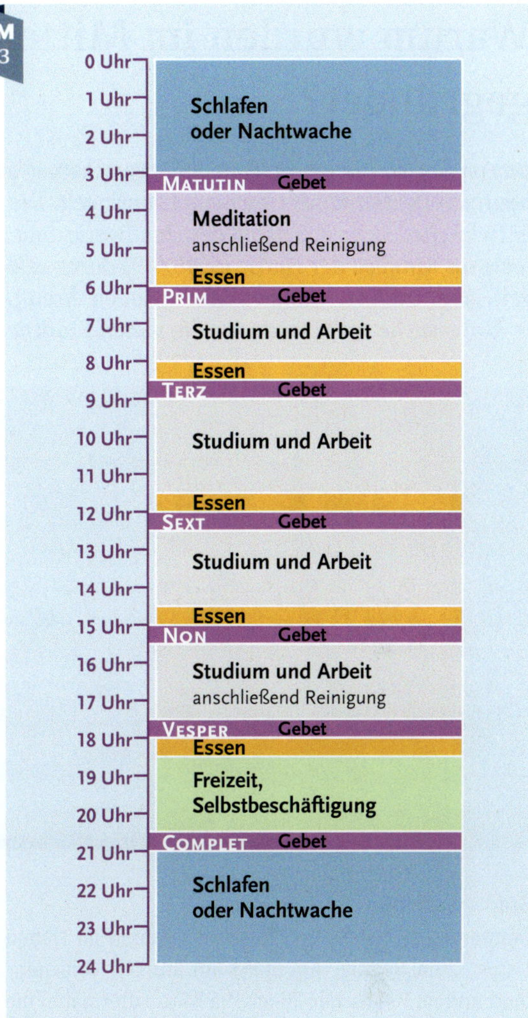

Tagesablauf in einem Kloster

Wortschatz: sich zurückziehen • ein Kloster gründen • zum Gebet gehen • sich von etwas fernhalten • die Nachtwache halten • sich um ... kümmern • auf dem Feld arbeiten • Regeln befolgen • den Körper reinigen • Schriften studieren

1 Erkläre, welche Gebäude in M1 zu welchen Bereichen des klösterlichen Lebens gehörten.

2 Ein normaler Tag im Kloster begann frühmorgens um drei Uhr (M3). Beschreibe, was dir an diesem Tagesablauf auffällt. Vergleiche deinen Tagesablauf damit. Nutze den **Wortschatz**.

3 Fasse die Regeln des Benedikt von Nursia (M2) in eigenen Worten zusammen.

4 Wähle eine Aufgabe aus:

a) Die Angehörigen des Benediktinerordens leben bis heute nach der Ordensregel ihres Gründers Benedikt. Nimm Stellung, ob die Regeln in M2 deiner Meinung nach heute noch sinnvoll sind. ▸ Hilfe

b) Beurteile, warum die Klöster im Mittelalter eigene Regeln brauchten (Darstellungstext, M2).

5 Methode: Recherchiere im Internet (→ S. 160) über ein Kloster in deiner Nähe. Welche Aufgaben erfüllt es heutzutage (noch)? ▸ Hilfe

Warum wurden im Mittelalter Städte gegründet?

Das im Mittelalter einsetzende Städtewachstum schuf für die Menschen auf dem Gebiet des heutigen Deutschlands eine neue Lebenswelt. Die oft aus Siedlungen entstandenen Städte entwickelten sich zu Zentren des Handwerks und Handels. Lüneburg, als ein Beispiel, erlebte als Mitglied der Hanse (S. 48/49) durch seinen Salzhandel eine wirtschaftliche Blütezeit. Aber auch viele andere Städte haben ihren Ursprung im Mittelalter.

- *Untersuche die Gründe für die vielen Stadtgründungen im Mittelalter.*

M 1

Mittelalterliche Stadtansicht von Lüneburg auf einem Altarbild der Lüneburger St.-Nikolai-Kirche von Hans Bornemann (ca. 1445), Foto, 2023

Städtewachstum im Mittelalter

Städte gab es bereits vor Tausenden Jahren im Nahen Osten (zum Beispiel Ägypten), im antiken Griechenland und im Römischen Reich. Im Mittelalter nahm die Zahl der Städtegründungen ab dem 11. Jahrhundert zu und erreichte im 13. Jahrhundert ihren Höhepunkt. Dieser Prozess begann, da es aufgrund der Verbesserungen in der Landwirtschaft immer mehr Produkte gab, die verkauft werden konnten. Die Menschen tauschten vermehrt Waren aus und transportierten diese auch über weitere Strecken.

An günstig gelegenen Orten wie Flüssen, Kreuzungen von Handelswegen, in der Nähe von Kirchen, Klöstern und Burgen bildeten sich Märkte und Siedlungen. Waren diese wirtschaftlich erfolgreich, so standen die Chancen gut, dass diese Siedlungen sich zu einer Stadt entwickelten. Erfolgreiche Handelsorte weckten das Interesse der weltlichen und geistlichen Fürsten: Städtegründungen brachten für die Fürsten wirtschaftliche und politische Vorteile: Sie konnten durch Steuern und Zölle am Handel verdienen und die Stadt zu einem Verwaltungszentrum ausbauen.

M 2

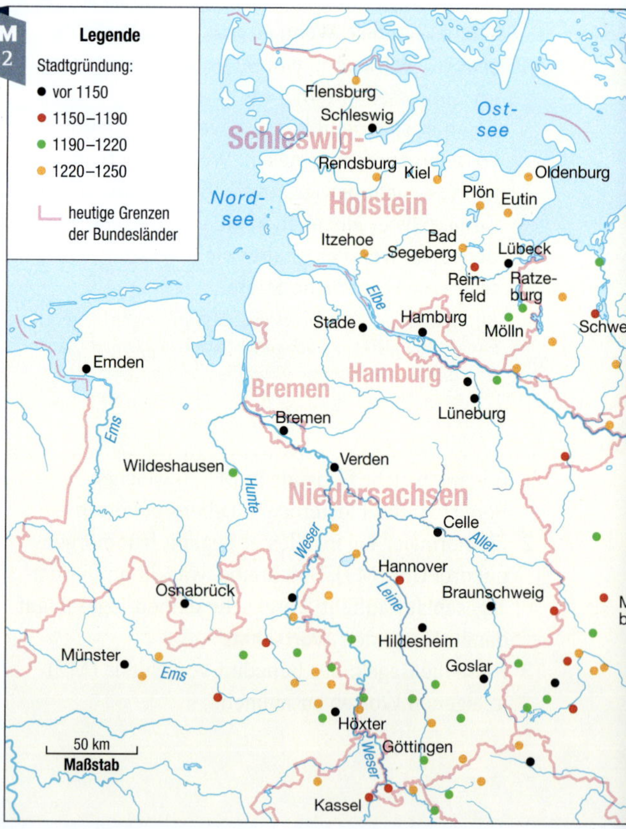

Städtegründungen in Norddeutschland

Der Stadtherr verleiht Stadtrechte

Alle Städte waren ursprünglich von ihrem Stadtherrn abhängig. Dieser Stadtherr, zum Beispiel ein König oder ein Bischof, sicherte den Bewohnern der Stadt besondere Rechte zu, um das Wachstum und die Entwicklung der Stadt zu fördern. Am bedeutendsten war dabei das Marktrecht, um einen Markt abhalten zu dürfen. Darüber hinaus gab es zahlreiche Sonderrechte, die sich von Stadt zu Stadt unterschieden, zum Beispiel das Münzrecht, das Zollrecht oder eine eigene Rechtsprechung. Alle Vorschriften für das Zusammenleben und die Pflichten der Stadtbewohner gegenüber dem Stadtherrn wurden in dem Stadtrecht* festgeschrieben. Einige Urkunden aus dieser Zeit sind uns erhalten geblieben.

Äußere Merkmale einer mittelalterlichen Stadt

Die mittelalterliche Stadt hob sich durch ihre Begrenzung durch einen Wall, Graben oder eine Mauer klar von ihrem landwirtschaftlich geprägten Umland ab. Türme sicherten die Mauerabschnitte. Bewachte Tore ermöglichten es, den Personen- und Warenverkehr zu kontrollieren. Aber das städtische Bild wurde nicht nur von Befestigungen bestimmt. Mehrere große Kirchenbauten ragten über das restliche Stadtbild hinaus und zeigten, welche Bedeutung der christliche Glaube für die städtische Bevölkerung des Mittelalters hatte. Im Stadtzentrum spiegelte das Rathaus als politische Autorität zunehmend das wachsende Selbstbewusstsein der Stadtbewohner wider.

M 3

Der Herzog Otto von Braunschweig bestätigt und erweitert 1247 das Stadtrecht von Lüneburg:

Im Namen der heiligen und ungeteilten Dreifaltigkeit. Otto, von Gottes Gnaden Herzog von Braunschweig allen Leuten in Ewigkeit ... Wir wollen allen heutigen und zukünftigen Getreuen Christi die Gabe ... kundtun[1], die wir unseren Bürgern der Stadt Lüneburg gewährt haben ...

Jeder Stadtbewohner soll die Möglichkeit haben, auf dem Krankenbett seine ... Güter ... zu vergeben[2] ...

Wer einen Mord ... begehe und danach entflieht, dessen Güter, die er seinen Erben hinterlassen hat, kann der Richter in keiner Weise mit Beschlag[3] nehmen ... Wenn ein Fremder eine solche Tat begeht ..., darf die Stadt seine Güter nach Jahr und Tag einziehen ...

Wir wünschen auch, dass unser Vogt[4] keines Stadtbewohners Gut beschlagnahmt ... Will unser Vogt jemanden in eigener Sache ... anklagen, soll er seinen Richterstuhl einem anderen Richter einräumen[5].

Aus übergroßer Güte gewähren wir den Bürgern ... Freiheit von Abgaben und Zoll, ausgenommen vom Salzzoll ... Schließlich bestätigen wir alle jene Rechte, die die Stadt seit ihrer Gründung besitzt[6] ...

Damit ... die Verleihung der Freiheit und die feierliche und öffentliche Bestätigung des Rechts von keinem unserer Erben oder Nachfahren verändert oder eingeschränkt wird, befehlen wir die gegenwärtige Urkunde zur Vergrößerung der Glaubwürdigkeit und zum Zeugnis der Wahrheit mit unserem Siegel zu bekräftigen.

Zit. nach Christian Lamschus (Hg.), „Alles was Recht ist": 750 Jahre Stadtrecht in Lüneburg (1997), S. 8–11. *

[1] bekannt machen; [2] weitergeben; [3] wegnehmen; [4] leitete im Auftrag des Stadtherrn die Verwaltung und sprach Recht; [5] übergeben; [6] Lüneburg wurde bereits im 10. Jahrhundert gegründet. Die Urkunde mit den ursprünglichen Stadtrechten ist aber verloren gegangen.

1 Erkläre am Beispiel des Stadtbilds von Lüneburg (M1), was eine typische mittelalterliche Stadt auszeichnete. Nimm den Darstellungstext zu Hilfe.

2 **Wähle eine Aufgabe aus:**

a) Überprüfe mithilfe der Karte (M2), welche Städte aus deiner Umgebung bereits im Mittelalter gegründet wurden.

b) Überprüfe mithilfe von M2, in welchem Zeitabschnitt die meisten Städte gegründet wurden.

3 Nenne die Personen und Gruppen, die Interesse an der Gründung einer Stadt hatten (Darstellungstext).

4 Arbeite aus M3 die Rechte heraus, die Herzog Otto der Stadt Lüneburg zugestand. Nutze den **Wortschatz**.

5 Beurteile, wer von den Stadtrechten mehr profitierte: der Herzog oder die Bürger?

Wortschatz: etwas nimmt zu • Zunahme • eine Stadt gründen • etwas bringt Vor-/Nachteile • (Stadt-)Rechte erhalten • (Stadt-)Rechte verleihen oder bestätigen • die Freiheit erlangen/genießen • etwas (ver)erben • von Steuern/Abgaben befreit werden

Wer lebte in der mittelalterlichen Stadt?

Im Mittelalter waren die Unterschiede zwischen Stadt und Land noch viel deutlicher als heute: Die Stadt war eine eigene Lebenswelt. Das zeigte sich zum Beispiel bei den Wohnverhältnissen, bei den Berufen und bei den Rechten und Pflichten der Stadtbewohner.
- *Wie lebten die Bewohner der Städte?*
- *Welche gesellschaftlichen Unterschiede gab es?*

cornelsen.de/webcodes
Code: tazozu
Leben in einer mittelalterlichen Stadt

M 1

Eine Patrizierfamilie, Gemälde von Jean Bourdichon, 15. Jh.

Wie lebte es sich in der Stadt?

Innerhalb der Stadtmauern wohnten die meisten Menschen auf engstem Raum in Holzhäusern mit Zimmern ohne Fenster. Die Gassen waren schmutzig. Auch wenn die Schmieden meist am Rand der Stadt lagen, konnten durch Funkenflug in den Werkstätten verheerende Brände entstehen. Immer wieder brachen Seuchen wegen mangelnder Hygiene aus.
Häufig war jedes Handwerk in einem eigenen Viertel angesiedelt. Daran erinnern heute noch Straßennamen wie Schustergasse oder Bäckerstraße. In der Stadtmitte standen rund um den Markt prächtige Häuser aus Stein. Hier lebten die reichen Kaufmannsfamilien und die Adligen. Sie bildeten die städtische Oberschicht, die Patrizier. Die Patrizier hatten einen großen Einfluss auf die Geschicke der Stadt. Oft saßen sie im Stadtrat* und besetzten das Amt des Bürgermeisters.
In der Stadt lebten zahlreiche Geistliche, Nonnen und Mönche, meist in der Nähe von Kirchen oder in städtischen Klöstern. Einen Sonderstatus nahmen die Juden einer Stadt ein (siehe S. 64/65).

Jeder Einwohner – ein Bürger?

Die Stadtbewohner verfügten nicht über die gleichen Rechte. Es wurde zwischen Bürgern und Nichtbürgern unterschieden. Einwohner ohne Bürgerrecht waren alle, die kein Vermögen besaßen. Dazu gehörten kleine Handwerker ohne Besitz, Gesellen*, Mägde*, Dienstboten, Bettler und Tagelöhner*. Ohne Rechte waren auch alle, die einen schlecht angesehenen Beruf wie Totengräber oder Henker ausübten. Auch jüdische Stadtbewohner waren bis auf wenige Ausnahmen vom Bürgerrecht ausgeschlossen.
Wer als Bürger in die Stadtgemeinde aufgenommen werden wollte, musste über Grundbesitz verfügen und selbstständiger Handwerksmeister oder Kaufmann sein. Neben den Patriziern bildeten die wohlhabenden Handwerker und Händler die Mehrheit der Bürger. Mit einem Eid schwor jeder Bürger, regelmäßig seine Steuern zu zahlen, auf der Stadtmauer Wachdienste zu leisten und die Stadt gegen Angreifer zu verteidigen.

„Stadtluft macht frei“

Wer als höriger Bauer dem Landleben entfliehen wollte, der konnte versuchen, in der Stadt unterzutauchen. Wurde der Entlaufene innerhalb eines Jahres und eines Tages nicht von seinem Grundherrn zurückgefordert, war er persönlich frei. Daraus entstand der Spruch „Stadtluft macht frei“. Viele hörige Bauern versuchten deshalb, ihrem Grundherrn durch einen Umzug in die Stadt zu entfliehen. Sie gerieten aber dort oft in neue Abhängigkeiten, weil der Zugang zu Handwerksberufen und dem Bürgerrecht an Grundbesitz gebunden war. Viele ehemalige Landbewohner blieben daher arm.

M 2

Handwerker-Ehepaar, Gemälde von Jean Bourdichon, 15. Jh.

M 3

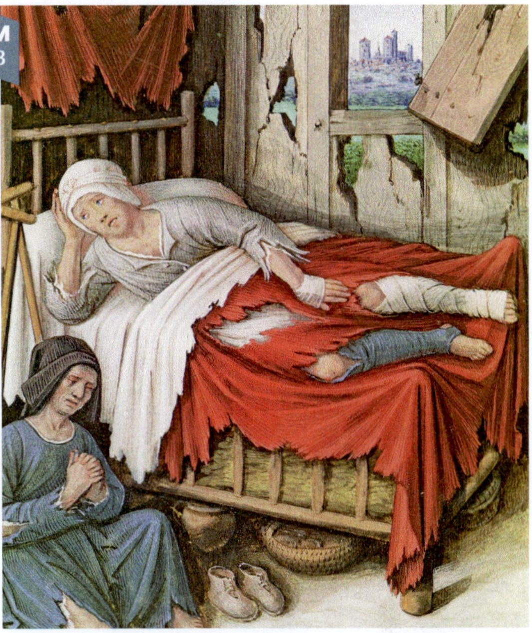

Tagelöhner mit seiner Frau, Gemälde von Jean Bourdichon, 15. Jh.

M 4

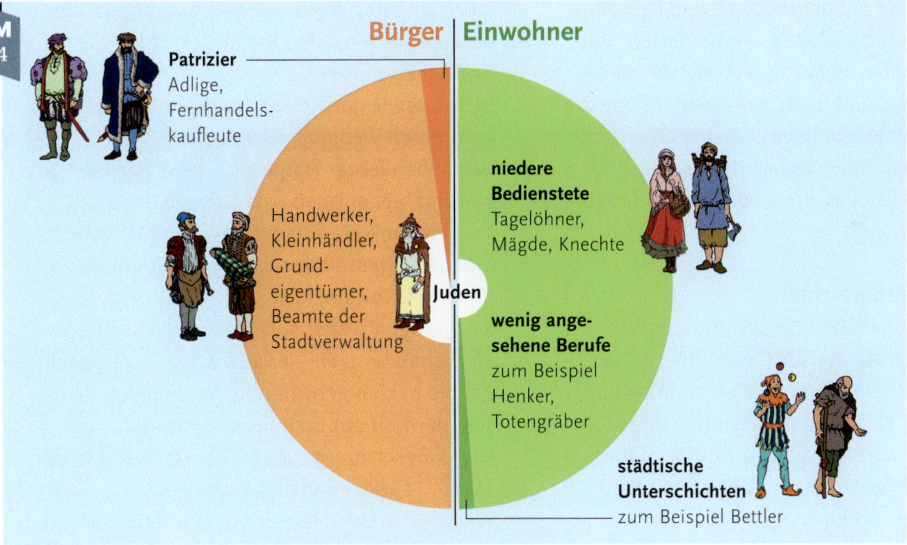

Grafik zur mittelalterlichen Stadtgesellschaft. Die Aufteilung im Schaubild stellt die wesentlichen Gruppen dar und war in jeder Stadt unterschiedlich. Die Geistlichen hatten eine Sonderstellung und werden hier nicht aufgeführt.

1 **Partnerarbeit:**
a) Vergleicht M1, M2 und M3 hinsichtlich der dort abgebildeten Lebensverhältnisse. **Tipp** → S. 151.
b) Überprüft mithilfe des Darstellungstextes, ob es sich bei den abgebildeten Personen um „Bürger" oder „Einwohner" handelte.

2 Erläutere mithilfe von M4 den Aufbau der mittelalterlichen Stadtgesellschaft. Nutze den **Wortschatz**.

3 Beurteile anhand von M4 und des Darstellungstextes, welchen Unterschied es machte, ein Bürger oder ein Einwohner zu sein.

4 Diskutiert, ob die Menschen in der mittelalterlichen Stadt besser lebten als an anderen Lebensorten. **Tipp** → S. 151.

Wortschatz: an einem Ort angesiedelt sein/werden • die Ober-/Mittel-/Unterschicht bilden • über (keine) Rechte verfügen • vom Bürgerrecht ausgeschlossen sein • einen wenig/hoch angesehenen Beruf ausüben

Üben

Die Zunft – mehr als ein Berufsverband?

Die Handwerker und ihre Familien waren die größte Bevölkerungsgruppe in der mittelalterlichen Stadt. Seit Beginn des 12. Jahrhunderts schlossen sich viele von ihnen zu Zünften* zusammen, später wurde die Zunftmitgliedschaft für alle Angehörigen eines Handwerks zur Pflicht.

- ***Untersuche Aufgaben und Bedeutung der Zünfte in einer mittelalterlichen Stadt.***

cornelsen.de/webcodes
Code: juwohu
Handwerk und Zünfte

Was regelten die Zünfte?

Die Zünfte kümmerten sich um alle Fragen von der Produktion bis zum Verkauf der Waren. Wie viel Meter Leinen durfte eine Weberin verarbeiten? Zu welchem Preis durfte ein Bäcker sein Brot verkaufen? Welche Qualität musste ein Stoff mindestens besitzen?
Die Hauptaufgabe der Zünfte bestand darin, dafür zu sorgen, dass die Zahl der Meister, Gesellen und Lehrlinge einer Berufsgruppe so geregelt war, dass alle von ihrer Arbeit leben konnten. Die Zünfte regelten auch die Ausbildung. Für Lehrlinge begann mit zwölf Jahren die Lehrzeit, die je nach Handwerk zwischen zwei und sechs Jahre dauerte und mit der Prüfung zum Gesellen abschloss. Mittelalterliche Zünfte verhinderten die Konkurrenz und verboten auswärtigen Gesellen ein eigenes Gewerbe. Jede Zunft half, wenn ein Mitglied schwer erkrankte, und sorgte beim Tod eines Meisters für die Hinterbliebenen. Außerdem verfügte jede Zunft über ihre eigene Kapelle oder einen von ihr gestifteten Altar in einer Kirche.

Teilhabe an der Stadtherrschaft

Im späteren Mittelalter stritten Bürger und Zünfte zunehmend mit ihren Stadtherren um die Stadtherrschaft. Sie forderten Mitspracherechte bei der Verwaltung und Regierung ihrer Stadt. Nach und nach wurden ihre Forderungen erfüllt. In Lüneburg gelang es den Bürgern 1371, sich mit Waffen gegen ihren unbeliebten Stadtherrn Magnus durchzusetzen.

M 1

Aus den Zunftordnungen der Ulmer Leineweber von 1346 und 1403:

Allen Bürgern und Bürgerinnen, die seit fünf Jahren bei uns wohnen, gestatten wir, dass ihre Kinder, die das Weberhandwerk lernen wollen, das tun dürfen. Wenn sie die Lehrzeit beendet haben, dürfen die Weber ... sie in die Zunft aufnehmen.
Wenn von heute an ein Fremder vom Land oder aus anderen Städten, der dieses Handwerk betreibt, zu uns zieht ..., soll er ... fünf Jahre lang das Weberhandwerk nicht ausüben und die Weber sollen ihn auch nicht in die Zunft aufnehmen.
Kein Geselle darf selbstständig in Ulm arbeiten oder einen Webstuhl betreiben.
Wir haben ferner festgesetzt, dass fremde Weber und Weberinnen ... außerhalb der Stadt und im Umkreis von einer halben Meile ihr Handwerk betreiben und ihre Erzeugnisse zu unserer Leinwandschau bringen dürfen. Die auswärtigen Weber sollen aber nur Barchent[1] zur Schau bringen, der aus Baumwolle gewebt ist, die in Ulm geprüft und von unseren Beschauern für gut befunden worden ist.
Die ... Beschauer sollen ... alle Leinwand in der Stadt ... allwöchentlich beschauen.
Wenn sie in den Häusern oder auf dem Markt eine Leinwand finden, die zu dünn ist ..., so soll ein Meister der Zunft einen Schilling [als Strafe] geben, stammt aber die Leinwand von einem Gesellen, der muss sechs Heller geben.

*Friedrich Keutgen (Hg.), Urkunden zur städtischen Verfassungsgeschichte, Berlin (Felber) 1901, Nr. 286 und 287.***

[1] *Mischgewebe aus Baumwolle und Leinen*

1 Arbeite die Aufgaben und Ziele der Zünfte aus dem Darstellungstext heraus und erkläre diese mit eigenen Worten. Nutze den **Wortschatz**.

2 Erläutere, wie die Zunft der Ulmer Leineweber Konkurrenz verhindern wollte (M1).

Zusatzaufgabe → S. 146.

Wortschatz: etwas regeln • Vorschriften erlassen • eine Prüfung ablegen • jemanden oder etwas zulassen • die Konkurrenz ausschalten/verhindern • jemanden in die Zunft aufnehmen • ein Handwerk betreiben

Frauen in der mittelalterlichen Stadt

Frauen hatten im Mittelalter kaum eigene Rechte. Dennoch gelang es ihnen in wenigen Städten, eigene Zünfte zu bilden. Ein Beispiel dafür sind die Herstellerinnen von Seiden, Goldfäden und Garn in Köln.

- ***Wie lebten Frauen in den mittelalterlichen Städten und welche Zünfte gründeten sie in Köln?***

M 1

Ein alter Straßenname in Köln, Foto, 2017

Die Arbeit der Frauen

Frauen konnten verschiedene berufliche Tätigkeiten ausüben, zum Beispiel als Kauffrauen, Weberinnen, Hebammen oder Mägde. Wie auf dem Land war die wichtigste Aufgabe der Frau, den Haushalt zu führen und die Kinder zu erziehen. Viele Frauen arbeiteten aber auch im Handwerksbetrieb ihres Mannes mit. Sie waren vor allem im Textilgewerbe mit der Herstellung von Stoffen und Kleidung beschäftigt.

Die rechtliche Stellung der Frauen

In vielen Städten hatte der Mann die Vormundschaft über die Frau. Das bedeutete, dass der Mann über das gemeinsame Vermögen bestimmte, seine Frau bestrafen durfte und sie vor Gericht vertrat. Die Rollenverteilung im privaten Bereich wurde mit Aussagen der Bibel begründet. Eine Liebesheirat blieb die Ausnahme, oft bestimmten die Eltern über den Ehemann. Politische Rechte hatten die Frauen nicht, obwohl sie rechtlich frei waren.

In manchen Städten hatten Frauen auf einigen Gebieten ähnliche Rechte wie Männer. Frauen durften über ihr Geld verfügen, einen Beruf ausüben, Verträge abschließen und einen eigenen Betrieb führen. Eine Frau durfte lediglich keine öffentlichen Ämter ausüben und keine Waffen führen.

Gab es Frauen in der Zunft?

In vielen Zünften waren nur Männer zugelassen, aber Witwen durften in der Regel die Tätigkeit ihres Mannes weiterführen. Bei den Tuchmachern und anderen Zünften der Bekleidungsproduktion wurden seit dem 13. und 14. Jahrhundert auch Frauen als Lehrtöchter aufgenommen, manche von ihnen legten später die Meisterprüfung ab oder machten sich selbstständig. Die meisten Frauen in Handwerksbetrieben waren die Töchter der Meister, die aushalfen und dabei das Handwerk lernten. Manche konnten auch nach ihrer Heirat weiterarbeiten, wenn sie Zunftgelder zahlten und die Zunft damit einverstanden war.

In Köln bildeten sich sogar drei Frauenzünfte: die Seidenmacherinnen, die Garnmacherinnen und die Goldspinnerinnen. Aus den Quellen kennen wir Frauenzünfte sonst nur noch aus den Städten Zürich und Paris.

M 2

Auszug aus dem Amtsbrief der Kölner Garnmacherinnen vom 14. April 1397:

1. Zum Ersten, welche Person oder Magd das Garnamt [Herstellung von Garn] in Köln lernen will, die soll vier Jahre dienen und nicht weniger, damit sie lerne, Kaufmannsgut zu machen und zu bereiten ... Und sie soll sogleich dem Amt sechs Schilling für ihren Eintritt geben ...

3. Weiterhin, wenn eine Person ihre vier Jahre gedient hat und sich ... niederlassen will, um selbstständig zu arbeiten, so sollen die Frauen, die darauf vereidigt worden sind, ihre Arbeit prüfen ...

5. Und welchem Mann seine Frau stirbt, der Mann darf das Amt mit seinem Gesinde [= untergebene Mitarbeiter] weiter ausüben ...

8. Weiterhin soll keine Frau mehr Gesinde halten als drei Mädchen oder Lohnarbeiterinnen, die für sie arbeiten. Oder aber eine Tochter und zwei Mägde.

*Zit. nach Peter Ketsch, Frauen im Mittelalter, Bd. 1, Düsseldorf (Schwann-Bagel) 1983, S. 173 f.***

1 Arbeite die rechtliche Stellung der Frauen in der mittelalterlichen Stadt heraus (Darstellungstext). Nutze den **Wortschatz**.

2 Beurteile anhand von M1 und M2 die Bedeutung der Frauen im mittelalterlichen Köln.

Zusatzaufgabe → S. 147.

Wortschatz: eine Vormundschaft über jemanden haben • über Geld verfügen • einen Betrieb führen • jemanden vor Gericht vertreten • das Gesinde (= Mitarbeiter)

Die Hanse – mehr als ein Bund von Kaufleuten?

Noch heute sind Städte stolz darauf, dass sie zu den Hansestädten gehören. Sie zeigen dies auf ihrem Stadtschild (Freie und Hansestadt Hamburg) oder in ihrem Autokennzeichen (HH, HB, HL, HR). Die „Hanse" war ein mächtiger Städtebund*, der im Mittelalter gegründet wurde.

- ***Wähle A oder B und untersuche, wie die Hanse funktionierte und welche Ziele sie verfolgte.***

Alltag der Fernhändler

Fernhändler versorgten die Bevölkerung mit Rohstoffen, Lebensmitteln und Luxusgütern, die sie auf festen Handelsrouten aus aller Welt nach Europa brachten: Pelze aus Litauen, Fisch aus Skandinavien, Gewürze aus Indien und vieles mehr. Das Leben der Fernhändler bestand aus Reisen. Das war im Mittelalter mühsam, teuer und oft gefährlich, denn Transporte wurden oft überfallen. Die Wege waren nicht befestigt, sodass die Wagen oft umkippten oder bei schlechtem Wetter steckenblieben. Deshalb reisten die Fernhändler, wenn es möglich war, auf Flüssen. Aber auch hier, wie auf den Landstraßen, mussten sie für die Benutzung Zoll bezahlen. Während der oft monatelangen Abwesenheit führten die Frauen das Geschäft zu Hause selbstständig weiter. Wie die Handwerker schlossen sich auch die Kaufleute zusammen: In Gilden vertraten sie ihre Interessen. Die Mitglieder einer Gilde unterstützten sich gegenseitig in Notsituationen.

Gründung der Hanse

Mit der Ausweitung des Handels in Europa seit dem 12. Jahrhundert gewannen für viele Fernhändler die Gilden immer mehr an Bedeutung. Sie wurden zu Fahrtgenossenschaften, in denen die Kaufleute neben ihrer Sicherheit auf Reisen auch ihre Handels- und Gewinnmöglichkeiten verbessern konnten. Aus einer solchen Fahrtgenossenschaft norddeutscher und nordwestdeutscher Kaufleute bildete sich 1358 die Deutsche Hanse*. Dort schlossen sich nicht mehr die Kaufleute selbst zusammen, sondern die Städte, aus denen sie stammten. Zeitweise gehörten 160 Städte zu diesem Städtebund, der von der Hansestadt Lübeck aus geleitet wurde. Weitere große Hansestädte in Norddeutschland waren Hamburg und Bremen. Auch Lüneburg war ein Mitglied der Hanse. Sein Salz spielte bei der Konservierung von Lebensmitteln eine wichtige Rolle und brachte der Stadt großen Reichtum.

A

M1

1469 schrieb die Hanse an den englischen Kronrat:

Die Hansa Theutonica [deutsche Hanse] ist ... ein festes Bündnis von vielen Städten, Orten und Gemeinschaften zu dem Zwecke, dass die Handelsunternehmungen zu Wasser und zu Land den erwünschten und günstigen Erfolg haben und dass ein wirksamer Schutz gegen Seeräuber und Wegelagerer geleistet werde, damit nicht durch deren Nachstellungen die Kaufleute ihrer Güter und ihrer Werte beraubt würden.

*Zit. nach Philippe Dollinger, Die Hanse, 5. Aufl., Stuttgart (Kröner) 1998, S. 549.**

M2

Das Lübecker Stadtsiegel von 1256. Vorn im Schiff steht der binnenländische Kaufmann, der für Fertigwaren aus dem Westen und aus den Niederlanden sorgte, hinten befindet sich der seefahrende Kaufmann, der Rohstoffe aus dem Norden lieferte und die skandinavischen Absatzmärkte erschloss. Die Umschrift lautet: Sigillum burgensium de Lubeke. Durchmesser: 9,5 Zentimeter.

1. Beschreibe die Probleme der Fernhändler (Darstellungstext).
2. Arbeite aus M1 heraus, wie die Hanse selbst ihren Zweck und ihre Ziele beschreibt.
3. Erkläre den Zusammenhang zwischen dem Lübecker Stadtsiegel M2 (Umschrift und Bild) und der Hanse.

B

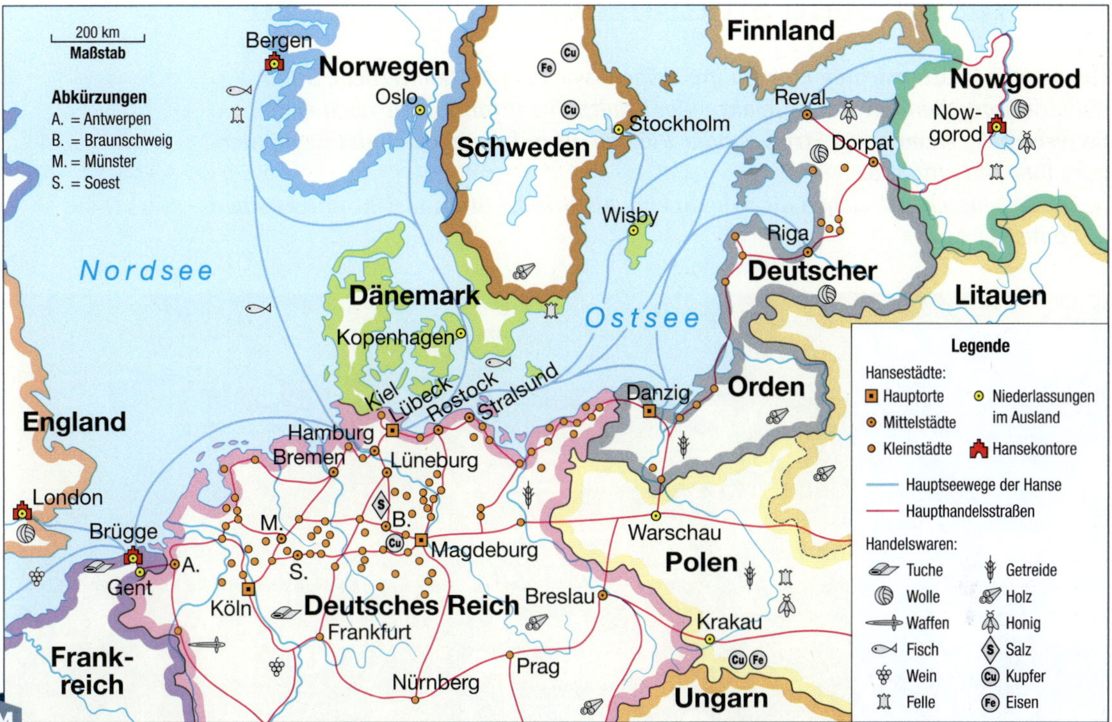

M 3 *Das Wirtschaftsgebiet der Hanse um 1400*

1 Beschreibe mithilfe des Darstellungstextes die Probleme der Fernhändler.

2 Vergleiche den Handel mit Fuhrwerk und Hansekogge (M4).

3 Ein Händler möchte Wolle von Riga nach Braunschweig transportieren. Entwickle einen Vorschlag für eine günstige und schnelle Handelsroute. Berechne, wie lange er jeweils auf dem Land- und Seeweg brauchen würde (M3, M4)?

(die) Hanse

Die Deutsche Hanse war ein Städtebund. Sie vertrat die Interessen der städtischen Fernhandelskaufleute. An zentralen Handelsplätzen Nordeuropas wurden Hansekontore (Stadtviertel mit Lagerräumen und Hafenanlagen) errichtet. Die Hansevertreter verhandelten über Fahrttermine und Ladegüter der großen Handelsschiffe („Koggen") oder sie sprachen mit ausländischen Herrschern über Zollvergünstigungen. 1669 wurde die Hanse aufgelöst.

Aufgabe für alle:

Diskutiert, ob die Hanse von anderen Städten, Ländern und Herrschern als Gefahr oder Chance wahrgenommen wurde.

M 4 *Die Kogge, das Handels- und Kriegsschiff der Hanse im 14./15. Jahrhundert, Modellnachbau, 20. Jh. Frachtraum: 200 t, Geschwindigkeit: ca. 9 km/h, 20 Seeleute. Zum Vergleich: Ein Fuhrwerk trug ca. 2 t Last, hatte eine Geschwindigkeit von ca. 2 km/h und benötigte einen Fuhrmann und Bewachung.*

Eine historische Stadtansicht untersuchen

Historische Stadtansichten können uns zeigen, wie eine mittelalterliche Stadt früher ausgesehen hat. Mithilfe aktueller Stadtpläne erfahren wir noch mehr. So weisen die Namen von Straßen oder Plätzen oft auf die ehemaligen Bewohner oder ihre Nutzung hin.

- *Die Arbeitsschritte zeigen dir, wie du eine historische Stadtansicht untersuchen kannst.*

M 1

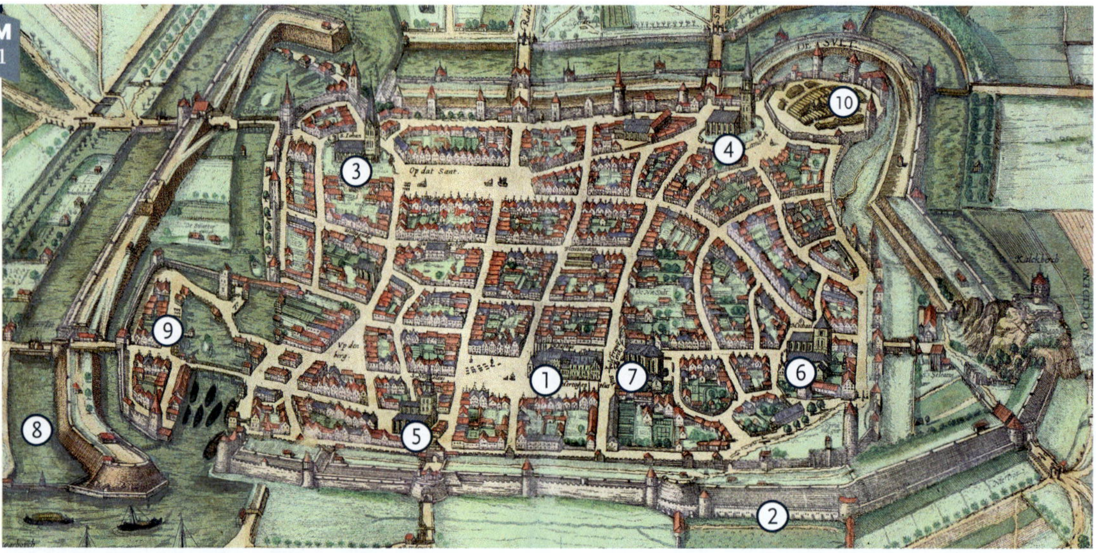

Stadtansicht von Lüneburg (Niedersachsen) aus dem 16. Jahrhundert. 1 = Rathaus, 2 = Stadtmauer, 3 = St. Johanniskirche, 4 = St. Lambertikirche, 5 = Kirche St. Nicolai, 6 = Kirche St. Michaelis, 7 = St. Marienkirche, 8 = Illmenau, 9 = Fischmarkt, 10 = Sülze

M 2

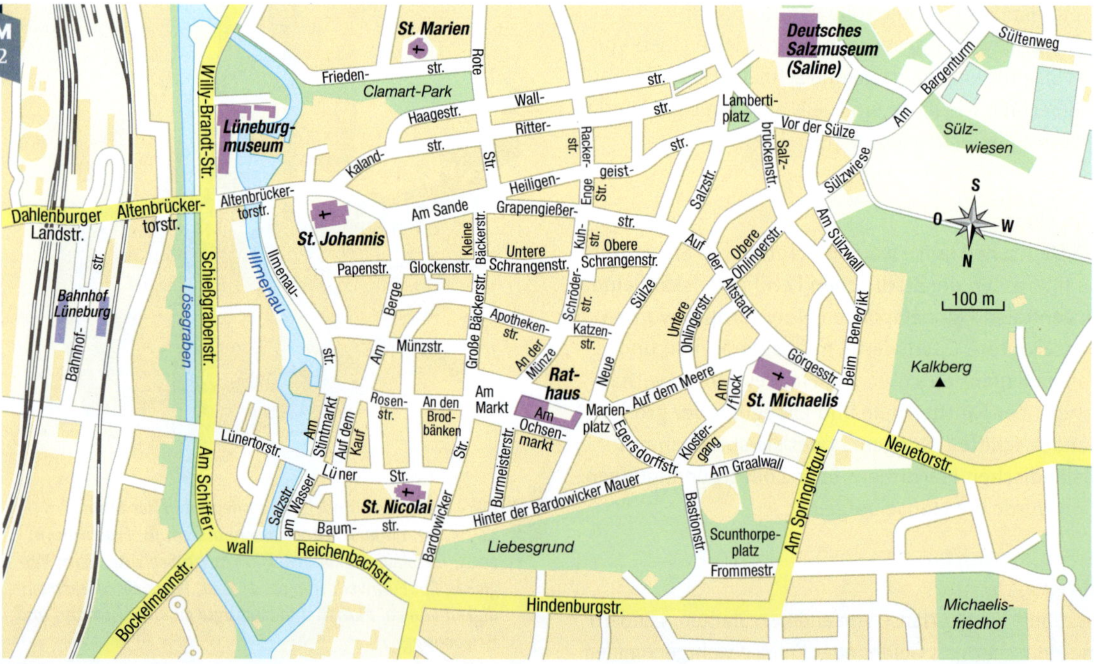

Die Lüneburger Altstadt heute

Arbeitsschritte „Eine historische Stadtansicht untersuchen“

Erste Informationen herausarbeiten	Sprachliche Forumulierungshilfen
1. Fertige eine Fotokopie der Stadtpläne an.	**Tipp:** Vergrößere die Stadtansicht um 10 %.
2. Welche Stadt ist dargestellt?	• *Die Materialien M1 und M2 zeigen die Stadt ...*
3. Wann sind die Stadtpläne entstanden?	• *Die historische Stadtansicht M1 entstand im ...* • *M2 ist ein aktueller Stadtplan.*
Veränderungen in den Stadtplänen untersuchen	
4. Finde die alte Stadtmauer in der Stadtansicht und zeichne ihren ungefähren Verlauf in den neuen Plan ein.	**Tipp:** Der Verlauf der Stadtmauer ist häufig an Straßennamen zu erkennen, die den Begriff „Wall“ oder „Mauer“ beinhalten.
5. Welche besonderen Merkmale einer mittelalterlichen Stadt (zum Beispiel Gebäude, Stadtmauer) kannst du auf dem alten Plan erkennen?	• *In der historischen Stadtansicht sind ... und ... eingezeichnet.* • *Außerdem kann man in M1 ... erkennen.*
6. Markiere den Standort der besonderen Merkmale der mittelalterlichen Stadt im neuen Stadtplan und prüfe, ob sie heute noch existieren.	• *Heute existieren noch ...* • *Auf der anderen Seite existiert heute ... nicht mehr.* • ...
7. Prüfe im neuen Stadtplan, ob man durch heutige Namen von Straßen oder Plätzen Rückschlüsse auf deren Bedeutung oder ehemalige Bewohner ziehen kann.	• *In der Schrangenstraße (Schrangen = Verkaufsbank, auf der Fleisch oder Brot verkauft wurde) ...* • *In der Grapengießerstraße (Grapen = mittelalterliche Kochkessel aus Bronze) wurden vermutlich ...* • *Am Stintmarkt (Stint = eine Fischart) befand sich im Mittelalter vermutlich der ...* • *In der „Großen Bäckerstraße“ lebten im Mittelalter vermutlich ...* • *Die Straße „Am Ochsenmarkt“ weist darauf hin, ...* • ...
8. Wie entwickelte sich die Stadt in den folgenden Jahrhunderten? (Gibt es Anzeichen dafür, dass die Stadt gewachsen ist? Gibt es noch einen Stadtgraben?)	• *Lüneburg ist in den vergangenen Jahrhunderten ... Zu erkennen ist dies daran, dass ...* • ...
Informationen zusammenfassen und deuten	
9. Fasse zusammen, was du aus den Materialien über die Stadt erfährst.	• *Lüneburg hat sich bis heute stark verändert. Die Stadt ist gewachsen. Dies lässt auf einen Bevölkerungsanstieg in der Stadt schließen. Lüneburg weist alle typischen Merkmale einer mittelalterlichen Stadt auf, zum Beispiel ...*

1 Vergleiche M1 und M2 mithilfe der Arbeitsschritte. Ergänze die Lösungshinweise, besonders an Stellen, wo du Auslassungszeichen (...) siehst. Das Internet hilft dir, mehr über alte Gebäude oder Plätze herauszufinden.

cornelsen.de/webcodes
Code: nixifi
Kopiervorlage Methodentabelle

2 **Partnerarbeit:**
a) Sucht im Internet nach Stadtansichten und Stadtplänen eures Heimatortes oder einer größeren Stadt in der Nähe. ▸ Hilfe
b) Untersucht eure Materialien nach Spuren aus dem Mittelalter (z. B. Straßennamen, Plätze, Gebäude).

Das heutige Bild vom Mittelalter: Zutreffend oder unrealistisch?

Sicherlich kennst du Computerspiele, die sich mit der Zeit des Mittelalters befassen. In diesen digitalen Angeboten wird das Mittelalter oft als interessante und aufregende Zeit dargestellt. Nachgestellte Mittelaltermärkte vermitteln uns ebenfalls ein Bild vom Mittelalter.

- ***Untersuche, ob Computerspiele und Mittelaltermärkte ein realistisches Bild vom Mittelalter zeigen.***

Das Mittelalter in digitalen Angeboten

Viele Filme und Serien im Fernsehen spielen im Mittelalter. Sie wollen uns vor allem unterhalten. Daneben gibt es auch zahlreiche Dokumentationen, die uns zeigen wollen, wie es damals war. Sie erzählen Geschichten über eine Kaufmannsfamilie oder über das Leben in einer mittelalterlichen Stadt. Das Fernsehen prägt unser Bild vom Mittelalter womöglich stärker als der Geschichtsunterricht. Auch in Spielen für Computer, Konsolen und Handys geht es oft um das Mittelalter. So muss man zum Beispiel ein Reich gründen und seine Armeen in den Kampf führen. Dabei handelt es sich um sogenannte Strategiespiele. In Rollenspielen wiederum kann man das Leben einer Person nachspielen, also so tun, als ob man einer von ihnen wäre. Uns muss klar sein: Oft wird das Mittelalter in den Spielen anders dargestellt, als es in Wirklichkeit war. Magische Wesen, Figuren mit übermenschlichen Fähigkeiten und ständiges Kriegsgetümmel haben nur wenig mit dem tatsächlichen Leben der Menschen im Mittelalter gemeinsam.

M 1

Über das Computerspiel „Empire: Four Kingdoms":

Werde König und Burgherr mit der Empire: Four Kingdoms App! Sorge für neue Rohstoffe und baue Deine kleine Burg zu einer mächtigen Festung aus. Stelle eine schlagkräftige Armee auf, mit der Du weite Gebiete für Dein Königreich eroberst und es gegen Angreifer verteidigst. Bilde Allianzen mit Freunden gegen mächtige Gegner oder führe epische Kämpfe gegen unzählige Spieler. In dieser Mobile App entscheidet Deine Strategie darüber, ob Du ein legendärer König wirst oder Untertan bleibst.

https://goodgamestudios.com/de/spiele/empire-four-kingdoms-app/ (Stand: 21.06.2023).

M 2

Ansicht aus dem Computerspiel „Empire: Four Kingdoms"

Wortschatz: digitale Angebote • unser Bild wird geprägt von ... • Strategie- und Rollenspiele • eine Armee aufstellen • sich an etwas/jemanden orientieren • Vorgaben einhalten

M 3

Marktordnung des Mittelaltermarktes Venne in Niedersachsen (2019):

Alle Beteiligten ... sichern zu, sich bei der Darstellung ihres Gewerbes, Handwerks, Handels und in der Darstellung ihrer Person an den Vorlagen/Überlieferungen der jeweiligen zeitlichen Epochen zu orientieren ...
Sämtliche Teilnehmer sind für die mittelalterliche Ausgestaltung, Dekoration und Beleuchtung ihres Standes/Lagers selbst verantwortlich. Kunststoffe, wie auch neumodische Errungenschaften der Technik, sind nicht erwünscht ... Zur Beleuchtung dürfen Öllampen, Kerzen, Laternen und Fackeln verwendet werden. Diese Beleuchtungsmittel dürfen allerdings nicht unbeaufsichtigt bleiben und müssen den neuzeitlichen Sicherheitsvorschriften entsprechen. Elektrisch verstärkte Beschallung mit Musik an den Ständen ist nicht ... erlaubt. Für die Versorgung mit Speis und Trank gilt zusätzlich noch, dass selbstverständlich weder Plastikgeschirr noch Getränkedosen herausgegeben werden dürfen ...
Alle Betreiber verpflichten sich, für ihre Angebote/Darbietungen die gesetzlichen Vorgaben (zum Beispiel Lebensmittelhygiene, Unfallverhütung) einzuhalten ... Die Kleidung sollte der von den Akteuren dargestellten Epoche und Zunft entsprechen (inkl. Kopfbedeckung). Kleidung aus dem Kostümverleih, Faschingskostüme, neuzeitliche Trachten, allzu sichtbare neuzeitliche Schuhe, neuzeitliche Kopfbedeckungen, Sonnenbrillen etc. werden nicht akzeptiert. Uhren und Handys sind verdeckt zu tragen. Je nach Wetterlage sind mittelalterliche Schuhe zu tragen ... Bei offenem Feuer sind Feuerlöscher Pflicht, sollten jedoch für die Besucher nicht sichtbar platziert werden.

*Zit. nach https://williwicki.beepworld.de/apps/download?f=marktordnung.pdf (Stand: 21. 06. 2023).***

M 4

Eine Tanzgruppe zeigt auf einem Flachsmarkt rund um Burg Linn in Krefeld mittelalterliche Tänze, Foto, 2011. Auf dem Mittelaltermarkt werden außerdem Ritterspiele durchgeführt und Handwerker verkaufen ihre Produkte. Der Markt kann gegen eine Eintrittsgebühr besucht werden und hat jedes Jahr mehr als 100 000 Besucher.

1 Fasse zusammen, wie unser Bild vom Mittelalter heute beeinflusst wird (Darstellungstext).

2 Erläutere anhand von M1 und M2, aus welchen Gründen viele Kinder und Jugendliche vermutlich Computerspiele über das Mittelalter spielen. Nutze den **Wortschatz**.

3 **Partnerarbeit:** Diskutiert, wie realitätsnah ein heutiger Mittelaltermarkt ist (M3, M4).

4 **Wähle eine Aufgabe aus:**

a) Computerspiele und Mittelaltermärkte beeinflussen unser heutige Bild vom Mittelalter. Vergleiche mithilfe deines Wissens und der Informationen aus diesem Kapitel die Vor- und Nachteile.

b) Nimm mithilfe deines Wissens aus diesem Kapitel zur Frage der Überschrift kritisch Stellung.

500 | 600 | 700 | 800 | 900

476 Ende des Weströmischen Reichs

um 498 Taufe Chlodwigs I.

seit 6. Jh. Entstehung von Klöstern in Europa; Europa wird christlich

seit 7./8. Jh. Grundherrschaft und Lehnswesen

8.–10. Jh. Räderpflug löst den Hakenpflug ab

800 Kaiserkrönung Karls des Großen

936–973 Otto I. (962 Kaiserkrönung)

Lebensformen im Mittelalter

Königsherrschaft

Nach dem Untergang des Weströmischen Reichs bildete sich als Machtzentrum in West- und Mitteleuropa das **Frankenreich**. Chlodwig, der erste König aus der Familie der **Merowinger**, gründete ein neues Reich. Durch den Übertritt Chlodwigs zum **Christentum** entwickelte sich zwischen den fränkischen Königen und der Kirche ein enges Verhältnis. Auch die Bedeutung des Papstes in Rom nahm zu. Die Geistlichen unterstützten den königlichen Herrschaftsanspruch und die Könige traten als Schutzherren der Kirche auf.

Als einer der bedeutendsten Könige des Mittelalters gilt der Frankenkönig **Karl der Große** (768–814). Er stellte sich mit seiner Kaiserkrönung 800 durch den **Papst** in die Nachfolge der römischen **Kaiser**. Mit militärischer Gewalt vergrößerte er das Frankenreich, das nun große Teile Westeuropas umfasste. Karl wird deshalb auch als „Vater Europas“ bezeichnet. Die Könige im Mittelalter regierten als **Reisekönige**. Sie zogen mit ihrem Hof (die königliche Familie, die weltlichen und geistlichen Berater des Königs und eine große Zahl weiterer adliger Gefolgsleute) von Pfalz zu Pfalz. Die wichtigsten Aufgaben des Königs waren, den Frieden im Innern zu bewahren, das Reich gegen äußere Feinde zu verteidigen und das Christenvolk zu schützen.

Die Grundherrschaft

Im Laufe des Mittelalters nahm die Zahl der unfreien Bauern ohne eigenes Land zu. Diese abhängigen („hörigen“) Bauern erhielten von einem **Grundherrn** Land zur Bebauung und mussten ihm dafür Abgaben und Frondienste leisten. Grundherren waren der König, adlige Fürsten oder Bischöfe und Äbte von Klöstern. Bauernfamilien, die auf dem Herrenhof des Grundherrn arbeiteten, waren **Leibeigene** und galten als dessen persönlicher Besitz. Der Grundherr war für seine Abhängigen Arbeitgeber und Richter. Bei Missernten versorgte er sie aus seinen Vorräten, und im Krieg standen sie unter seinem Schutz.

Das Lehnswesen

Das **Lehnswesen** war ein System persönlicher Bindungen zwischen einem Lehnsherrn und seinen weltlichen und geistlichen Lehnsmännern (= **Vasallen**). Hierbei schworen sich der Lehnsherr und der Vasall gegenseitige Treue. Der Herr erwartete im Frieden Rat und im Kriegsfall militärische Hilfe. Als Gegenleistung belohnte der Herr den Vasallen mit einem Lehen auf Lebenszeit. Das konnten ein Amt, ein Stück Land oder ein bestimmtes Recht sein. Herzöge, Grafen und Bischöfe waren für den König wichtige Vasallen, da sie Ämter in der Reichsverwaltung ausübten. Die Übergabe eines Lehens war eine Zeremonie aus mehreren Teilen. Bei dieser Feierlichkeit spielten Symbole und Gesten eine zentrale Rolle.

Sicherung der königlichen Macht

Im Mittelalter wählten weltliche und geistliche Fürsten den König. Die Wahl lief nach einem bestimmten Ritual ab. Wir kennen dieses Ritual erstmals von der Wahl und der Krönung Ottos I. (912–973). Dieser Ablauf galt für fast alle seine Nachfolger. Das Recht des Königs, Bischöfe einzusetzen, war ein bedeutender Teil seiner Herrschaft. Die Vermischung von geistlichem und weltlichem Machtbereich durch die Könige war den Päpsten aber nicht recht.

Unter Papst Gregor VII. und König Heinrich IV. brach der Konflikt offen aus, wer für die Einsetzung (**„Inves-**

1000 | 1100 | 1200 | 1300 | 1400

seit 11. Jh. Dreifelderwirtschaft in Europa

11./12. Jh. Investiturstreit

11.–13. Jh. Städtegründungen in Europa

seit 13. Jh. Machtausbau der Landesherren

13./14. Jh. Hanse entwickelt sich vom Handels- zum Städtebund

14./15. Jh. Kampf der Bürger um die Stadtherrschaft

seit 1100 Handwerker schließen sich zu Zünften zusammen

titur") der Bischöfe verantwortlich sei. Nach Heinrichs „Gang nach Canossa" (1077) wurde mit dem Wormser Konkordat (1122) ein Kompromiss gefunden, durch den beide Seiten an der Einsetzung von Bischöfen beteiligt wurden.

Die Ständegesellschaft

Nach der Auffassung mittelalterlicher Gelehrter bestand die Gesellschaft aus drei Ständen: den Geistlichen (Klerus) als erstem, dem Adel als zweitem und den Bauern und später den Bürgern in den Städten als drittem Stand. Mit Ausnahme des Klerus war jedem Menschen durch Geburt sein Platz in dieser „gottgegebenen" Ordnung zugewiesen. Jeder Stand hatte bestimmte Rechte und Pflichten. Ein Standeswechsel war nicht möglich. Die Ungleichheit war daher ein bedeutendes Merkmal der **Ständegesellschaft**.

Bauern, Ritter und Mönche

Die meisten Menschen im Mittelalter lebten als Bäuerinnen und Bauern in kleinen Dörfern und arbeiteten in der Landwirtschaft. Technische Neuerungen wie der Räderpflug, der Schubkarren oder Mühlen setzten sich ab dem 11. Jahrhundert durch und erleichterten die Arbeit. Mit dem Übergang von der Zweifelder- zur **Dreifelderwirtschaft** wurden bessere Ernten erzielt. Der Adel bildete im Vergleich zur bäuerlichen Bevölkerung eine zahlenmäßig kleine gesellschaftliche Gruppe. Adelsfamilien ließen Burgen als Herrschaftssitze bauen. Die Burg war ursprünglich ein Verteidigungsbau und später auch Verwaltungssitz und Zentrum der Ritterkultur mit Turnieren und Burgfesten.
Die von einem Abt oder einer Äbtissin geleiteten **Klöster** waren religiöse Zentren, Wirtschaftsbetriebe und Herrschaftseinrichtungen. Auch als Bildungszentren hatten die Klöster eine wichtige Aufgabe: Sie vermittelten Wissen und ergänzten es durch eigene Forschungen. Für die Mönche und Nonnen im Kloster galt der Leitspruch **„ora et labora"** – „bete und arbeite".

Die Stadt und ihre Bewohner

Eine neue Lebenswelt im Mittelalter war die **Stadt**. Seit dem 11. Jahrhundert gründeten Könige, Herzöge und Bischöfe verstärkt neue Städte, vor allem aus wirtschaftlichen Gründen. Wenn eine Siedlung das Stadtrecht (Markt, Münz- und Zollrecht) erhielt, konnte sie sich zu einem Produktions- und Handelszentrum entwickeln. Innerhalb der Stadt gab es große soziale und wirtschaftliche Ungleichheiten. Die jüdische Bevölkerung, aber auch die Frauen waren deutlich benachteiligt. Handel und Handwerk bestimmten das wirtschaftliche Leben. Die Handwerker organisierten sich in **Zünften**, die Kaufleute in Gilden. Die Herrschaft der Stadtherren wurde durch die Bürger mit der Zeit zunehmend eingeschränkt. Mit dem Aufblühen der Städte nahm auch der Fernhandel zu. Messe- und Handelszentren entstanden. In Nord- und Mitteleuropa erreichten die Hansestädte eine besondere Bedeutung, der Städtebund der **Hanse** wurde im 14. und 15. Jahrhundert nicht nur eine wirtschaftliche, sondern auch eine politische Macht.

1 Wähle eine Aufgabe aus:

a) Erläutere, welches Thema aus diesem Kapitel dich am meisten interessiert hat.

b) Erkläre, warum es aus deiner Sicht interessant ist, sich heutzutage mit dem Mittelalter zu beschäftigen.

Im Kapitel konntest du folgendes Fachwissen und folgende Kompetenzen erwerben:

- die besondere Rolle Karls des Großen für das mittelalterliche Kaisertum und die europäische Geschichte herausarbeiten
- das Reisekönigtum der mittelalterlichen Herrscher erläutern
- Merkmale der Grundherrschaft und des Lehnswesens erklären, beurteilen und bewerten
- die Machtstellung des Königs gegenüber den Adligen und dem Papst untersuchen
- die Ständeordnung und ihre religiöse Begründung erklären
- die Lebensbedingungen der Bauern in der Landwirtschaft, der Adligen auf der Burg und der Mönche und Nonnen im Kloster beschreiben und erläutern
- die besonderen Merkmale, gesellschaftlichen Strukturen und Entwicklungen der Stadt herausarbeiten
- die Rolle und Bedeutung der Hanse erklären
- **Medien und Methoden:** Eine Bildquelle analysieren
- **Medien und Methoden:** Eine historische Stadtansicht untersuchen

M 1

Finde die Fehler im Text:

Das Frankenreich bildete sich nach dem Untergang des Oströmischen Reichs und die fränkischen Könige entwickelten eine enge Beziehung zur Kirche. Alexander der Große vergrößerte das Reich und wurde als „Vater Europas" bezeichnet. Die Könige regierten als Reisekönige und hatten die Aufgaben, den Frieden zu wahren, das Reich zu verteidigen und die Christen zu schützen. Im Mittelalter gab es unfreie Bauern, die von Grundherren abhängig waren, und das Lehnswesen sorgte für persönliche Bindungen zwischen Lehnsherren und Gesellen. Die königliche Macht beruhte auf der Wahl durch weltliche und geistliche Fürsten sowie der Einsetzung von Bischöfen durch den König, was jedoch zu Spannungen mit den Päpsten führte. Die Freundschaft zwischen Papst Gregor VII. und König Heinrich IV. über die Investitur der Bischöfe führte zu einem Kompromiss mit dem Wormser Konkordat. Die mittelalterliche Gesellschaft bestand aus vier Ständen: dem Klerus, dem Adel, den Bauern und den Bürgern. Ungleichheit prägte die Ständegesellschaft. Die meisten Menschen lebten als Bauern auf dem Land, während der Adel Burgen als Herrschaftssitze baute. Burgen waren religiöse, wirtschaftliche und herrschaftliche Zentren mit einer Bildungsfunktion. Im Mittelalter setzte ein Städtewachstum ein. Handel und Handwerk prägten das städtische Leben. Die Macht der Bürger wurde von den Stadtherren über die Zeit eingeschränkt, und der Fernhandel florierte, insbesondere in den Hansestädten.

Verfassertext

M 2

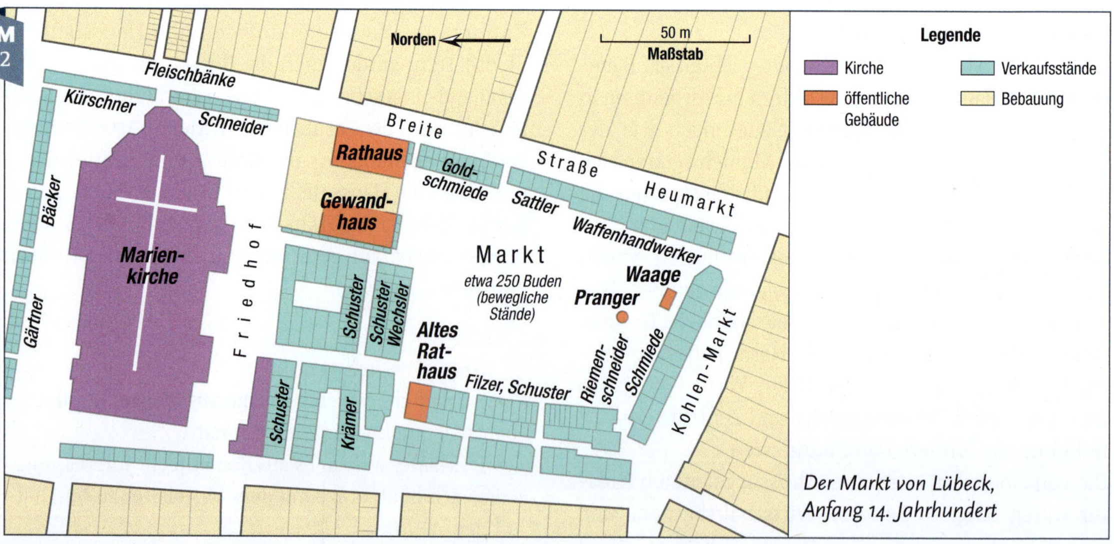

Der Markt von Lübeck, Anfang 14. Jahrhundert

M 3

Kaiserkrönung Karls des Großen durch Papst Leo III. an Heiligabend 800, Miniatur von Jean Fouquet, um 1460

M 4

Kaiserkrönung Karls des Großen durch Papst Leo III. an Heiligabend 800, französische Buchmalerei, 14. Jh.

M 5

„Die Auswirkungen der guten Regierung auf Stadt und Land", Ausschnitt aus einem Wandgemälde von Ambrogio Lorenzetti im Rathaus von Siena in der italienischen Toskana, 14. Jh.

Sachkompetenz

1 Überprüfe die Darstellung M1 und korrigiere die sieben Fehler im Text.

2 **a)** Erläutere die Tätigkeiten der in M2 aufgeführten Berufsgruppen.
b) Nenne die Berufe, die es heute noch gibt.

Methodenkompetenz

3 Vergleiche die bildliche Darstellung der Kaiserkrönung Karls des Großen in M3 und M4 und erläutere mögliche Gründe für die Unterschiede.

4 Entwickelt in Kleingruppen eine Spielszene zur Kaiserkrönung. Konzentriert euch dabei auf die weltliche und die geistliche Sicht auf dieses Ereignis. Präsentiert eure Szenen in der Klasse und diskutiert eure Ergebnisse.

5 **a)** Beschreibe, wie der Künstler in M5 den Unterschied zwischen ländlichem und städtischem Leben im Mittelalter darstellte.
b) Erläutere die Unterschiede zwischen dem Land- und dem Stadtleben.

Urteilskompetenz

6 Beurteile, welche Bedeutung das Kaiser- und Königtum für die einzelnen Stände im Mittelalter hatte.

7 Nimm Stellung, ob die Lebensformen des Mittelalters der Vergangenheit angehören oder Teile davon noch in unserer Gegenwart zu finden sind.

cornelsen.de/webcodes
Code: revowe
Selbsteinschätzungsbogen

Check

aquesta carauana es partida del imperi
de sarra p anar al catayo.

2

Kulturbegegnungen im Mittelalter

Auf der Insel Mallorca im Mittelmeer entstand um 1375 in der Kartenwerkstatt von Abraham Cresques und seinem Sohn Jehuda ein Atlas. Die beiden Wissenschaftler jüdischen Glaubens befragten alle Kapitäne, die in Mallorca ankamen, nach ihrem Wissen zu Küstenverläufen und Häfen. Wichtige Informationen lieferten ihnen auch die Reiseberichte von zwei bedeutenden Fernreisenden, dem aus Venedig stammenden Marco Polo und Ibn Battuta aus Tanger in Nordafrika. In dem Atlas ist eine Handelskarawane zu sehen: Sie befindet sich auf der „Seidenstraße", die China mit Europa und den neu entstandenen islamischen Reichen auf der Arabischen Halbinsel im Nahen Osten verband.

Beschreibe das Bild und nenne mögliche Reisebedingungen und -gründe der Händler.

alle Darstellungstexte zum Anhören

tafeye

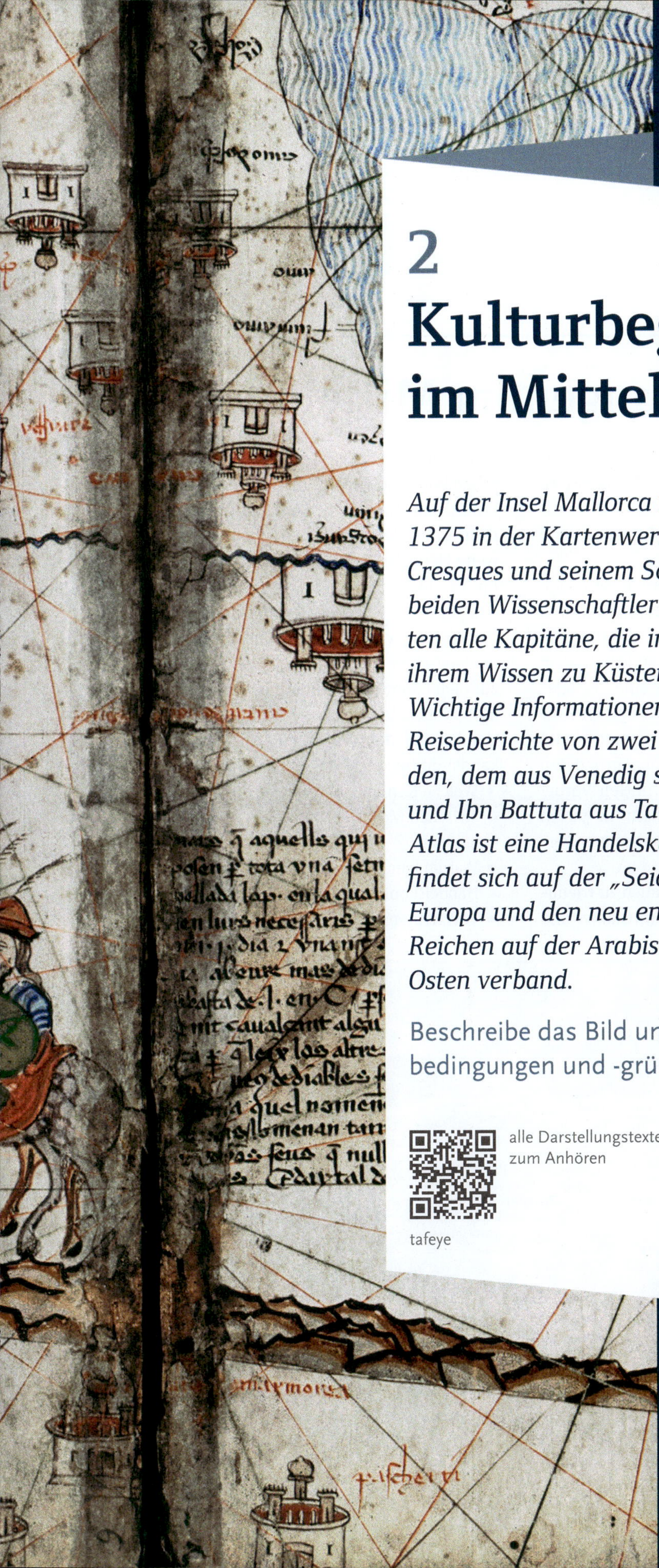

Malerei aus dem „Katalanischen Atlas", 1375

800 | 900 | 1000 | 1100

7./8. Jh. Ausbreitung des Islam

8.–10. Jh. Gründung jüdischer Gemeinden in Mittel- und Westeuropa

1095 Papst Urban II. ruft zum Kreuzzug auf

1099 Eroberung Jerusalems durch die Kreuzfahrer

1100–1300 Judenverfolgungen während der Kreuzzüge

Kulturbegegnungen im Mittelalter

Rund um das Mittelmeer waren im Mittelalter drei bedeutende Machtzentren entstanden: das Frankenreich in Westeuropa, das Oströmische Reich (auch Byzantinisches Reich genannt) im östlichen Mittelmeer und die neuen islamischen Reiche.

Ende des 11. Jahrhunderts brachen christliche Ritter, aber auch Bauern und Handwerker aus Europa auf, weil sie die Stadt Jerusalem erobern wollten, die seit dem Jahr 638 unter islamischer Herrschaft stand. Jerusalem war für Juden, Christen und Muslime eine „heilige“ Stadt. Während der sogenannten Kreuzzüge christlicher Ritter kam es über 200 Jahre lang immer wieder zu Konflikten. Die Eroberer aus Europa gründeten Kreuzfahrerstaaten. Zur gleichen Zeit führten Vorurteile gegenüber jüdischen Mitbewohnern in vielen Städten Europas zu Angriffen und gewaltsamen Vertreibungen von Jüdinnen und Juden.

Neben grausamen Kriegen kam es aber auch zu friedlichen Begegnungen zwischen Christen, Muslimen und Juden, den Anhängern der drei großen monotheistischen Weltreligionen. Außerdem kam es auch zu einem intensivem Handelsaustausch zwischen Europa und dem Nahen Osten, denn Kaufleute begaben sich auf weite Handelsreisen und Expeditionen nach Asien.

Im 13. Jahrhundert verbreiteten die Eroberungszüge mongolischer Reiterkrieger aus Zentralasien Tod und Verwüstung von China bis Osteuropa. Innerhalb des mongolischen Weltreichs waren in dieser Zeit Reisen auf dem Landweg von Europa nach China möglich. Aus Europa machten sich zunächst Missionare* und später Händler auf den Weg nach Osten. In diesem Kapitel kannst du folgende Fragen untersuchen:

- Welche Konflikte und welche Zusammenarbeit gab es zwischen Menschen verschiedener Kulturen und Religionen?
- Warum kam es im 12. und 13. Jahrhundert zu vielen Handelskontakten zwischen Europa und Asien?
- Was lernten die Fernreisenden über andere Kulturen?

M 1

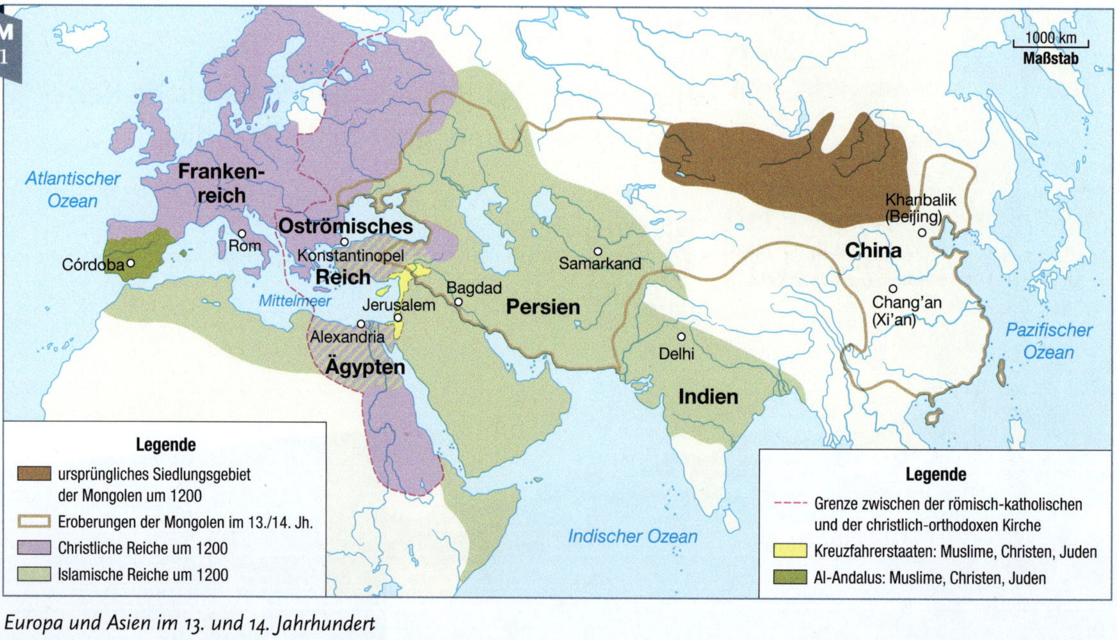

Europa und Asien im 13. und 14. Jahrhundert

1200 | 1300 | 1400 | 1500

1206–1405 Mongolenreiche
Handels- und Wissensaustausch zwischen Europa, Zentralasien und China

14. Jh.–16. Jh. Renaissance und Humanismus

1348–1352 Judenpogrome während der Pest

1275–1291 Reisen des Marco Polo nach China

1492 Entdeckung Amerikas

M 2

Schlacht zwischen sogenannten Kreuzfahrern und Muslimen während der Belagerung der Stadt Antiochia im Jahr 1097, französische Buchmalerei, um 1200

M 3

Der Kaufmann Marco Polo (1254–1324, rechts in rotem Gewand) aus Venedig reiste gemeinsam mit seinem Vater und seinem Onkel nach China an den Hof des mongolischen Herrschers Kublai Khan (1214–1294, links sitzend) in Shangdu und überreichte ihm einen Brief des Papstes. Buchmalerei, 13. Jh.

M 4

Touristen auf der alten Seidenstraße am Rande der Wüste Taklamakan in China, Foto, 2016

1 Die Kapitelüberschrift lautet „Kulturbegegnungen im Mittelalter". Fasse zusammen, welche Informationen M2 und M3 dazu liefern.

2 Nenne mithilfe von M1 die in M2–M4 genannten Orte, Länder und Landschaften. Du kannst auch eine digitale Weltkarte verwenden.

Jüdisches Leben im Mittelalter

Das Judentum ist die älteste große Religion mit dem Glauben an einen einzigen Gott. Über eintausend Jahre lebten Jüdinnen und Juden im Lande Israel vor allem in der Landschaft Judäa mit dem Zentrum Jerusalem. Nachdem die Römer 70 n. Chr. Jerusalem zerstört und die meisten Jüdinnen und Juden aus ihrem Land vertrieben hatten, lebten sie seit dem 5. Jahrhundert als Minderheit in den Ländern rund um das Mittelmeer in christlich oder muslimisch geprägten Städten.

- ***Welche Rolle spielten die Jüdinnen und Juden in dieser christlich oder muslimisch geprägten Umwelt und welchen Gefahren waren sie ausgesetzt?***

M 1

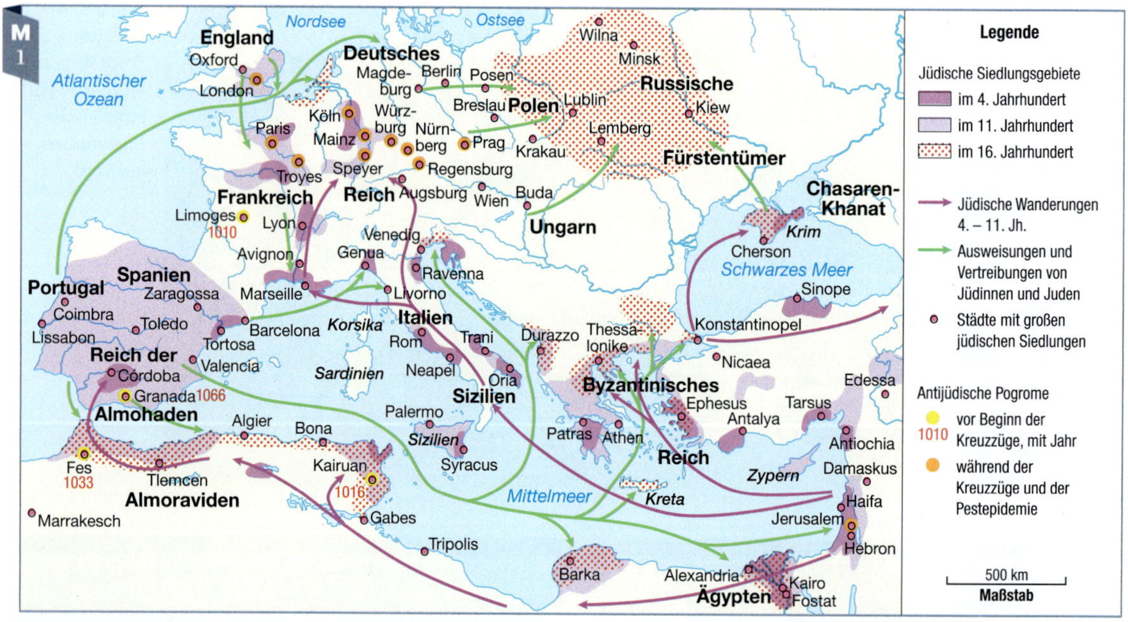

Jüdische Diaspora vom 5. bis 12. Jahrhundert

Leben in der Diaspora

Zwar lebten nach der Vertreibung seit dem 1. Jahrhundert n. Chr. weiterhin Jüdinnen und Juden in den römisch besetzten Gebieten, aber die meisten waren aus ihrer Heimat geflohen und lebten in der Diaspora* (= Zerstreuung). In vielen Ländern stieg seit dem 7. Jahrhundert die Zahl der nach West- und Mitteleuropa vertriebenen Jüdinnen und Juden. In vielen Städten bauten sie eigene Synagogen (= Versammlungsstätten),in denen sie ihre Gottesdienste feierten. Religiöser Leiter jeder Gemeinde war der Rabbiner (= jüdischer Geistlicher und Religionslehrer), der die Thora* vorlas und erklärte, aber auch Streitigkeiten zwischen den Gemeindemitgliedern entsprechend der Überlieferung, aufgeschrieben im Talmud*, schlichtete. So gelang es den Jüdinnen und Juden, auch ohne Jerusalem als Mittelpunkt und ohne eigenen Staat, ihre Religion, ihre Lebensweise und Bräuche sowie die Zusammengehörigkeit über Jahrhunderte zu erhalten.

Geduldet, …

Viele Jüdinnen und Juden ließen sich in Städten an den wichtigsten europäischen Handelswegen nieder. Wegen ihrer Verbindungen zu den Jüdinnen und Juden in anderen Orten Europas und des Orients erhielten einige von ihnen den Fernhandel aufrecht und nahmen wirtschaftlich, aber auch kulturell eine Mittlerrolle zwischen Ost und West, zwischen Muslimen und Christen ein. Von vielen Königen, Landesherren und Städten wurden sie unter rechtlichen Schutz gestellt. Bis zum

Wortschatz: in der Diaspora leben • verfolgt werden • einen Gottesdienst feiern • Streitigkeiten schlichten • für etwas verantwortlich gemacht werden • an einen anderen Ort fliehen • ein Analphabet

Ende des 11. Jahrhunderts lebten die Jüdinnen und Juden so vielfach ungestört in christlicher Umwelt. Sie waren weitgehend gleichberechtigt, konnten ihre Religion und Kultur ausüben und waren kaum wirtschaftlichen Nachteilen ausgesetzt.

... verfolgt ...

Mit Beginn der Kreuzzüge im 11. Jahrhundert begann sich das Verhalten gegenüber Jüdinnen und Juden zu wandeln. Von der Kirche wurde ihnen vorgeworfen, den Tod Jesu Christi verschuldet zu haben, christliche Hostien zu entweihen und Ritualmorde zu begehen. Es verbreitete sich eine religiös begründete Judenfeindschaft, die sich in grausamen Verfolgungen und der Vernichtung vieler jüdischer Gemeinden entlud. Die Ausgrenzung wurde seit dem 13. Jahrhundert in zunehmenden Kontaktverboten zwischen Christen und Juden, Verbot des Landbesitzes und Ausschluss aus Handwerksberufen deutlich.

Zu einer zweiten Welle grausamer Judenverfolgungen kam es in Europa während und nach der großen Pest 1347 bis 1352. Die Jüdinnen und Juden wurden für die Entstehung der Seuche durch Brunnenvergiftungen verantwortlich gemacht. Die gewalttätigen Übergriffe auf jüdische Gemeinden zeigten, dass nicht nur christliche Vorurteile und Fanatismus, sondern auch wirtschaftlicher Neid eine Rolle bei der spätmittelalterlichen christlichen Judenfeindschaft spielten.

... und vertrieben

Zu gewaltsamen Angriffen (Pogromen*) und Zwangstaufen kamen zunehmend Massenvertreibungen der Juden. Begonnen wurde damit in England, als im Jahre 1290 Jüdinnen und Juden ausgewiesen wurden. Im 14. Jahrhundert folgten Ausweisungen aus Frankreich und vielen deutschen Landesherrschaften, bis schließlich Spanien und Portugal 1492 bzw. 1497 ihre zahlreichen jüdischen Gemeinden durch Ausweisung der Juden vernichteten. Teilweise flohen sie bis nach Osteuropa oder Nordafrika. Und dort, wo keine größeren Vertreibungen stattfanden, wie z.B. in Italien, wurde der Aufenthalt der Jüdinnen und Juden auf bestimmte Städte und in vielen Städten wiederum auf Ghettos* beschränkt.

Die Juden aus West- und Mitteleuropa flohen aufgrund von Verfolgung und Vertreibung teilweise bis nach Osteuropa oder Nordafrika.

M2 **Aus einem Katalog zur deutsch-jüdischen Geschichte (2002):**

Im Vergleich zu anderen Bevölkerungsgruppen verfügten gerade die jüdischen Händler häufig über Kenntnisse, die für den Aufbau des Städtewesens und den Ausbau des Handels wichtig waren. Um das göttliche Gebot des Thorastudiums[1] zu erfüllen, lernten jüdische Kinder schon von alters her Hebräisch lesen, während die meisten Christen noch für Jahrhunderte Analphabeten[2] blieben. Die Lektüre des Talmud[3] mit seinen rechtlichen Regelungen zu Streitschlichtung und Gesetzesbruch, Maßen und Gewichten, Schadenersatz ... zu Astronomie, Geometrie und Medizin ... vermittelte auch wertvolle Kenntnisse für Handel und Gewerbe. Diese Kenntnisse machten sich die Fürsten gern zunutze. Juden waren als Ärzte ebenso geschätzt wie als Fernhändler und Seefahrer, die im 8. und 9. Jahrhundert eine wichtige Stellung im Mittelmeerhandel einnahmen und die königlichen Pfalzen und bischöflichen Paläste mit Gewürzen, Juwelen, Parfümen, Purpurkleidern und anderen Luxusgütern belieferten.

*Ingke Brodersen, Rüdiger Damman u. a. (Hg.), Geschichten einer Ausstellung. Zwei Jahrtausende deutsch-jüdische Geschichte, Berlin (Jüdisches Museum) 2002, S. 36.**

[1] *Thora: Erste Teil der Heiligen Schrift der jüdischen Religion*
[2] *jemand, der nicht lesen und schreiben kann*
[3] *Lehrbuch zur jüdischen Religion*

1 Beschreibe mithilfe des Darstellungstextes und M1 die Gebiete, in die Juden nach der Vertreibung aus Israel/Palästina flohen.

2 Charakterisiere das Leben der Juden in der Diaspora. Nutze den Darstellungstext und den **Wortschatz**.

3 Arbeite aus M2 Eigenschaften, Fähigkeiten und Kenntnisse heraus, die Juden für die Fürsten in Europa schützenswert machten.

4 **a)** Nenne mithilfe des Darstellungstextes Begründungen, mit denen Juden in der Zeit der Kreuzzüge und während der Pest verfolgt wurden.
b) Nimm Stellung, ob diese Begründungen gerechtfertigt waren. ▸ Hilfe

Jüdisches Leben in der mittelalterlichen Stadt

Wenn im Mittelalter neue Städte entstanden, dann ließen sich dort oft auch jüdische Familien nieder. Der Anteil jüdischer Einwohner an der Gesamtbevölkerung des Heiligen Römischen Reichs Deutscher Nation lag bei etwa fünf Prozent.

- ***Welche Rolle spielten jüdische Einwohner in der mittelalterlichen Stadt?***

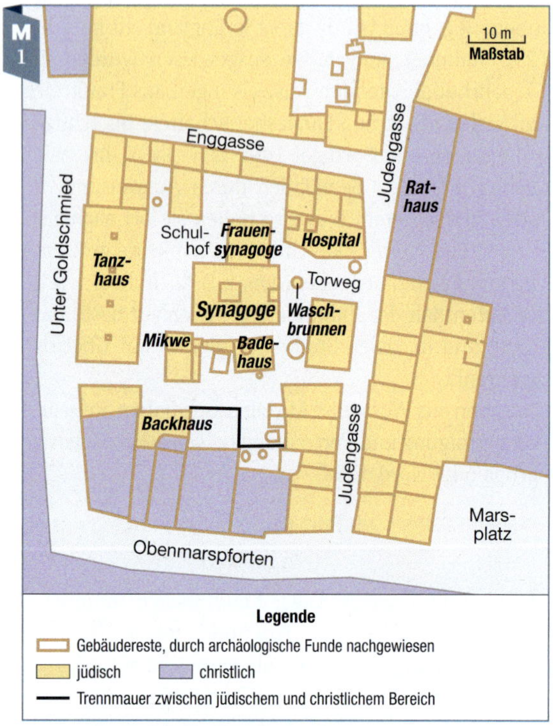

Die Lage des jüdischen Viertels in Köln vor 1349

Juden als „Wirtschaftsfaktor"

Viele Stadtherren förderten die Ansiedlung von jüdischen Kaufleuten, denn deren gute Verbindungen im Fern- und Geldhandel ließen hohe Einnahmen durch Zölle und Steuern erwarten. In vielen Städten entstanden jüdische Gemeinden.

Die jüdische Gemeinde – eine Stadt in der Stadt?

Die jüdischen Familien lebten in einer bestimmten Straße oder einem Wohnviertel zusammen. Dieses Viertel war von der übrigen Stadt oft durch Mauern und Tore abgesperrt. Wo keine Mauern standen, diente die „Judengasse" oder „Judenstraße" als Bezeichnung für das Viertel, wie in Köln, Braunschweig und Lüneburg. Die Juden bildeten eine eigene Gemeinde mit einem Vorsteher und eigener Rechtsprechung. Sie pflegten eigene Lebensformen und verfügten in der Stadt über eigene Bauten wie Synagogen, Schulen oder Mikwen (= ein Bad für die rituelle Reinigung). Obwohl sie rechtlich als „Fremde" galten, waren sie weitgehend in die christliche Stadtgesellschaft eingebunden. Vereinzelt durften sie das Bürgerrecht erwerben. Sie sprachen die Landessprache, nahmen aktiv am wirtschaftlichen Leben teil und übernahmen gemeinschaftliche Aufgaben wie die Stadtverteidigung. Eheschließungen zwischen Juden und Christen waren verboten.

Innerhalb ihrer Gemeinde übten Juden verschiedene Berufe aus. Sie arbeiteten als Lehrer, Rabbiner oder Krankenpfleger. Große Gemeinden hatten ihre eigenen Bäcker und Metzger, die Lebensmittel nach den jüdischen Speisevorschriften herstellten. Außerhalb ihrer Gemeinde durften Juden nur mit gebrauchten Dingen aller Art handeln, Vieh kaufen und verkaufen oder Geld mit Zinsen verleihen. Eigentlich war das Verleihen von Geld unter Christen als auch Juden verpönt. Geldgeschäfte mit Angehörigen der anderen Religion waren von dem Verbot ausgenommen.

Der Kaiser stellt die Juden unter seinen Schutz

Seit dem 11. Jahrhundert verschlechterte sich die Beziehung zwischen jüdischen und christlichen Stadtbewohnern (S. 62/63). 1090 vergab Kaiser Heinrich IV. erstmals ein Schutzprivileg an die Juden von Worms und Speyer, nachdem die jüdische Gemeinde von christlichen Einwohnern gewaltsam angegriffen worden war. Als Gegenleistung mussten sie hohe Steuern zahlen.

Jüdisches Leben in Norddeutschland

Bereits im 11. Jahrhundert lebten Juden in Goslar. Jüdische Kaufleute und Fernhändler ließen sich dort wegen des Silbererzabbaus nieder. Im 13. und 14. Jahrhundert ist jüdisches Leben in etwa 40 weiteren Orten Norddeutschlands nachweisbar.

Seit dem 12. Jahrhundert wurden die Juden gezwungen, sogenannte „Judenhüte" zu tragen und ihre Kleidung mit drei gelben Ringen zu kennzeichnen. Die Unterdrückung, Vertreibung und Tötung von Jüdinnen und Juden machte eine permanente Gemeindebildung unmöglich. Erst im 17. Jahrhundert ließen sich wieder Jüdinnen und Juden in Norddeutschland nieder.

M 3 **Kaiserliches Privileg für Juden der Stadt Worms durch Kaiser Friedrich I. (1157):**

Allen Bischöfen, Äbten[1], Herzögen, Grafen ... möge bekannt sein, dass wir den Juden von Worms ... die Erlasse unseres Urgroßvaters, des Kaisers Heinrich ..., bestätigen durch ein Gesetz, das immer gelten soll:

1. Wir wollen, dass sie [= die Juden] wegen aller Rechtssachen nur uns berücksichtigen müssen und bestimmen, dass weder Bischof, ... Graf, Schultheiß[2] noch überhaupt sonst jemand ... wegen irgendeiner Streitsache ... infolge eines Rechtsfalles mit ihnen oder gegen sie verhandelt ...
2. Von den Sachen, die sie nach Erbrecht besitzen in Form von Grundstücken, Gärten, Weinbergen, Äckern, Knechten ..., soll sich keiner vermessen [= trauen], irgendetwas wegzunehmen ...
3. Sie sollen die freie Befugnis haben, in der ganzen Stadt mit jedermann Silber [= Geld] zu wechseln ... innerhalb des Gebietes unseres Reiches dürfen sie frei und friedlich umherziehen, um ihre Geschäfte und ihren Handel auszuüben ...
4. Wenn jemand gegen einen von ihnen einen Plan ausheckt oder ihn tötet, so sollen beide, Ratgeber und Mörder, zwölf Pfund Gold an das Schatzamt des Königs zahlen.

*Quellen zur deutschen Verfassungs-, Wirtschafts- und Sozialgeschichte bis 1250, ausgew. und übers. von Lorenz Weinrich, Darmstadt (Wiss. Buchgesellschaft) 1977, S. 241 ff.***

[1] Vorsteher eines Klosters; [2] Richter

M 2 *Die „Archäologische Zone" der Stadt Köln, Foto, um 2013. Unter dem weißen Zelt liegen die Überreste der Synagoge (1). Das weiße pyramidenförmige Dach deckt den Schacht der ehemaligen jüdischen Mikwe ab. Die Mikwe ist ein Wasserbecken, in das gläubige Juden zur Reinigung von Körper und Seele eintauchen.*

1 Beschreibe wmithilfe des Darstellungstextes das Zusammenleben von christlichen und jüdischen Einwohnern mittelalterlicher Städte.

2 Vergleiche das Foto M2 mit der Karte M1.

3 Arbeite heraus, wo im Foto M2 die Reste der in der Karte genannten Gebäude zu finden sind.

4 **a)** **Methode:** Untersuche M3 mithilfe der Arbeitsschritte „Eine schriftliche Quelle untersuchen" auf S. 162. Nutze den **Wortschatz**. ▸ Hilfe

b) Beurteile die Motivation von Friedrich I. für die Veröffentlichung des Privilegs.

c) Nimm Stellung zur Absicht Friedrichs I.

Wortschatz: eine Gemeinde bilden • jemanden unter Schutz stellen • als fremd gelten • jemanden ausgrenzen/verfolgen • eine Synagoge • ein Pogrom • ein Schutzprivileg (= ein Privileg ist ein Sonderrecht)

Die Entstehung des Islam

Der Islam ist im Vergleich zum Juden- und Christentum eine junge Religion. Er entstand im Frühmittelalter, im 7. Jahrhundert nach Christus. Aus dem Arabischen stammend, bedeutet der Begriff Islam „sich hingeben" und „sich Gott unterwerfen". Heute bekennen sich auf der ganzen Welt etwa 1,6 Milliarden Menschen zum Islam. Sie werden Muslime genannt. In Deutschland leben etwa 5,5 Millionen Muslime.

- ***Warum konnte sich die neue Religion sehr schnell verbreiten?***

Mohammed – Prophet (= Verkünder) des Islam

Der Islam geht auf Mohammed zurück, der 570 in Mekka (im heutigen Saudi-Arabien), einem Ort auf der Arabischen Halbinsel, geboren wurde. Mohammed gilt als Religionsgründer. Er wurde 610 nach eigenen Berichten vom Engel Gabriel* zum Propheten der neuen Religion berufen. Vorher war er als Kaufmann und Karawanenführer tätig und kam auf seinen Reisen mit Christen und Juden in Kontakt. Gespräche mit den Anhängern dieser monotheistischen* Religionen haben ihn stark beeinflusst.

Mekka – Anziehungspunkt für Kaufleute und Pilger

Mekka war zu jener Zeit eine reiche Handelsstadt. In der Region um Mekka kam es immer wieder zu kriegerischen Auseinandersetzungen um Macht und Reichtum. Es gab keine Ordnung, die das Leben und das Eigentum der Bewohner schützte. Die Stadt hatte auch eine religiöse Bedeutung. Bevor der Islam entstand, verehrten hier die in und um Mekka lebenden Araber über 300 Götter. Als Heiligtum war für sie die Ka'aba (arab. Würfel) von großer Bedeutung. Ein dort verehrter schwarzer Stein zog zahlreiche Pilger* an, die in der Stadt viel Geld ausgaben. Zum Schutz der Pilger war in Mekka jede Form von Gewalt verboten.

Da Mohammed nur noch die Lehre von einem einzigen Gott (arabisch: Allah) predigte, zog er sich die Feindschaft einflussreicher Familien Mekkas zu. Sie fürchteten um ihre Einnahmen aus den Pilgerreisen.

Mohammed erobert Mekka

Mohammed floh angesichts der Anfeindungen im Jahr 622 aus Mekka ins 450 Kilometer entfernte Medina. Diese Übersiedlung (Hidschra) ist der Beginn der islamischen Zeitrechnung. Er eroberte mit einem großen Heer 630 die Stadt Mekka, ließ die Abbilder der Götter in der Kaaba zerstören und machte die Kaaba zum Heiligtum (= eine heilige Stätte zur Verehrung eines Gottes) des Islam. Die Eroberung von Mekka wurde als „Anstrengung für den Glauben" (arabisch Dschihad*) bezeichnet. Die unter Mohammeds Nachfolgern aufgeschriebenen Lehren des Koran*, dem heiligen Buch der Muslime, und die überlieferten Berichte über Aussprüche, Anordnungen und Handlungen Mohammeds (Hadith*) bestimmen seither den Alltag vieler Muslime.

M 1

Pilger auf dem Innenhof der Großen Moschee mit der Kaaba in Mekka, Foto, undatiert

Wortschatz: eine Religion verkünden (= ausrufen/verbreiten) • an einen Gott/an viele Götter glauben • zu einem Heiligtum pilgern/wandern • die Basis für/ein Grund für • in einer Moschee beten • sich etablieren (= durchsetzen) • sich zu einer Religion bekennen • die rechtliche Stellung wird sicherer • der Prophet

Religion und Politik des Islam

Mohammed vertrat die Auffassung, dass im Islam Religion und Staat, also weltliche und geistliche Macht, nicht getrennt sein dürften.

Strenggläubige Muslime kennen keine Trennung von Religion und Staat. In der heutigen Praxis im Alltag verfahren die islamischen Staaten sehr unterschiedlich: In der Türkei zum Beispiel ist die Trennung von Staat und Religion seit den 1920er Jahren in der Verfassung festgelegt, und jeder Nichtmuslim darf die Moschee betreten. Dagegen ist beispielsweise in Saudi-Arabien der Koran, die Heilige Schrift der Muslime, gleichzeitig das oberste Gesetzbuch. Die Gesellschaft muss der Koran-Auslegung (= Interpretation) durch die politischen und religiösen Führer des Landes folgen. Nichtmuslime müssen sich strengen Regeln im Alltag unterwerfen.

Frauen im Islam

Verglichen mit der Zeit vor Mohammed wurde die rechtliche Stellung der Frauen sicherer, da nun der Koran die verbindliche Grundlage war. Zur Ehe gehörte ein Vertrag, der Rechte, Pflichten, Besitzverhältnisse und das Erbrecht regelte. Die Vorschrift für Frauen, einen Schleier zu tragen, die Mehrehe (Polygamie) und die Abschirmung der Ehefrauen in einem gesonderten Teil des Hauses (Harem) waren keine islamischen Erfindungen. Sie waren im christlichen Oströmischen Reich und in der arabischen Welt vor dem Islam bereits lange üblich.

M2

Mohammed diskutiert mit christlichen Mönchen. Persische Buchmalerei, um 1594

M3

Ein islamischer Gelehrter predigt in einer Moschee vor Männern und verschleierten Frauen. Arabische Buchmalerei, 1237

1 Fasse die Entstehung und Merkmale des Islam zusammen. Nutze den **Wortschatz**.

2 Erkläre die Bedeutung der Kaaba (M1, Darstellungstext) für Muslime.

3 Beurteile mithilfe des Darstellungstextes, warum sich der Islam sehr schnell als Religion etablieren (= festigen) konnte.

4 **Partnerarbeit:** Verteilt M2 und M3.

a) Beschreibe das Bild M2 und stelle Vermutungen an, worüber Mohammed mit den Christen gesprochen haben könnte. ▸ Hilfe

b) Beschreibe M3 und stelle Vermutungen an, was Mohammed den Gläubigen gepredigt haben könnte.

c) Vergleicht eure Ergebnisse.

Zusatzaufgabe → S.147.

Üben

Die Ausbreitung des Islam – das Ende für andere Religionen?

Nach Mohammeds Tod breitete sich der Islam sehr schnell von der Arabischen Halbinsel bis an die Grenzen Chinas und über den gesamten Norden Afrikas bis nach Spanien aus. Verantwortlich dafür waren die Kalifen. Die Bezeichnung Kalif leitet sich vom arabischen Begriff „chalifa" (Stellvertreter) für die Nachfolger Mohammeds ab. Sie waren in den entstandenen Reichen politische und religiöse Führer der islamischen Gemeinschaft und herrschten auch über die Andersgläubigen.

- *Untersuche die Kennzeichen der Herrschaft der Kalifen.*

M 1

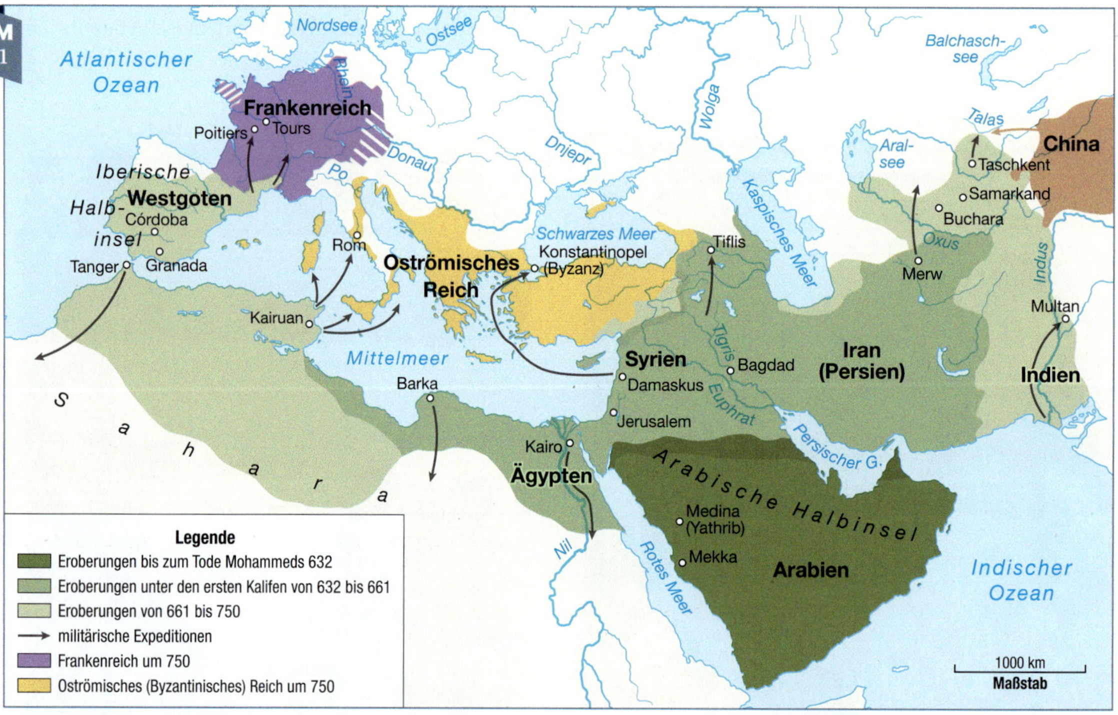

Die Ausbreitung des Islam im 7. und 8. Jahrhundert

Die Verbreitung des Islam nach Mohammeds Tod
Nach Mohammeds Tod übernahm sein Schwiegervater Abu Bakr (573–634) die Herrschaft über die Gemeinschaft der Muslime. Die Anhänger Mohammeds waren uneinig darüber, ob nur Mitglieder der Familie Mohammeds oder auch andere fähige Männer Kalif werden durften. Dieser Streit verstärkte sich in den folgenden Jahrzehnten und führte zu einer Spaltung des Islam in zwei Lager – das der Sunniten* und das der Schiiten*. Den nachfolgenden Kalifen gelang es, die Stammeskriege der arabischen Familien zu beenden und gemeinsam Kriege für die Ausbreitung des Islam zu führen. Unter dem Ansturm arabischer Heere brach zuerst das Reich der Perser zusammen. Das christliche Nordafrika wurde islamisiert. Im Jahre 711 überquerten zum Islam übergetretene Berber* die Meerenge von Gibraltar und eroberten den größten Teil der Iberischen Halbinsel (heutiges Portugal und Spanien). In Zentralasien endete die islamische Eroberung 751 nach einer unentschiedenen Schlacht gegen ein chinesisches Heer.

Wortschatz: in friedlicher Koexistenz miteinander leben • als Religionsgemeinschaft miteinander verbunden sein • die Schutzbefohlenen • den Islam als Religion annehmen • eine Kopfsteuer zahlen (= eine Steuer, die jeder betroffene Mensch in gleicher Höhe zahlen musste)

M 2

Auszüge aus dem Koran zum Dschihad:

Sure 2, Vers 218: Diejenigen (aber), die glauben, und diejenigen, die auswandern und sich auf Allahs Weg abmühen, sie hoffen auf Allahs Erbarmen. Allah ist Allvergebend und Barmherzig.

Sure 2, Vers 190: Und kämpft auf Allahs Weg gegen diejenigen, die gegen euch kämpfen, doch übertretet nicht! Allah liebt nicht die Übertreter.

Sure 4, Vers 74: Und wer auf Allahs Weg kämpft und dann getötet wird oder siegt, dem werden Wir großartigen Lohn geben.

Sure 47, Vers 4: Wenn ihr auf diejenigen, die ungläubig sind, (im Kampf) trefft, dann schlagt (ihnen auf) die Nacken. Wenn ihr sie schließlich schwer niedergeschlagen habt, dann legt (ihnen) die Fesseln fest an. Danach (laßt sie) als Wohltat frei oder gegen Lösegeld ...

*Zusammengetragen nach https://islam.de/13822 (Stand: 03.07.2023).**

M 3

Im 10. Jahrhundert erlebte das Kalifat Córdoba als Zentrum der arabischen Herrschaft in Andalusien („Al-Andalus“) eine Blütezeit. Die Alhambra (arab. al-hamra = die Rote), Burg, Palaststadt und Regierungssitz des letzten islamischen Reichs im heutigen Spanien in der Stadt Granada, erbaut und erweitert in der Zeit vom 9. bis zum 14. Jh., gilt als herausragendes Beispiel für die islamische Baukunst in Europa. Sie gehört heute zum UNESCO-Weltkulturerbe. Nach der Eroberung durch die Christen 1492 wurde die Burg mehrfach umgebaut und erhielt ein Kreuz auf einer Turmspitze.

Unter der Herrschaftsfamilie der Omaijaden (661–750) wurden Damaskus und unter der Familie der Abbasiden (750–1258) Bagdad zu Hauptstädten der aus vielen Völkern bestehenden islamischen Reiche.

Der Umgang mit den Besiegten

Obwohl die islamischen Heere ihre Kriege zur Verbreitung ihrer Religion führten, zwangen die siegreichen Kalifen die besiegten Völker nicht, den Islam als ihre Religion anzunehmen. Juden und Christen durften ihre Religionen weiter ausüben, weil sie auf einem „heiligen Buch“ beruhen: Bei den Christen ist es die Bibel und bei den Juden die Thora und der Tanach. Juden und Christen erhielten unter der islamischen Herrschaft einen Schutzstatus und wurden Dhimmi (= Schutzbefohlene) genannt. Für ihren Schutz zahlten sie eine besondere Kopfsteuer. Diese Regel ermöglichte ein friedliches Leben nebeneinander (= Koexistenz). Um die Kopfsteuer zu sparen, traten auch viele Christen zum Islam über. Viele Christen waren vom arabischen Wohlstand und vom Wissen fasziniert. Für die etwa 200 000 Juden bot die islamische Herrschaft in Andalusien in Spanien persönliche Freiheit und die Möglichkeit wirtschaftlicher Entfaltung. Sie arbeiteten als Kaufleute, Architekten, Kunsthandwerker und Berater am Hof der Kalifen. Besonders jüdische Ärzte und Wissenschaftler genossen ein hohes Ansehen. Auf der Iberischen Halbinsel kam es zu engen kulturellen Kontakten. Hier wurden Werke der antiken griechischen Philosophen aus dem Arabischen ins Lateinische übersetzt. Unbestritten war auch der Vorsprung der Araber in den Naturwissenschaften und der Medizin.

1 Erkläre anhand von M1 die Ausbreitung des Islam nach Mohammeds Tod.

2 a) Charakterisiere mithilfe des Darstellungstextes und M3 das Verhältnis zwischen Muslimen und Andersgläubigen. Nutze den **Wortschatz**.

b) Nimm Stellung zur Frage in der Überschrift.

3 Wähle eine Aufgabe aus:

a) Fasse zusammen, was der Koran zum Kampf für den Glauben erlaubt und verbietet (M2).

b) Fasse anhand von M2 zusammen, wann der Koran einen Krieg für gerechtfertigt erklärt.

4 Nenne Gründe für die Spaltung des Islam nach dem Tod Mohammeds (Darstellungstext). ▶ Hilfe

Zusatzaufgabe → S.147.

Üben   Kartenanimation: *Die Ausbreitung des Islam*   Hörspiel: *Zu Gast in Córdoba im Mittelalter*

Welche Bedeutung hat Jerusalem für Juden, Christen und Muslime?

cornelsen.de/webcodes
Code: banisi
Das moderne Jerusalem

Jerusalem im Altertum

Um Jerusalem entstanden vor fast 3000 Jahren die jüdischen Reiche Davids und Salomons. Es folgten Babylonier*, Griechen und Römer. Für die Juden blieb Jerusalem auch nach der Zerstörung des Tempels und ihrer Vertreibung durch die Römer die „heilige Stadt". Christliche Pilger zogen ab dem 4. Jahrhundert in großer Zahl nach Jerusalem als Ort des Leidens und der Auferstehung Jesu Christi. Von einer Pilgerfahrt erhofften sie sich Heilung von Krankheiten oder Befreiung von einer Schuld. Die Christen des Oströmischen Reichs beherrschten die Stadt rund 300 Jahre und ließen zahlreiche Kirchen bauen.

Jerusalem als Ort von Konflikten im Mittelalter

Im 7. Jahrhundert übernahmen Muslime die Herrschaft. Christen konnten jedoch weiter ungestört die für sie religiös bedeutsamen Städte Jerusalem und Bethlehem besuchen. Für Muslime sind die Al-Aksa-Moschee und der Felsendom bedeutende Bauwerke ihrer Religion. Bevor die Gebetsrichtung für Muslime nach Mekka vorgeschrieben wurde, beteten sie Richtung Jerusalem. Die Stadt wurde zum Ort heftiger Auseinandersetzungen. Europäische Ritter eroberten als Kreuzfahrer 1099 die Stadt und töteten Juden und Muslime. In Palästina* entstanden für rund 200 Jahre christliche Königreiche.

Jerusalem heute

Jerusalem ist heute eine moderne Stadt mit rund 920 000 Einwohnern. Sie ist immer noch ein Ort politischer Auseinandersetzungen. Jerusalem wurde mit der Gründung des Staates Israel 1948 in einen westlichen israelischen und einen östlichen arabischen Teil geteilt, in dem sich die hier abgebildete Altstadt befand. Seit 1967 steht das gesamte Stadtgebiet unter der Kontrolle Israels.

① **Karfreitagsprozession** von Christen am Löwentor, Foto, 21. Jh.

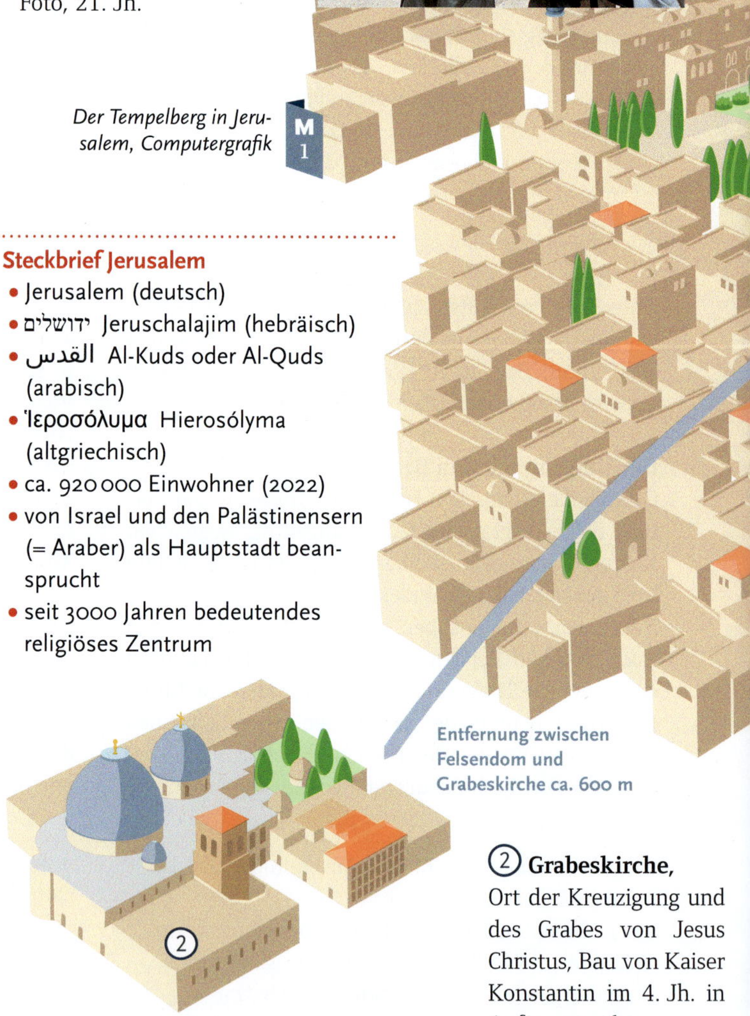

M 1 *Der Tempelberg in Jerusalem, Computergrafik*

Steckbrief Jerusalem
- Jerusalem (deutsch)
- ירושלים Jeruschalajim (hebräisch)
- القدس Al-Kuds oder Al-Quds (arabisch)
- Ἱεροσόλυμα Hierosólyma (altgriechisch)
- ca. 920 000 Einwohner (2022)
- von Israel und den Palästinensern (= Araber) als Hauptstadt beansprucht
- seit 3000 Jahren bedeutendes religiöses Zentrum

② **Grabeskirche,** Ort der Kreuzigung und des Grabes von Jesus Christus, Bau von Kaiser Konstantin im 4. Jh. in Auftrag gegeben

Wortschatz: sich um etwas streiten • die Auferstehung • die Himmelfahrt • die Pilgerfahrt • die Wiederkehr des Messias erwarten • als Hauptstadt beanspruchen • von religiöser Bedeutung sein

③ **Felsendom (Qubbat as-sachra)**
An diesem Ort soll Abraham, in der Bibel der Urvater der Juden, seinen Sohn Isaak zum Opfer angeboten haben. Muslime verehren hier den Ort der Himmelfahrt, also den Aufstieg in den Himmel, des Propheten Mohammed.

④ **Goldenes Tor**
Juden erwarten hier die Wiederkehr des Messias am Ende der Welt.

⑤ **Al-Aksa-Moschee (Eröffnung 717)**
Sie ist die drittwichtigste Moschee im Islam nach denen in Mekka und Medina. Während der Kreuzzüge war sie das Hauptquartier des christlichen Ritterordens der Templer.

M 2

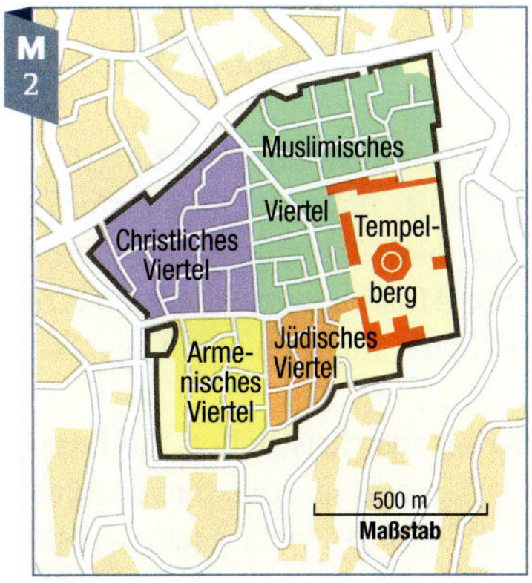

Skizze der heutigen Altstadt Jerusalems

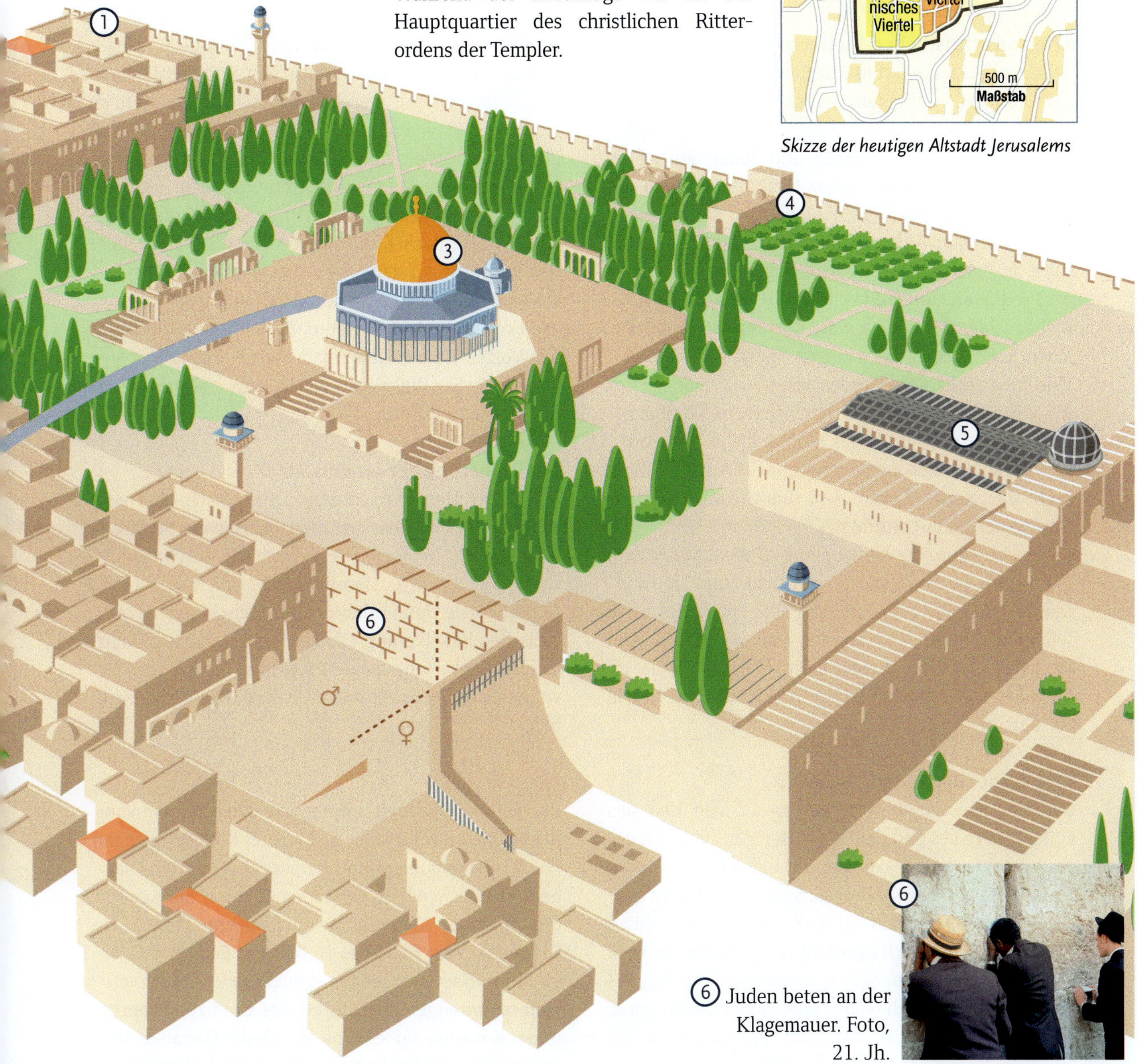

⑥ Juden beten an der Klagemauer. Foto, 21. Jh.

1 Nenne mögliche Gründe, warum der Tempelberg außerhalb der vier Stadtviertel liegt (M2).

2 Recherchiere die Bedeutung eines Messias im Judentum.

3 Ordne in einer Tabelle die in M1 genannten Orte und Bauwerke den drei Religionen zu. Begründe jeweils ihre Bedeutung für Juden, Christen und Muslime.

4 Erkläre mithilfe des Darstellungstextes und der Ergebnisse aus den Arbeitsaufträgen 1 und 2 die geschichtliche Bedeutung Jerusalems. Nutze den **Wortschatz**.

Die Kreuzzüge – Kriege im Namen Gottes?

Quellen belegen, dass Christen, Juden und Muslime unter der islamischen Herrschaft friedlich mit- und nebeneinander lebten. Juden und Christen durften ihre Religionen weiter ausüben. Trotzdem kam es Ende des 11. Jahrhunderts zu einem Krieg zwischen Christen und Muslimen, dem ersten Kreuzzug. Weitere Kreuzzüge folgten bis ins 13. Jahrhundert.

- ***Untersuche, warum es zum ersten Kreuzzug (1095–1099) kam und wie er verlief.***

Krieg aus christlichen Motiven?

Im Jahre 1071 eroberten Muslime eines Reitervolkes aus Zentralasien die Stadt Jerusalem. Sie töteten den islamischen Herrscher und zahlreiche Glaubensbrüder. Die Wohnviertel der Christen und Juden griffen sie nicht an. Der Kaiser in Byzanz fürchtete Angriffe des Reitervolkes auf seine Besitzungen und sandte einen Hilferuf an Papst Urban II. Daraufhin wandte sich der Papst im Herbst 1095 im französischen Clermont in einer Predigt an eine große christliche Menschenmenge (siehe S. 74). Er beklagte, dass Christen im Byzantinischen Reich und in der heiligen Stadt Jerusalem von Muslimen angegriffen worden seien.

Aus mittelalterlicher christlicher Sicht waren Kriege gerechtfertigt, wenn ihnen als Motive Liebe und Barmherzigkeit zugrunde lagen und wenn die Angegriffenen damit zur „rechten Lehre“, also zum christlichen Glauben, zurückgeführt wurden.

Am ersten Kreuzzug beteiligten sich viele Menschen. Die Gründe waren religiöse Sehnsüchte und Hoffnungen, zum Beispiel auf den Erlass aller Sünden. Andere Teilnehmer flohen vor sozialen und wirtschaftlichen Problemen in ihrer Heimat. Die Menschen, die im Kampf für den Glauben starben, bezeichnete die Kirche als Märtyrer*.

Wie verlief der erste Kreuzzug?

Der erste Kreuzzug bestand aus zwei Zügen, dem des einfachen Volkes und dem der Ritter. Am „Volkskreuzzug“ nahmen unter anderem Handwerker, Bauern, Arme, Frauen sowie Kinder teil. Sie zogen schlecht ausgestattet hauptsächlich zu Fuß entlang der Flüsse Rhein und Donau nach Konstantinopel, wo sie über die Meerenge Bosporus nach Asien gelangten. Der Zug des einfachen Volkes glich jedoch eher einer Räuberbande. Auf ihrem Weg ins „Heilige Land“ plünderten sie die Judenviertel einiger Städte, brannten sie nieder und brachten deren Bewohner um (Pogrome*). Sie rechtfertigten dies damit, dass die Juden einst Jesus hingerichtet hätten. Auf dem asiatischen Kontinent wurde der „Volkskreuzzug“ durch muslimische Reiterheere im Herbst 1096 vernichtend niedergeschlagen. Im Vergleich dazu verlief der Kreuzzug der Ritter geordnet. Unter der Leitung von mehreren, vor allem französischen Fürsten gelangten die Ritter auf unterschiedlichen Wegen nach Konstantinopel und von dort über den Bosporus auf den asiatischen Kontinent. Hier vereinigten sie sich im Frühjahr 1097 und begannen mit der Eroberung von Gebieten. Dabei hatten die Ritter den Vorteil, dass es den islamischen Machthabern aufgrund von Streitigkeiten nicht gelang, eine gemeinsame Armee zu bilden.

Die Eroberung Jerusalems 1099

Von den Rittern erreichte ein Drittel nach über zwei Jahren Reisens Jerusalem. Sie eroberten die Stadt und töteten viele Muslime (M1). Auch die anschließende Gründung von Kreuzfahrerstaaten* im Nahen Osten forderte viele Opfer unter der muslimischen, aber auch jüdischen Bevölkerung. Die Zeit der Kreuzritter* währte allerdings nicht lange: Zwischen 1265 und 1291 wurden sie wieder aus den eroberten Gebieten vertrieben.

(die) Kreuzzüge

Im weiteren Sinne ist unter einem Kreuzzug ein von der Kirche im Mittelalter geförderter Kriegszug gegen Heiden (Ungläubige) und Ketzer (vom rechten Glauben Abgewichene) zu verstehen. Ziel war die Ausbreitung oder Wiederherstellung des christlichen Glaubens. Vom Ende des 11. bis zum Ende des 13. Jahrhunderts waren die Kreuzzüge kriegerische Unternehmungen, um das Heilige Land zu erobern. In der Kreuzzugsidee verband sich der Gedanke der Pilgerfahrt und des Kampfes gegen die Heiden mit dem Ziel, das Heilige Grab in Jerusalem zu befreien.

Wortschatz: sich in einer Predigt an das Volk wenden • vor einem Problem in der Heimat fliehen • einem Zug (= hier: einer sich fortbewegenden Gruppe) angehören • der oder die Märtyrer • von einem Gegner vernichtend geschlagen werden • eine Armee bilden • einen Hilferuf senden

M 1

Die Eroberung Jerusalems 1099

1A *Ein christlicher Ritter berichtete 1099:*

Am Freitag ganz früh übernahmen wir einen allgemeinen Sturm auf die Stadt, ohne etwas ausrichten zu können. In diesem Augenblick erkletterte einer unserer Ritter die Stadtmauer; alle Verteidiger flohen und die Unsrigen folgten ihnen und trieben sie tötend und mordend vor sich her. Am Tempel Salomons[1] gab es ein Blutbad, dass die Unsrigen im Blut wateten ... auch im Tempel ergriffen sie eine große Zahl Männer und Frauen und töteten sie oder ließen sie leben, wie es ihnen gut schien. Bald durcheilten die Kreuzfahrer die Stadt und rafften Gold, Silber, Pferde und Maulesel an sich. Glücklich und vor Freude weinend, gingen die Unsrigen hin, das Grab Unseres Erlösers zu verehren. Am folgenden Tag erkletterten die Unsrigen das Dach des Tempels[2], griffen die Muslime an, Frauen und Männer, zogen das Schwert und schlugen ihren die Köpfe ab.

*Gesta Francorum. Zit. nach Régine Pernoud, Die Kreuzzüge in Augenzeugenberichten, München (dtv) 1961, S. 100 f. Übers. von Barbara Kaltenborn-Stachau.**

[1] *Hier stand zur Zeit des Kreuzzuges die Al-Aksa-Moschee (siehe S. 43), eine für die Muslime sehr wichtige Moschee. Früher stand hier ein Tempel für die jüdische Bevölkerung.*

[2] *Gemeint ist die Al-Aksa-Moschee.*

1B *Der arabische Geschichtsschreiber Ibn-al-Atir (1160–1235):*

Die Franken nahmen Jerusalem von der Nordseite am Freitag, dem 22. Schaban [Monat vor dem Fastenmonat] 492, ein. Die Einwohner wurden ans Schwert geliefert. Die Franken blieben eine Woche in der Stadt und mordeten. Eine Gruppe Einwohner suchte Schutz in Davids Bethaus [Synagoge], verschanzte sich dort und leistete einige Tage Widerstand. Nachdem die Franken ihnen das Leben zugesichert hatten, ergaben sie sich. Die Franken hielten den Vertrag. In der Al-Aksa-Moschee töteten die Franken mehr als 70 000 Muslime. Aus dem Felsendom raubten sie mehr als 40 Silberleuchter ... Die Flüchtlinge erreichten Bagdad. Sie flehten unter Tränen um Hilfe. Wegen des schweren Unglücks, das sie erduldet hatten, brachen sie sogar das Fasten ... Die verschiedenen muslimischen Fürsten lagen damals im Streit, deswegen konnten die Franken das Land besetzen.

*Zit. nach Francesco Gabrieli (Hg.), Die Kreuzzüge aus arabischer Sicht, Zürich (Artemis) 1973, S. 49 f. Übers. v. Barbara von Kaltenborn-Stachau.***

M 2 *Die Erstürmung Jerusalems durch die Kreuzritter, Buchmalerei, 14. Jh.*

1 Arbeite aus dem Darstellungstext die Ursachen für den ersten Kreuzzug heraus. Nutze den **Wortschatz**.

2 **Partnerarbeit:** Verteilt M1A und M1B:
a) Fasst jeweils die zentralen Aussagen zur Eroberung Jerusalems zusammen.
b) Vergleicht eure Ergebnisse.
c) Diskutiert die Ursachen für die zum Teil unterschiedliche Schilderung der Eroberung Jerusalems. **Tipp** → S. 151.

3 Beschreibe mithilfe eines Atlanten den Weg des „Volkskreuzzuges“ von Köln (am Rhein) bis zum Bosporus (die Meerenge bei Istanbul). **Tipp** → S. 151.

4 **Wähle eine Aufgabe aus:**
a) Beschreibe das Bild M2 und formuliere Vermutungen, mit welcher Absicht es gemalt wurde. **Tipp** → S. 151.
b) Beschreibe das Verhalten der Kreuzritter bei der Eroberung Jerusalems (M2).

Zusatzaufgabe → S. 148.

Kartenanimation: *Die Kreuzzüge*

Ein historisches Urteil bilden

Im Geschichtsunterricht wird von dir oft verlangt, dass du etwas beurteilst oder bewertest – du sollst ein Urteil fällen.

- ***Bilde dir mithilfe der Arbeitsschritte ein eigenes Urteil zu der Frage: Papst Urban II. ruft zum Kreuzzug auf – ein gerechtfertigter Aufruf zu einem Krieg?***

Wie wird ein historisches Urteil gefällt?

Urteilen bedeutet zunächst, eine Frage oder ein Problem zu diskutieren, um dann begründet Stellung zu nehmen. Im Fach Geschichte kannst du einen historischen Sachverhalt aus der Perspektive (= der Sicht) der Zeitgenossen und aus der Sicht der heutigen Zeit beurteilen. Ein „historisches Sachurteil" wird gebildet, indem zunächst aus Quellen oder Darstellungen unterschiedliche Sichtweisen, Meinungen, Einschätzungen, Aussagen, Argumente und Positionen aus der Perspektive der Zeitgenossen herausgearbeitet werden. Dies wird von dir verlangt, wenn in einer Aufgabe der Begriff „beurteile" steht.

Danach kannst du dich in einem „historischen Werturteil" selbst aus heutiger Perspektive zu der Frage oder dem Problem positionieren, dir eine eigene Meinung bilden und diese begründen. Es sind persönliche Urteile. Das wird von dir erwartet, wenn in der Aufgabe der Begriff „bewerte" steht.

Demnach kann es sein, dass die Menschen früherer Zeiten einen historischen Sachverhalt völlig anders beurteilten als heutige Betrachter.

M 1

Aufruf Papst Urbans II. zum Kreuzzug, Holzschnitt, 1480. Auf dem Spruchband steht: „Deus volt" (lat. „Gott will es").

M 2

Aufruf des Papstes Urban II., 27. November 1095

Der Mönch Robert von Reims schrieb die Rede von Urban II. zwölf Jahre (1107) später auf:

Volk der Franken, von Gott auserwählt und wegen eurer Herkunft und des katholischen Glaubens geliebt von allen Völkern. An euch richtet sich meine Rede. Aus dem Land Jerusalem und der Stadt Konstantinopel[1] kam schlimme Nachricht ... Die Seldschuken[2], die weder ein Herz haben noch an Gott glauben, haben mit Schwert, Raub und Feuer das Land der Christen dort verwüstet. Christen wurden als Gefangene verschleppt oder getötet und die Kirchen zerstört. Das Byzantinische Reich ist schon in Teilen besetzt worden. Wer außer euch ist in der Lage, diese Schmach[3] zu rächen und das Land zu befreien? Euch verlieh Gott mehr als allen anderen Völkern Mut und ausgezeichneten Waffenruhm[4] ... Jeder, der sein Haus in meinem Namen verlässt, wird hundertfach belohnt werden und das ewige Leben erhalten. Kein Besitz und keine Sorge um die Familie sollen euch zurückhalten. Denn euer Land hier ist von Meeren und Gebirgszügen umschlossen und viel zu dicht bevölkert. Es liefert seinen Bauern gerade genug für den Lebensunterhalt. Daher bekämpft ihr euch gegenseitig. Der Hass soll aufhören. Macht euch auf den Weg zum Heiligen Grab und entreißt es dem gottlosen Volk. Jerusalem ist der Mittelpunkt der Erde. Diese Königsstadt ersehnt Befreiung.

*Roberti Monachi, Historia Hierosolymitana. Zit. nach Recueil des historiens des croisades, Bd. 3, Paris 1866 (Neudruck 1967 Gregg Press), S. 727 f. Übers. v. Hans-Joachim Cornelißen.**

[1] *Hauptstadt des christlichen Byzantinischen Reichs*
[2] *islamisches Reitervolk aus Zentralasien*
[3] *Schande*
[4] *Ruhm, der aufgrund von Geschick oder Tapferkeit im Kampf erreicht wird*

Arbeitsschritte „Ein historisches Urteil bilden“

Eine Leitfrage formulieren	Sprachliche Formulierungshilfen
1. Welche Frage(n) soll(en) beantwortet werden?	• *Zum Beispiel: Papst Urban II. ruft zum Kreuzzug auf – war der Aufruf zu einem Krieg gerechtfertigt?*
Informationen zur Quelle und deren Inhalt erfassen	
2. Wer war der Autor/die Autorin?	• *Der Autor der Quelle war …*
3. Wann und wo wurde die Quelle/die Darstellung geschrieben? Welche Rückschlüsse kannst du daraus über den Wahrheitsgehalt ziehen?	• *Die Quelle wurde zwölf Jahre nach der Rede Papst … und acht Jahre nach der Eroberung Jerusalems 1099 im Jahr … verfasst.*
4. An wen war der Text gerichtet?	• *Vermutlich wollte Robert von Reims die Rede Papst Urbans II. von 1095 der Nachwelt übermitteln.*
5. Was ist die Hauptaussage des Textes? (Arbeite die Positionen, Argumente und Meinungen zur Leitfrage aus der Quelle/der Darstellung heraus.)	• *Der Papst verweist darauf, dass die Heilige Stadt Jerusalem durch Muslime … Weiterhin sagt er, dass die Christen dort …*
Ein historisches Sachurteil bilden	
6. Welches Interesse verfolgt der Autor und wie ist der Inhalt der Quelle/der Darstellung zu beurteilen (Zum Beispiel: was wollte der Redner erreichen?)	• *Robert von Reims, der diese Rede überliefert hat, will einerseits den Papst … darstellen. Andererseits will er die Muslime als …* • *Der Redner (Papst Urban II.) möchte, dass die Zuhörer … und dass sie seine Botschaft …*
7. Wie würden die Zeitgenossen (in diesem Fall Christen) aus ihrer Zeit heraus die Leitfrage beantworten und wie begründen sie dies?	• *Der Aufruf von Papst Urban II. zum Kreuzzug und Krieg war für viele christliche Zeitgenossen gerechtfertigt, da es für sie ein gerechter Krieg war. Unter einem gerechten Krieg verstanden Christen dieser Zeit …*
8. Wie könnte die Leitfrage aus einer anderen Perspektive anhand von weiteren Quellen und/oder Darstellungen beantwortet werden (unterschiedliche Sichtweisen von Beteiligten)?	• *Ein Muslim der Zeit könnte darauf verweisen, dass Christen und Muslime auch friedlich …*
Ein historisches Werturteil bilden	
9. Wie würdest du aus heutiger Sicht die Leitfrage beantworten?	• *Ich bin der Meinung, dass … Heute sind die Religionen gleichberechtigt und es herrscht …*

1 Beurteile und bewerte mithilfe von M2 und der Arbeitsschritte, inwiefern der Aufruf des Papstes zum Krieg gerechtfertigt war. Ergänze die Formulierungshilfen an den entsprechenden Stellen (…).
▸ Hilfe

2 **a)** Beschreibe den Holzschnitt M1.

b) Erkläre, warum die Zuhörer vermutlich so begeistert von den Worten des Papstes waren und riefen: „Gott will es!“ **Tipp** → S. 151.

Zusatzaufgabe → S. 148.

cornelsen.de/webcodes
Code: sawodi
Kopiervorlage Methodentabelle

Leben in den Kreuzfahrerstaaten: Konflikt oder Koexistenz?

Im Verlauf des ersten Kreuzzuges entstanden neben Jerusalem noch drei weitere Kreuzfahrerstaaten. In diese wanderten über einen Zeitraum von 200 Jahren rund 100 000 Menschen aus allen Bevölkerungsschichten aus Europa in den Nahen Osten ein.

- ***Arbeite heraus, welche Herausforderungen und welche Chancen es für ein friedliches Miteinander (Koexistenz) von Muslimen und Christen zu jener Zeit gab.***

Kulturen begegnen sich

Der Krieg gegen die Muslime war der Ausgangspunkt für die Kreuzzüge gewesen. Zwischen Christen und Muslimen herrschte zunächst Misstrauen. Auch untereinander waren die verschiedenen christlichen und islamischen Glaubensrichtungen verfeindet. Sie mussten sich aber verständigen, um das gemeinsame Zusammenleben zu organisieren. Im Alltag passten sich die Neuankömmlinge aus dem vergleichsweise ärmlichen Europa im Laufe der Zeit an die reichhaltigere Alltagskultur im Nahen Osten an. Zwischen Christen und Muslimen wurden Verträge geschlossen und Einladungen ausgesprochen. Bald wollte jeder Adlige aus Europa in einem Steinhaus mit schönen Möbeln sowie Teppichen wohnen und sich mit edlen Stoffen kleiden. Man ging regelmäßig zur Körperpflege in Bäder und genoss die hoch entwickelten Kenntnisse der arabischen Mediziner. Dankbar übernahmen die Europäer das viel abwechslungsreichere Nahrungsangebot von Fleisch, Fisch, Gewürzen, Gemüse und Obst.
Die neu aus Europa eintreffenden Ritter und Mönche zeigten allerdings oft wenig Verständnis für diese Art des alltäglichen Zusammenlebens. Sie erinnerten ihre christlichen Glaubensbrüder daran, dass sie zum „Kampf gegen die Ungläubigen" aufgebrochen seien, und versuchten, deren Kampfbereitschaft zu erhöhen.

M 1

Fulcher von Chartres (1059–1127) nahm am ersten Kreuzzug teil und war Priester von Balduin I., dem König von Jerusalem:

Wir, die wir Abendländer[1] waren, sind Orientalen geworden. Wer als Römer oder Franke kam, der ist hier Bewohner Palästinas geworden. Wer in Reims oder Chartres[2] wohnte, betrachtet sich heute als Bürger von Tyrus oder Antiochia. Wir haben unsere Geburtsorte schon vergessen ... Manche von uns besitzen hier Häuser und Diener ... Ein anderer hat eine Frau von hier geheiratet, die Syrerin, Armenierin oder Muslima ist und die die Gnade der Taufe empfangen hat. Alle sprechen verschiedene Sprachen und es gelingt ihnen dennoch, sich zu verstehen, ... und das gegenseitige Vertrauen nähert die entfernten Kulturen einander an.

*Régine Pernoud, Historia hierosolymitana. Zit. nach Die Kreuzzüge in Augenzeugenberichten, Düsseldorf (Karl-Rauch-Verlag) 1961, S. 125. Übers. v. Hagen Thürnau.***

1 Bezeichnung für Christen
2 Städte in Frankreich

M 2

Ibn Dschubair aus Valencia durchquerte Palästina auf einer Pilgerreise nach Mekka (1184):

Obwohl die Feuer der Uneinigkeit zwischen den beiden Parteien brennen, ziehen dennoch muslimische und christliche Reisende ohne Behelligung [= Störung/Belästigung] hin und her. Unser Weg führte dauernd durch ... Ländereien und ... Siedlungen, deren Bewohner alle Muslime waren und mit den Franken angenehm lebten. Möge Gott uns vor solchen Verführungen bewahren! Die Muslime übergeben zur Erntezeit die Hälfte ihrer Erträge den Franken, ihre Häuser und Güter bleiben in ihrem vollen Besitz. Es fehlt dort die Reinheit, man lebt inmitten von Schweinen und anderen ungesetzlichen Dingen. Zu dem Unglück, das ein Besucher sehen wird, gehören die muslimischen Gefangenen, die in Fesseln laufen und wie Sklaven zu schmerzlichen Arbeiten eingesetzt werden.

*Ibn Dschubair, Tagebuch eines Mekkapilgers, hg. und übers. v. Regina Günther, Stuttgart (Thienemann) 1985, S. 213 und 229.***

Wortschatz: die Anpassung und die Abgrenzung • sich integrieren (= sich anpassen) • unentbehrlich sein • die Kulturen begegnen sich • der Kreuzzug • die Glaubensbrüder • die Koexistenz • der Konflikt

M 3

Die nach dem ersten Kreuzzug entstandenen Kreuzfahrerstaaten: das Königreich Jerusalem, die Grafschaften Tripolis und Edessa, das Fürstentum Antiochia

cornelsen.de/webcodes
Code: devaco
Kopiervorlage Begriffskarte

M 4

Der Historiker Rudolf Hiestand über den Kulturkontakt in den Kreuzfahrerstaaten (1997):
Die Kreuzfahrerstaaten waren in mehrfacher Hinsicht eine multikulturelle Gesellschaft[1]. Zuerst galt dies für die fränkischen Bewohner, die aus allen Teilen Europas kamen: Franzosen, Italiener, Engländer, Deutsche, Spanier, Ungarn usw. Mit dem Französischen als Umgangssprache wohnten sie Seite an Seite und rasch gingen sie untereinander Ehen ein. Daneben gab es in großer Zahl Griechen, christlich-orthodoxe[2] Araber sowie Armenier und syrische Christen. In Galiläa[3] gab es jüdische Siedlungen. Dazu kamen Muslime, vor allem auf dem Land, wo sie teilweise die Mehrheit stellten. Alle genossen die freie Ausübung ihres Glaubens, wenn sie auch nicht gleichberechtigt waren, weil die Franken sich die Lehen[4] vorbehielten und die Gerichtsstrafen unterschiedlich waren. Für die Muslime bildete der Kampf gegen ihre Glaubensfeinde die Basis. Andererseits musste man sich in die neue Umgebung eingliedern. Gesandte gingen hin und her, vornehme muslimische Adlige zogen mit dem christlichen König auf die Jagd und empfingen Geschenke und fanden in Krisenzeiten Aufnahme. Erst recht mussten die Christen mit den Muslimen auf dem Land, wo die Muslime wirtschaftlich unentbehrlich waren, eine Form des Zusammenlebens finden. Das ärgerte die katholischen Priester und empörte neu ankommende Kreuzfahrer. Westliche Geschichtsschreiber berichteten darüber nicht.

*Rudolf Hiestand, „Wir sind Orientalen geworden". Zit. in Damals Nr. 10/1997, S. 25 f.***

[1] *eine Gesellschaft, die aus mehreren Kulturen besteht*
[2] *orthodox = die griechisch-orthodoxe christliche Kirche; „orthodox" bedeutet „streng gläubig"*
[3] *im Norden des heutigen Israel*
[4] *Grundherrschaft und Lehnswesen waren auch in den Kreuzfahrerstaaten üblich.*

1 Nenne jeweils die heutigen Staaten, auf deren Gebiet die vier Kreuzfahrerstaaten damals lagen (M3, Umschlagkarte 1).

2 Vergleiche die Aussagen über den Alltag in den Kreuzfahrerstaaten in den Quellen M1 und M2 mithilfe folgender Tabelle:

	Aussagen über Konflikt	*Aussagen über Koexistenz*
Fulcher (M1)		
Ibn Dschubair (M2)		

3 Erstelle eine Begriffskarte (→ S. 158) zum Begriff „Koexistenz".

4 Wähle eine Aufgabe aus:

a) Beurteile mithilfe des Darstellungstextes und M4, welche Konflikte und welche Chancen es für eine friedliche Koexistenz von Muslimen und Christen in den Kreuzfahrerstaaten zur Zeit der Kreuzzüge gab.

b) Beurteile die Frage aus der Überschrift mithilfe des Darstellungstextes und M4 sowie deiner Ergebnisse aus Aufgabe 2. Beginne so: *„Einerseits waren … Andererseits …"*

Nutze jeweils den **Wortschatz**.

Üben

Eine neue Art des Wirtschaftens in Europa

Im Mittelalter entstand eine mächtige und einflussreiche Gruppe – die Kaufleute. Dies machte sich zuerst ab dem 11. Jahrhundert vor allem in den Städten Italiens bemerkbar. Die Kaufleute hatten aber nicht nur Handelsbeziehungen nach Afrika und dem Nahen Osten. Auch der Handel innerhalb Europas wurde immer umfangreicher und bedeutender.

- ***Wie verbanden die Handelsbeziehungen verschiedenste Gebiete Europas und welche Veränderungen brachten sie mit sich?***

M 1

Handelswege und Waren in Europa um 1400

Märkte und Messen: Zentren des Austauschs

Mit der wachsenden Bevölkerung und der Ausbreitung der Städte im 13. Jahrhundert stieg die Zahl der Menschen, die sich nicht selbst versorgten. Städtische Märkte* boten den Menschen ein Angebot an Nahrungsmitteln, Kleidung und Arbeitsgeräten. Händler brachten seltene Waren aus entfernten Gegenden auf diese Märkte. Zur Vergrößerung ihres Warenangebots trafen sich die Händler regelmäßig auf Handelsmessen, bei denen Händler aus unterschiedlichen Gebieten und Städten teilnahmen. Bis ins 12. Jahrhundert verfügten nur Adlige und die Kirche über viel Geld („Kapital"). Händler genossen im Mittelalter keinen guten Ruf. Erst als in den Stadtstaaten Norditaliens wie Genua, Venedig oder Florenz reiche Bürger und Adlige die Kontrolle über den Handel übernahmen, entstand auch in anderen europäischen Städten eine Schicht angesehener Kaufleute. In Italien verlangten die reichen Bürger auch Mitspracherechte bei der Regierung ihrer Städte.

Wortschatz: eine Messestadt • das Kapital • eine Währung gegen eine andere tauschen • ein Kredit • der bargeldlose Zahlungsverkehr = Bezahlung von Waren ohne Bargeld mit Wechseln

M 2

Ein italienisches Bankhaus, Buchmalerei, 14. Jh. Es ist zu sehen, wie Einzahlungen und Überweisungen getätigt werden.

Wie handelten die Kaufleute?

Typisch für das Selbstbewusstsein der Kaufleute waren Risikobereitschaft, der sparsame Umgang mit Zeit und eine gute Organisation. Die gebildeten Kaufleute bauten Handelsbeziehungen in Europa auf und häuften große Mengen an Kapital an. Um mit dem Kapital „international" arbeiten zu können, musste das einheimische Geld mit anderen Währungen tauschbar sein. Dafür wurden Wechselstuben eingerichtet und manche Kaufleute waren als Geldwechsler tätig.

Die Entstehung der christlichen Kreuzfahrerstaaten im Nahen Osten (S. 76/77) förderte den regelmäßigen Schiffsverkehr dorthin. Die Transportkosten über das Meer waren viel niedriger als auf dem Landweg. Von Italien und Südfrankreich legten Schiffe mit Kreuzfahrern und Pilgern ab, die mit Waren aus dem Orient zurückkehrten. Ab dem 11. Jahrhundert sicherten sich Kaufleute und Seefahrer aus den italienischen Handelsstädten wie Venedig, Florenz oder Genua die Kontrolle über den Orienthandel. Da die islamischen Handelspartner Gold als Bezahlung verlangten, gingen die Kaufleute aus Italien von den in Europa üblichen Silberwährungen zu einer Bezahlung in Gold über. Doch die Mitnahme großer Mengen an Gold- oder Silbermünzen auf Reisen war gefährlich. Überall lauerten Piraten und Straßenräuber. So erfanden italienische Kaufleute den Kredit und den Wechsel. Bei einem Kredit leiht sich jemand, Schuldner genannt, Geld. Der Schuldner muss den Kredit mit Gebühren (Zinsen) zu einem bestimmten Zeitpunkt zurückzahlen. Ein Wechsel erfolgt bargeldlos. Der Schuldner unterschrieb an einem Wechseltisch, italienisch „banca", eine Verpflichtung über die Rückzahlung einer Summe. Diese Summe wurde auf einer Urkunde eingetragen. Mit der Urkunde konnte dann auf Messen bezahlt werden, ohne Geld umtauschen zu müssen. Auch hier waren wieder Geldwechsler aktiv. Sie waren Fachleute, die den bargeldlosen Zahlungsverkehr überwachten und Kredite auch an Fürsten und Könige vergaben.

M 3

Brief der Ravensburger Handelsgesellschaft an ihre Vertreter, 23. 10. 1477:

Gott der Allmächtige hat uns 21 Prozent Gewinn gegeben, dafür schulden wir ihm Lob und Dank. Sicher seht auch ihr das als gutes Ergebnis an, denn die Zeitläufe sind wild, schwer und unsicher ... Haltet auch gegenüber unseren Kunden großzügig und verkauft nicht zu teuer ... Wir hoffen, ihr in Spanien habt die St. Galler Leinwand gut verkauft. Seid nicht zu teuer damit. Derzeit gibt es viel davon, denn Wein und Getreide sind nicht gerade billig, sodass die armen Leute[1] mehr spinnen [= Herstellung von Textilien] müssen ... Verkauft nur mit Profit[2]. Besser nur 30 Ballen mit Nutzen (Gewinn) verkauft als 50 ohne Nutzen. Wir wollen nicht die Weber hofieren [= zu sehr loben] und die Zöllner[3] reich machen.

*Peter Eitel/Jan Koppmann, Quellen zur Geschichte der Großen Ravensburger Handelsgesellschaft. Quellen zur Ravensburger Stadtgeschichte, Stadtarchiv Ravensburg 1996, S. 11 f.***

[1] *bäuerliche Familien, die Leinwand weben*
[2] *Gewinn*
[3] *Jeder Transport musste mehrfach verzollt werden.*

1 Beschreibe mithilfe des Darstellungstextes, wie sich der Handel im Mittelalter veränderte. Nutze den **Wortschatz**. **Tipp** → S. 151.

2 **Gruppenarbeit:** Bildet Dreiergruppen. Verteilt die drei Fragen a) bis c) und arbeitet anhand der Karte M1 die Bedeutung des Fernhandels für Europa heraus. Stellt euch die Ergebnisse anschließend vor:
a) Wo befanden sich bedeutende Messezentren?
b) Welche Waren wurden gehandelt?
c) Welche Bedeutung hatte der Fernhandel für die Versorgung der Städte?

3 **a)** Erkläre, welche Fähigkeiten ein Kaufmann laut M3 haben musste. ▸ Hilfe
b) Beurteile Chancen und Risiken des damaligen Fernhandels.

Europäer „entdecken“ Ostasien

Um 1300 machten sich die ersten Fernhändler auf den Landweg nach Ostasien. Mehrere Jahrhunderte lang verband die sogenannte Seidenstraße Mittel- und Ostasien mit Europa. Über lange Karawanenstraßen wurde ein Handel mit fernöstlichen Waren wie Seide, Gewürzen, Glas und Porzellan betrieben.
- ***Wie verliefen die Begegnungen zwischen den Europäern und den Asiaten?***

Das neue Weltreich der Mongolen

Über 3000 Kilometer erstreckt sich eine trockene und im Winter eiskalte Steppenzone von Osteuropa bis Sibirien und Nordchina. Der Reichtum der dort lebenden türkischen und mongolischen Nomadenvölker* bestand aus großen Herden von Pferden, Kamelen, Rindern, Schafen und Ziegen. Entlang der Chinesischen Mauer tauschten die Nomaden Häute, Filz und Wolle gegen Tee, Waffen und Haushaltsgegenstände aus China.

Dem mongolischen Anführer Dschingis Khan (1162 bis 1227) gelang die Einigung aller verfeindeten Stämme. In wenigen Jahren eroberten mongolische Reiterheere ein riesiges Weltreich, darunter das heutige China. Viele schriftliche Quellen aus Europa, Russland, China und den islamischen Reichen berichten übereinstimmend von Zerstörungen und Mord durch die mongolischen Reiterheere.

Sicherheit ermöglicht Handel

Vier große von Mongolen regierte Reiche erstreckten sich vom Osten Europas über Persien bis Nordchina. Auch auf dem chinesischen Kaiserthron saß ein Mongole. Eine Friedenszeit von rund 100 Jahren („pax mongolica“) erlaubte im 13. Jahrhundert Reisen auf dem Landweg von Europa durch Zentralasien nach China. Zu den ersten Reisenden aus Europa gehörten christliche Missionare* und Händler aus Italien. Der bekannteste war der Venezianer Marco Polo.

M 1

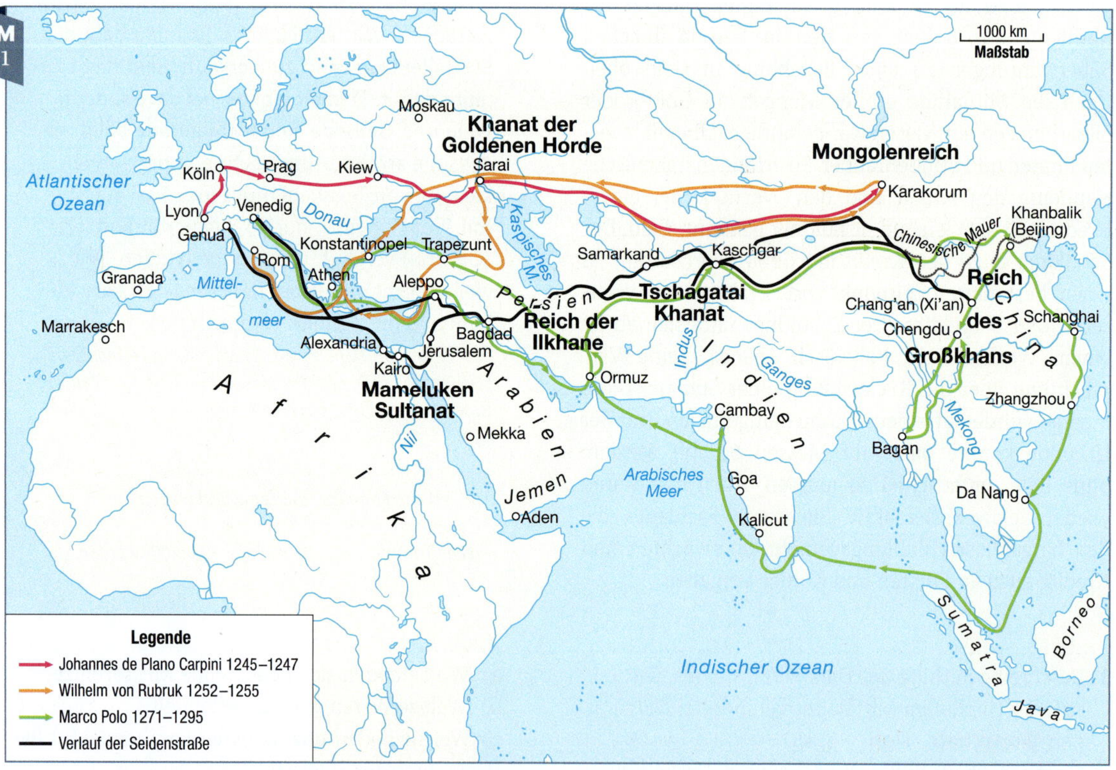

Reiserouten berühmter Fernreisender nach Ostasien, 13./14. Jh. Ein Händler legte mit seinem Wagen circa 30 km am Tag zurück.

Wortschatz: die Steppe • das Nomadenvolk • mit etwas handeln • etwas steht hoch im Preis • eine andere Religion tolerieren (= anerkennen) • die Einigung mehrerer Stämme

Vertreter der katholischen Kirche reisen zum mongolischen Herrscher

Die europäischen Missionare wie Johannes de Plano Carpini reisten im Auftrag des Papstes nach China, um die Mongolen als Verbündete gegen die Muslime zu gewinnen. Sie kehrten aber enttäuscht zurück, da Mongolen und Chinesen alle Religionen tolerierten.

Die Reisenden brachten viele neue Kenntnisse über das ferne Asien mit. Der christliche Missionar Wilhelm von Rubruk stellte zum Beispiel fest, dass das Kaspische Meer ein riesiger See ist. Er beschrieb viele in Europa unbekannte Völker, Tiere und Pflanzen, dazu die unbekannte chinesische Schrift und die Verwendung von Papiergeld in China.

M 2

Der persische Dichter Sa'dī (1210–1292) über einen Kaufmann, der mit 150 Lastkamelen und 40 Sklaven um 1250 seinen Handel erweiterte:

Ich will persischen Schwefel nach China einführen, denn der steht dort hoch im Preis. Außerdem will ich von dort chinesisches Porzellan nach Griechenland, von dort griechisches Seidenzeug nach Indien, von dort indischen Stahl nach Aleppo in Syrien, dann Glaswaren aus Aleppo in den Jemen und schließlich gestreifte Stoffe aus dem Jemen nach Persien handeln.

Sa'dī Muslin Ad-Din, Der Rosengarten, Bremen (Schünemann) 1982, S. 131 f. Übers. von Karl Heinrich Graf.

M 3

Der Austausch von Wissen, Waren und technischen Fähigkeiten zwischen Europa und China

a) Aus China gelangen nach Europa:

	China	Europa
das Papier	1./2. Jh.	12./13. Jh.
der Seekompass	1090	1180
das Brustgeschirr für Pferde (Kummet)	5. Jh.	um 1000
die Schubkarre	1./2. Jh.	um 1250
das Gusseisen	6. Jh. v. Chr.	um 1380
das Schießpulver (Weiterentwicklung in Europa)	9. Jh.	1285
der Druck mit beweglichen Buchstaben	1041	1430–1460

b) Aus Europa gelangen nach China:

Gemüsesorten aus Europa wie z. B. Kohlrabi	13./14. Jh	bekannt seit der Römerzeit
Heilpflanzen als Medikamente	13./14. Jh.	aus den europäischen Klöstern 10.–12. Jh.
Stühle	13./14. Jh.	bekannt in Ägypten seit 3000 v. Chr.

a) Zusammengestellt nach Jacques Gernet, Die chinesische Welt, Frankfurt a. M. (Insel) 1979, S. 322. Übers. v. Regine Kappeler. b) Zusammengestellt nach Frances Wood, Entlang der Seidenstraße, Stuttgart (Theiss) 2007, S. 17 ff.

1 **a)** Erkläre, welche Bedeutung die in M3 genannten Erfindungen und Waren für den Alltag hatten.
b) Vergleiche, zu welchem Zeitpunkt die Erfindungen in China und Europa stattgefunden haben. Welche Rückschlüsse lassen sich daraus ziehen?

2 Erkläre, warum Fernreisende viel Mut benötigten, um neue Handelswege auszuprobieren (Darstellungstext). Nutze den **Wortschatz**.

3 **Wähle eine Aufgabe aus:**
a) Beschreibe mithilfe von M1 die Wege und die ungefähre Entfernung aller im Text M2 genannten Handelswaren des persischen Kaufmanns.
b) Entwickle auf der Grundlage der Materialien dieser Seiten einen Reisebericht, den ein Kaufmann um 1250 verfasst haben könnte. Lege zunächst deine Reiseroute und die Waren fest, mit denen du handeln möchtest. Diese Satzanfänge kannst du verwenden: *Der Winter ist vorbei, und heute es geht auf den Weg nach … Geladen habe ich … Nach zehn Tagen durch … bin ich in …*

Üben   Kartenanimation: *Die Seidenstraße*

Fernreisende berichten von fremden Kulturen

Rund 900 Reisen von Europäern nach China haben heutige Forscher für die Zeit des Mittelalters gezählt. Aus China begaben sich nur einige wenige Chinesen auf den Weg nach Westen bis Persien.

- ***Worin lag für die Europäer die Faszination des fernen Asiens?***

Aufgabe für alle:
Beurteilt, wie die Berichte der Reisenden (M1, M2, M4) nach ihrer Rückkehr in die Heimat vermutlich aufgenommen wurden.

A

M 1

Der Mönch Johannes de Plano Carpini (1185–1252) schrieb über seine Reise ins Mongolenreich:

1A *Erstes Zusammentreffen:*

Der aus Italien stammende Missionar reiste 1245 im Auftrag des Papstes zum mongolischen Herrscher. Seine Reise dauerte drei Jahre. Auf dem Rückweg legte er in 106 Tagen 4800 Kilometer zurück.*

Am Tag nach Aschermittwoch (23. Februar 1245) schlugen wir ein Nachtlager auf und plötzlich umringten uns die Mongolen, richteten in furchterregender Weise ihre Waffen auf uns und fragten, wer wir seien. Wir antworteten, dass wir Gesandte des Papstes auf dem Weg zum Großkhan[1] seien. Nachdem sie die von uns angebotenen Lebensmittel verzehrt hatten, zogen sie weiter. Am nächsten Morgen kamen ihre Anführer und fragten uns erneut aus. Wir antworteten, wir seien Christen und alle Mongolen sollten Freunde der Christen werden ... Im Auftrag des Papstes sollten wir einen Brief überbringen, in dem der Papst alle Mongolen auffordert, Christen zu werden, ansonsten seien sie in alle Ewigkeit verdammt ... Sie stellten Packpferde und einen Führer bereit. Wir übergaben unsere Geschenke und wurden von ihnen auf der Weiterreise begleitet.

*The texts and versions of John de Plano Carpini and William de Rubruquis, lat./engl., Charles Raymond Beazley (Hg.), London (Hakluyt Society) 1903, S. 28 f.** Übers. d. Verf.*

[1] *Bezeichnung für den mongolischen Herrscher*

1B *Die Krönung eines mongolischen Großkhans (1247):*

Draußen vor dem Zelt mussten der Fürst von Russland, zahlreiche Fürsten der Nordchinesen, die beiden Söhne des georgischen Königs, ein Bote des Kalifen von Bagdad und zehn andere muslimische Sultane* warten ... Mehr als 4000 Gesandte hielten sich bei den Mongolen auf, darunter solche, die Geschenke brachten und andere, die sich unterwarfen ... Die Gesandten brachten große Geschenke mit: Seide, Samt, Purpur, Stoffe aus Persien, seidene, mit Goldfäden durchzogene Gürtel, edle Felle und andere Gaben, die wunderschön anzusehen waren.

*Johannes de Plano Carpini, Kunde von den Mongolen 1245–47, hg. und übers. von Felicitas Schmieder, Wiesbaden (Erdmann) 2015, S. 101 und 103.***

M 2

Der Mönch Wilhelm von Rubruk (1215–1270) berichtete von seiner Reise zum mongolischen Großkhan:

Der Großkhan ist im Besitz der Durchgangsstraße und alle müssen sein Gebiet durchqueren. Wenn sie ihm dabei Geschenke überreichen, behandelt er sie wohlwollend. Kommen jedoch Muslime und bringen noch größere Geschenke, ist man ihnen bei ihrer Weiterreise nicht mehr behilflich ...
Was die mongolische Hauptstadt Karakorum betrifft, so gibt es dort zwei Stadtviertel. Einmal das der Muslime, wo die Märkte stattfinden und viele Kaufleute zusammenkommen. Dann gibt es das Viertel der Chinesen, die in der Hauptsache Handwerker sind. Die verschiedenen Völkerschaften haben zwölf Götzentempel*, zwei Moscheen, in denen die Lehre Mohammeds verkündet wird und am äußersten Rand der Stadt eine christliche Kirche. Am Osttor werden Hirse und anderes Getreide verkauft, das allerdings nur selten hier eingeführt wird. Am Westeingang werden Schafe und Ziegen angeboten, am Südeingang Ochsen und Wagen und am Nordeingang Pferde.

*Wilhelm von Rubruk, Reise zu den Mongolen 1253–1255, hg. und übers. von Hans D. Leicht, Wiesbaden (Erdmann) 2013, S. 82 und 169.***

M 3 *Über Zentralasien und China gab es um 1200 in Westeuropa nur Vermutungen. Bilder warnten vor Gefahren aller Art. Buchmalerei aus dem Reisebericht Marco Polos, um 1412*

1 Untersuche das Bild M3. Erläutere, welchen Eindruck das Bild auf Fernreisende im Mittelalter gemacht haben könnte.
2 Gib in eigenen Worten wieder, was die Missionare (M1–M2) beobachteten und was ihnen besonders fremd erschien.
3 Nenne die Stellen in den Berichten M1 und M2, an denen die Verfasser ihre Bewunderung und Ablehnung des Fremden deutlich machen. Gib die entsprechenden Zeilen an.

B

Die Reisen des Marco Polo

Die neue Sicherheit auf den Landrouten nach China (siehe S. 80, Z. 19 ff.) nutzten zuerst Kaufleute aus Italien. Sie suchten den direkten Kontakt mit den Produzenten in Ostasien und wollten den Zwischenhandel von Indern und Arabern umgehen. Die Brüder Niccolò und Matteo Polo aus Venedig reisten bis Nordchina. Bei einer zweiten Reise begleitete der 17-jährige Marco, Sohn Niccolòs, die Karawane. Vier Jahre dauerte ihre Reise bis nach China. Nach nur kurzer Zeit am Hofe des mongolischen Herrschers über China in Khanbalik (Beijing) hatte Marco die Gebräuche und zahlreichen Sprachen des Landes gelernt. Als der Großkhan seine Fähigkeiten erkannte, schickte er ihn als Gesandten durch China. Seine Beobachtungen in China und anderen asiatischen Ländern hielt Marco Polo in seinen Reisebeschreibungen fest.

M 4 **Aus dem Reisebericht des Marco Polo (1254–1324)**

4A *Über die Salzminen im Pamir-Gebirge:*

Nach 12 Tagen Reiten durch menschenleere Gebiete kommt man zu einer Burg namens Taican, wo ein großer Getreidemarkt abgehalten wird. Die Hügel in Richtung Süden sind sehr hoch und ganz aus Salz. Die Leute kommen aus einer Entfernung bis 30 Tagesreisen, um dieses Salz zu holen. Das Salz ist unvergleichlich gut und hart ... Die ganze Welt könnte man bis ans Ende aller Zeiten damit versorgen.

4B *Über die Hafenstadt Cormos:*

Hier werden die Waren umgeschlagen [= von Schiffen auf Wagen/Pferde umgeladen], die zu Schiff aus Indien kommen, darunter allerlei Gewürze, Goldstoffe, Elfenbein und vieles andere, was von hier durch Kaufleute in alle Welt weiter transportiert wird. Das Klima ist durch die große Hitze ungesund. Die Ernährung entspricht nicht der Unsrigen. Die Leute dort würden erkranken, wenn sie sich von Weizen und Fleisch ernähren sollten. Sie leben von Datteln und gesalzenen Fischen. Ihre Schiffe sind schlecht und gefährlich, da sie nicht mit Eisennägeln, sondern mit Stricken zusammengehalten werden, die aus der Schale der in Indien wachsenden Nüsse hergestellt werden. Die Nüsse weicht man im Wasser auf, wo sie Fasern abgeben wie Borsten. Damit festigen sie ihre Schiffe, ohne dass das Salzwasser ihnen etwas anhaben kann. Nägel gibt es nicht, da das notwendige Eisen fehlt.

*Die Reisen des Marco Polo, Frankfurt/Berlin (Ullstein) 1971, übers. von Ulrich Köppen, S. 26, 38 und 44.***

1 Gib wieder, auf welche Weise Marco Polo seine Kenntnisse über Asien erwarb (Darstellungstext, M4).
2 Nenne die Gefahren für Reisende, über die Marco Polo berichtet (M4).
3 Arbeite heraus, welche Dinge Marco Polo besonders bedeutend erschienen und wie er sie bewertete (M4).

800 | 900 | 1000 | 1100

7./8. Jh. Ausbreitung des Islam

9./10. Jh. Iberische Halbinsel unter islamischer Herrschaft

seit 5. Jh. Einwanderung vertriebener Juden aus Palästina in West- u. Mitteleuropa

seit 661 islamische Herrscher in Damaskus, Bagdad und Córdoba

11.–13. Jh. Kreuzzüge: Kriege zwischen Christen und Muslimen; Entstehung von Kreuzfahrerstaaten (friedliche Koexistenz der Religionen)

1095 Papst Urban II ruft zum Kreuzzug auf

1099 Eroberung Jerusalems durch die Kreuzfahrer

Kulturbegegnungen im Mittelalter

Eine neue Religion entsteht: Der Islam

Nach dem Judentum, der ältesten Religion mit dem Glauben an einen einzigen Gott, und dem Christentum entstand im 7. Jahrhundert die neue Religion des Islam. Gründer des Islam war der Kaufmann **Mohammed** aus **Mekka** auf der Arabischen Halbinsel. Unter den Nachfolgern Mohammeds, den **Kalifen**, verbreitete sich der Islam von Arabien aus über ganz Nordafrika bis auf die Iberische Halbinsel. Die islamischen Herrscher unterwarfen auch das Perserreich und gelangten bis an die Grenzen des Chinesischen Reichs. Die wichtigsten Hauptstädte der islamischen Reiche waren Damaskus und Bagdad.

Die Kreuzzüge

Die **Kreuzzüge** begannen mit einem Aufruf von Papst Urban II. im Jahr 1095 in Frankreich. Christliche Ritter aus Europa, aber auch einfache Leute wie Bauern und Handwerker zogen los, um das von Muslimen beherrschte Jerusalem zu erobern. Wer als sogenannter Kreuzfahrer ins **„Heilige Land"** zog, dem wurde die Vergebung seiner Sünden zugesichert. Neben Rittern brachen auch Mönche und Menschen aus dem einfachen Volk auf. Einige waren erfüllt von der Idee, für ihren Glauben zu kämpfen. Andere flohen vor sozialen und wirtschaftlichen Problemen in ihrer Heimat, mit der Hoffnung auf Reichtum. Auf dem Hinweg kam es zu **Judenverfolgungen (Pogromen)** durch Kreuzfahrer in deutschen Städten. Im Jahre 1099 eroberten die Kreuzfahrer Jerusalem und töteten viele Juden und Muslime. Nun entstanden im Nahen Osten christliche Reiche. Gegenseitige Feindbilder von Christen, Juden und Muslimen führten zu Hass und **Konflikten**. Im Alltag überwog in den **Kreuzfahrerstaaten** jedoch ein friedliches Nebeneinander **(Koexistenz)**. Das bessere Essen, die gute medizinische Versorgung und das bequemere Wohnen als in den Hütten und Burgen Europas übte eine hohe Anziehungskraft auf die Kreuzfahrer aus. Dies verärgerte viele später ankommende Geistliche. Sie erinnerten die Kreuzfahrer daran, dass sie für „den Kampf gegen die Ungläubigen" nach Jerusalem gezogen waren und nicht, um ein Leben in Reichtum zu führen.

Handelsbeziehungen

Im Mittelalter entstand ein neuer Typ des Kaufmanns und **Fernhändlers** in den Städten Norditaliens. Die gebildeten und selbstbewussten Kaufleute wollten Gewinne erzielen und bauten ein Netz aus Handelswegen über Land und über Wasser auf. Auch erfanden sie den Kredit und den Wechsel. Die Händler trafen sich regelmäßig auf Messen in bestimmten Städten. Bedeutende **Handelsmetropolen** waren zum Beispiel die europäischen Städte Genua und Venedig in Italien.

Neue Kontaktmöglichkeiten ins Mongolenreich

Die **Mongolen** eroberten unter ihrem Anführer Dschingis Khan und dessen Nachkommen ein riesiges Weltreich von den Grenzen Osteuropas bis nach China. Die Krieger töteten grausam viele Menschen und verwüsteten Dörfer und Städte. Während des rund 100-jährigen Bestehens der Mongolenreiche wurde das Reisen auf dem Landweg von Europa über Zentralasien nach China wegen der Herrschaft der Mongolen über alle Gebiete wieder möglich (**„Pax Mongolica"**). Größere Mengen chinesischer Seide gelangten über die **Seidenstraße** auf die Märkte Europas. Neben den Fernhändlern wie den Italienern aus der **Familie Polo** waren Missionare nach Ostasien unterwegs. Europäische Herrscher strebten ein Bündnis mit den Mongolenherrschern gegen die islamischen Reiche an, wurden aber von ihnen abgewiesen. Europäische Missionare veränderten das Bild über die Menschen, die in Asien lebten. Sie erweiterten durch ihre Aufzeichnungen das geografische Wissen der Europäer und berichteten von unbekannten Pflanzen, Tieren und Völkern.

1200 | 1300 | 1400 | 1500

1206–1405 Mongolenreiche
Handels- und Wissensaustausch über die Seidenstraße

1275–1291 Reisen des Marco Polo nach China

12.–14. Jh. Blütezeit der jüdischen Gemeinden in Deutschland, Pogrome, v. a. während der Kreuzzüge und der Pestepidemie 1348–1452

M 1

Das Paar-Lesen

Ihr habt schon gelernt, wie ihr einen Sachtext lesen und verstehen könnt (→ S. 158). Es gibt auch die Möglichkeit, in Partnerarbeit einen Sachtext zu lesen und zu verstehen. Beim Paar-Lesen lernt ihr einerseits einen Sachtext flüssig zu lesen, andererseits hilft euch diese Lesetechnik, den Inhalt des Textes schnell herauszuarbeiten. Geht dabei so vor:

Schritt 1: Lest zunächst in **Einzelarbeit** den ersten Textabschnitt (Z. 1–12). Notiert euch auf einem Blatt Papier, welche im Text vorkommenden Fachbegriffe, Ausdrücke und Redewendungen ihr verstanden habt (M1).

Schritt 2: Partner A gibt mithilfe seiner Notizen den Textabschnitt mündlich wieder und fasst diesen zusammen. **Partner B** übernimmt zunächst die Aufgabe des Zuhörers. Bei Unklarheiten fragt **Partner B** nach, berichtigt und kommentiert **Partner A**.

Schritt 3: Rollentausch: Jetzt gibt **Partner B** den Textabschnitt wieder. **Partner A** hört genau zu, berichtigt und kommentiert.

Schritt 4: Notiert, welche Begriffe, Ausdrücke oder Redewendungen noch unklar sind. Recherchiert deren Bedeutung mithilfe eines Wörterbuchs oder eines Lexikons. Notiert die Bedeutung (M2).

Schritt 5: Beide Partner wiederholen abwechselnd die Schritte 1 bis 4 für alle folgenden Textabschnitte.

Schritt 6: Wenn ihr alle Textabschnitte gelesen habt, fasst ihr in Einzelarbeit den Inhalt des gesamten Textes mit eigenen Worten schriftlich zusammen. Ihr könnt dabei so beginnen: *Der Sachtext berichtet über ... Des Weiteren geht es in dem Sachtext um ...*

Schritt 1:
- das Judentum
- das Christentum
- die islamischen Herrscher
- Mohammed: Gründer des Islam
- der Islam: Religion, die auf Mohammed zurückgeht

M1

Schritt 4:
- die Arabische Halbinsel: Arabien
- die Kalifen: waren die Nachfolger Mohammeds
- die Iberische Halbinsel: Teil von Europa, auf dem Spanien und Portugal liegen

M2

1 Erstelle eine eigene Darstellung über das jüdische Leben im Mittelalter. Nutzt dazu S. 62–65.

2 Partnerarbeit: Wertet die letzten drei Abschnitte des Darstellungstextes auf S. 84 aus, indem ihr die Schritte 1 bis 6 des Paar-Lesens anwendet.

Im Kapitel konntest du folgendes Fachwissen und folgende Kompetenzen erwerben:

- jüdisches Leben im Mittelalter beschreiben
- die Entstehung und Ausbreitung des Islam beschreiben
- Konflikte und Zusammenleben von Christen und Muslimen zur Zeit der Kreuzzüge beurteilen
- Bedeutungen des Fernhandels für die Veränderungen in europäischen Gesellschaften beurteilen
- transkontinentale Handelsbeziehungen und Begegnungen von Menschen unterschiedlicher Religionen beschreiben und beurteilen
- die Sichtweise von europäischen Missionaren und Händlern auf fremde Kulturen in Asien deuten und erklären
- **Medien und Methoden:** Ein historisches Urteil bilden

M1

Ordne richtig zu:

1 Kredit
2 Al-Kuds und Jeruschalajim
3 Mongolen
4 Marco Polo
5 Judenpogrome
6 Seidenstraße
7 Mohammed

a Sohn eines Händlers aus Venedig, verbrachte viele Jahre in China
c Ermordung von Juden in deutschen Städten zu Beginn der Kreuzzüge
d Geld, das sich ein Schuldner leiht und mit einer Gebühr zu einem bestimmten Zeitpunkt zurückzahlen muss
b Gründer des Islam
h arabischer und hebräischer Name Jerusalems
f Bezeichnung für ein Netz von Handelsstraßen über Land zwischen China, Persien und Europa
e Nomadenvölker aus Zentralasien, die große Reiche von China über die islamische Welt bis Osteuropa errichteten, in denen Fernhandel auf dem Landweg möglich wurde

M2

Arabische Lehnwörter im Deutschen:
Diese Wörter gelangten aus der islamischen Zeit Spaniens über das Spanische und das Französische ins Deutsche.

Kadi	قاض	Redewendung: vor den Kadi ziehen
Sukkar	سكر	süß
Sifr	صفر	die Zahl Null
Al-Kuhul	الكحول	geistige Essenz zum Trinken
Chalifa	خليفة	Schlage nach auf S. 40.
Safar	سفر	Reise
Matrah	مطرح	Bodenkissen
Zurafa	زرافة	die Liebliche, heute Bezeichnung für ein großes Tier mit langem Hals
Haschisch	حشيش	Gras, Rasen, Unkraut
Gharrafa	غرافة	Wasserheberad mit Schaufeln

M3

Der Historiker Horst Gründer über den Handel zwischen Ostasien und Europa (1999):
Mit der weitgehenden Sicherheit, die die mongolische Herrschaft für Reisende gewährte, aber auch als Folge des aufkommenden Handelskapitalismus* in Italien machten sich Kaufleute auf den Weg nach Asien. Fasziniert vom Reichtum Asiens, suchten sie den direkten Kontakt zu den Produzenten ohne den teuren Umweg über den arabischen Zwischenhandel ... Im Zuge der Missionsreisen und des Fernhandels waren die Schilderungen Asiens viel realistischer geworden. Die Folge war eine bedeutende Erweiterung des Wissens über den Fernen Osten ... Die Menschen in China erschienen hellhäutig (nicht gelb!), wohlgestaltet, zum Teil schön. Weniger Eindruck hinterließen die religiösen Anschauungen.

*Horst Gründer, Eine Geschichte der europäischen Expansion, Leipzig/Mannheim (Brockhaus) 1999, S. 14 f.**

M 4

Der arabische Schriftsteller Usama ibn Munqidh (1095–1188) erlebte einige Kreuzzüge mit und berichtete von einem Erlebnis seines Freundes in Antiochia:

Wir kamen zum Hause eines der alten Ritter, die mit dem ersten Zug der Franken gekommen waren. Er hatte sich von seinem Amt und Dienst zurückgezogen und lebte von den Einkünften seines Besitzes in Antiochia. Er ließ einen schönen Tisch bringen mit ganz reinlichen und vorzüglichen Speisen. Als er sah, dass ich nicht zulangte, sagte er: Iss getrost, denn ich esse nie von den Speisen der Franken, sondern habe ägyptische Köchinnen und esse nur, was sie zubereiten; Schweinefleisch kommt mir nicht ins Haus! Ich aß also, sah mich aber vor, und wir gingen. Später überquerte ich den Markt, als eine fränkische Frau mich belästigte und in ihrer barbarischen Sprache mir unverständliche Worte hervorstieß. Eine Menge Franken sammelten sich um mich und ich war schon meines Todes sicher: Da erschien der Ritter, erkannte mich, kam herbei und sagte zu der Frau: Was hast du mit diesem Muslim? Er hat meinen Bruder Urso getötet!, erwiderte sie. Dieser Urso war ein Ritter, der von einem Soldaten getötet worden war. Er fuhr sie an: Das hier ist ein Bürger, ein Kaufmann, der nicht in den Krieg zieht und sich nicht aufhält, wo man kämpft. Dann herrschte er die Menge an, die sich angesammelt hatte. Sie zerstreute sich und er nahm mich bei der Hand. So hatte die Tatsache, dass ich bei ihm gespeist hatte, zur Folge, dass mir das Leben gerettet wurde.

*Zit. nach Francesco Gabrieli, Die Kreuzzüge aus arabischer Sicht, Augsburg (Weltbild) 2000, S. 121 f. Übers. von Barbara von Kaltenborn-Stachau.***

M 5

Ein Christ und ein Muslim spielen Schach. Spanische Buchmalerei, 13. Jh.

M 6

Sach- oder Werturteil?

A Durch den pax mongolica war es im 13. Jahrhundert möglich, von Europa durch Zentralasien nach China zu reisen.

B Die unterschiedliche Behandlung von Reisenden je nach Religion durch den Großkahn im 13. Jahrhundert wirkt aus heutiger Sicht ungerecht und voreingenommen.

C Aus damaliger Sichtweise von Marco Polo hätte das Salz aus den Minen im Palmir-Gebirge die ganze Welt bis ans Ende alle Zeiten versorgen können.

Sachkompetenz

1 Ordne den Begriffen M1 die passende Erklärung zu.

2 Notiere im Heft die heutige Wortbedeutung der aus dem Arabischen übernommenen Wörter im Deutschen (M2).

3 Erkläre mithilfe von M3 die Folgen der Errichtung des Mongolenreichs für die Kontakte zwischen Europa und Ostasien.

Methodenkompetenz

4 M6 enthält zwei Sachurteile und ein Werturteil. Finde diese heraus und begründe deine Entscheidung.

5 Erläutere, ob es sich bei M3–M5 um eine Quelle oder um eine Darstellung handelt.

Urteilskompetenz

6 Beurteile, inwiefern beim Verhältnis von Christen und Muslimen von Konflikt und friedlicher Koexistenz gesprochen werden kann (M4, M5).

7 „Begegnungen und Konflikte" – erläutere diese Formulierung am Beispiel

a) der Mongolenherrschaft oder

b) der Kreuzzüge.

cornelsen.de/webcodes
Code: qaziso
Selbsteinschätzungsbogen

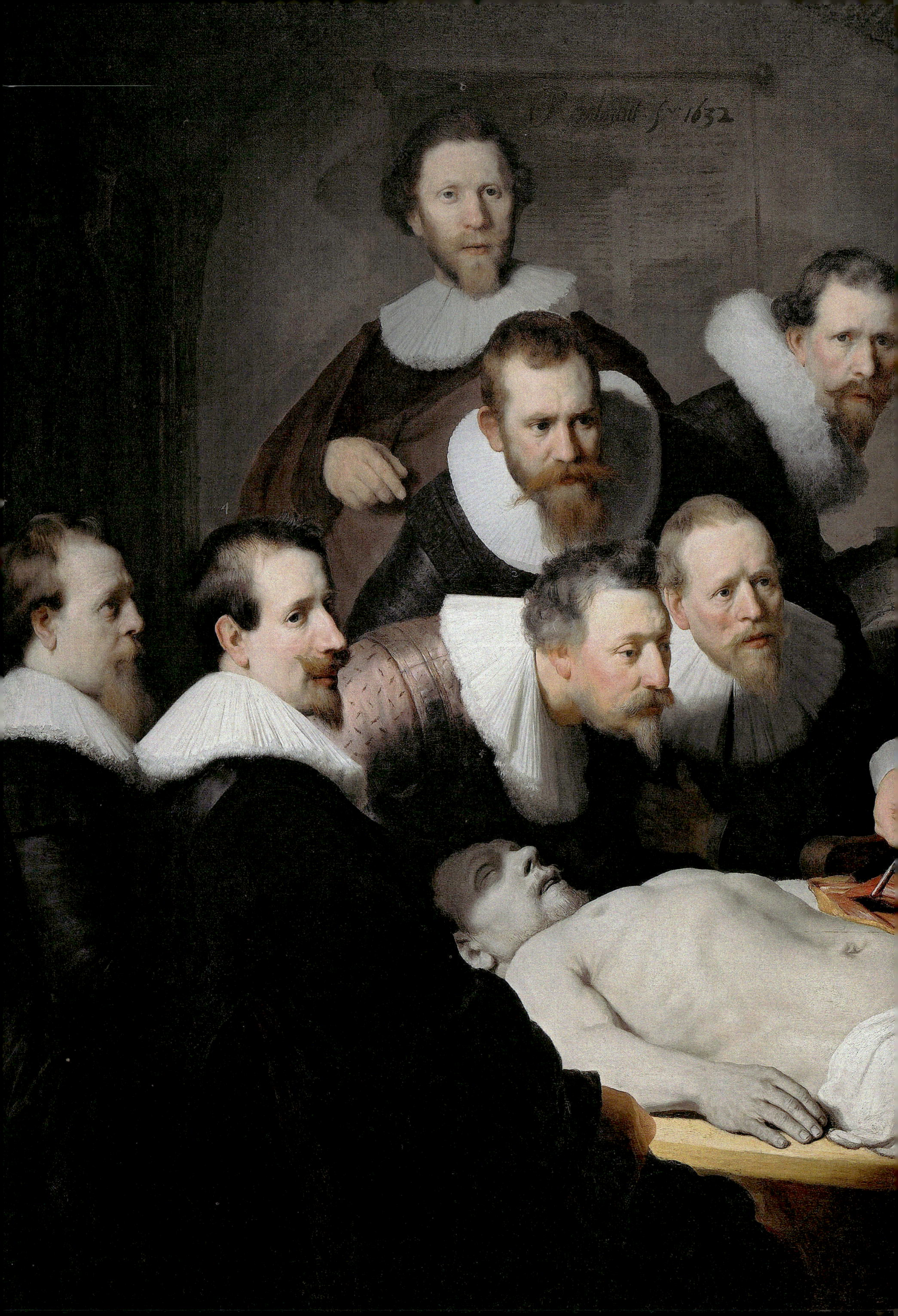

3
Die Frühe Neuzeit ab 1500

Ein Amsterdamer Arzt öffnet mit einem Spezialmesser die Hand und den Arm einer Leiche. Eine solche öffentliche Vorführung von Forschern auf dem Gebiet der Medizin war um 1600 nicht mehr verboten. Neben Studenten und Kollegen nahmen auch wissenschaftlich interessierte Patrizier der Stadt an der Vorführung teil.

Was könnte die abgebildeten Personen interessieren? Worüber könnten sie sich unterhalten?

alle Darstellungstexte zum Anhören

hogihe

Die Anatomie des Dr. Tulp, Gemälde von Rembrandt van Rijn, 1632

1000 | 1100 | 1200 | 1300

europäisches Mittelalter

1000 v. Chr. – ca. 16. Jh. n. Chr.
altamerikanische Hochkulturen

Ende 13. Jh. – ca. 17. Jh.
Renaissance* und Humanismus*

seit 1100 Entstehung vieler Städte in Europa

13. Jh.
Europäischer Fernhandel auf dem Landweg über die Seidenstraße

Die Frühe Neuzeit ab 1500

Zwischen dem 13. und dem 16. Jahrhundert endete in Europa das Mittelalter und die Frühe Neuzeit begann. Die italienischen Städte pflegten seit den Kreuzzügen intensive Handelskontakte mit dem Byzantinischen Reich und der islamischen Welt. Von dort gelangten Handschriften griechischer und römischer Autoren des Altertums (3000 v. Chr.–500 n. Chr.) nach Italien. Europäische Gelehrte studierten die wiedergefundenen Originaltexte aus der Antike. In Bibliotheken erforschten die Gelehrten, die sich Humanisten nannten, Sprachen und Kultur des Altertums und sammelten naturwissenschaftliche, astronomische und geografische Kenntnisse. Dabei entdeckten sie Ideen, die ihnen viel moderner erschienen als die Vorstellungen im mittelalterlichen Europa. Diese Art der Wiederentdeckung der Antike wird mit dem französischen Namen „Renaissance“ bezeichnet (= Wiedergeburt). Durch den so erweckten Forscherdrang versuchten die Menschen, sich die Welt durch Beobachtungen und Experimente neu zu erklären. Neuartige Navigationsinstrumente und Segelschiffe ermutigten Kapitäne, die Grenzen der bekannten Welt zu überschreiten. Durch die Erfindung des Buchdrucks zur massenhaften Herstellung von Büchern wurden die neuen Erkenntnisse immer mehr Menschen zugänglich. Dadurch wandelte sich der Blick der Menschen auf die Welt in dieser Zeit zunehmend. In diesem Kapitel untersuchst du folgende Fragen:

- Wie gingen die Menschen mit Krisen wie der Pest und Hungersnöten um?
- Wie veränderten Renaissance und Humanismus das Bild von der Welt und dem Menschen?
- Welche Ziele verfolgten die Europäer bei ihren Entdeckungsfahrten und welche Folgen hatten die Eroberungen für die indigenen* Völker?
- Warum wurden Frauen als „Hexen“ verfolgt?

M 1

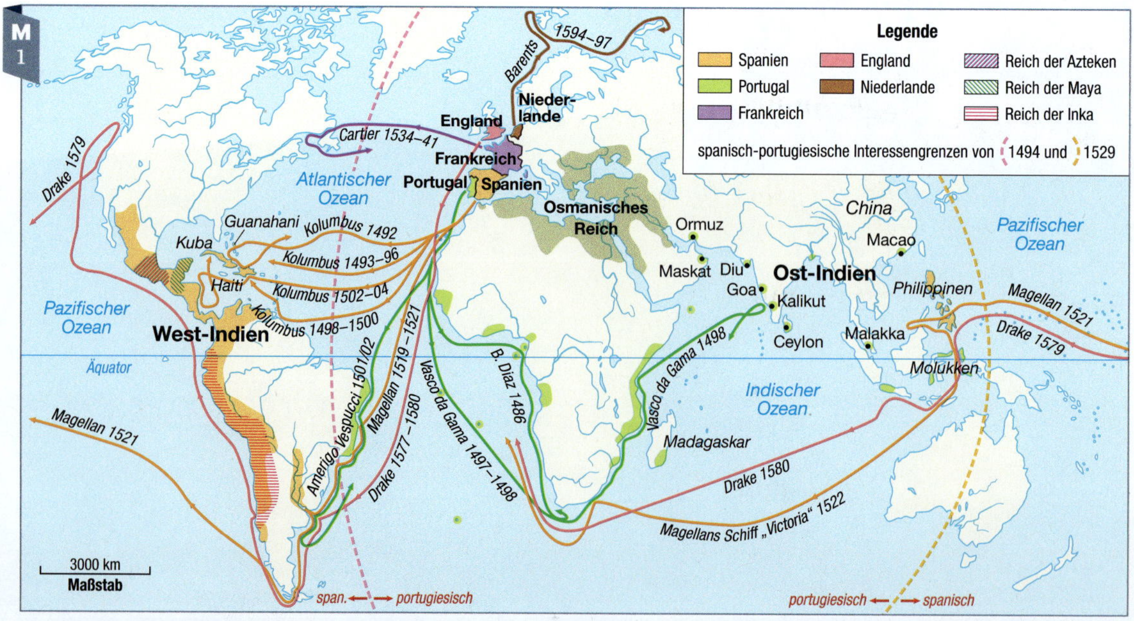

Entdeckungsfahrten der Europäer im 15./16. Jahrhundert

1400 | 1500 | 1600 | 1700 | 1800

Beginn der Neuzeit in Europa

um 1415 Johannes Gutenberg entwickelt Drucktechnik mit beweglichen Buchstaben

17. Jh. Hexenverfolgung

1543 Nikolaus Kopernikus: Die Erde dreht sich um die Sonne

Kolonialer Dreieckshandel zwischen Europa, Afrika und Amerika

1492 „Entdeckung" Amerikas durch Christoph Kolumbus; Eroberung Süd- und Mittelamerikas durch Europäer

M 2

Galileo Galilei vor der Inquisition im Vatikan. Ausschnitt aus dem Gemälde von Joseph Nicolas Robert-Fleury, 1847. Der italienische Astronom und Naturwissenschaftler Galileo Galilei vertrat das Weltbild des Kopernikus, wonach nicht die Erde der Mittelpunkt des Universums war, sondern sich die Erde um die Sonne dreht. Obwohl er gläubiger Christ war, geriet er durch seine Haltung in Konflikt mit der Kirche. Diese war der Auffassung, dass der Mensch das göttliche Wirken in der Natur nicht alleine mit dem Verstand erfassen könne. Im Jahr 1632 musste er sich deshalb vor Vertretern der Kirche im Vatikan rechtfertigen.

M 3

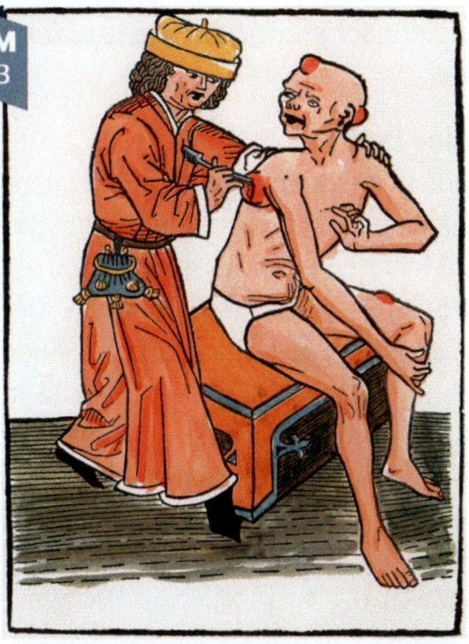

Ein Pestarzt beim Aufschneiden einer Pestbeule. Nachkolorierter Holzschnitt von Hans Folz, 1482. Bei der Pest handelte es sich um eine Infektionskrankheit, die seit dem späten Mittelalter in Europa auftauchte. Da niemand wusste, wie sich die Menschen ansteckten und wie die Krankheit behandelt werden sollte, starben bei den Ausbrüchen sehr viele Menschen, in manchen Städten sogar fast die Hälfte der Einwohner.

M 4

Porträt des Danziger Kaufmanns Georg Giese in seinem Büro in London. Gemälde von Hans Holbein, 1532. Erfolgreiche Händlerfamilien betrieben internationalen Fernhandel und veränderten damit auch das Bankwesen. Kaufleute stellten zur Bezahlung erstmals Papierscheine (Wechsel) aus, eine frühe Form des Papiergeldes, das Münzen ersetzen konnte. Auf diesem Bild wird erstmals eine am Körper tragbare Taschenuhr (Dosenuhr) gezeigt. Die folgenden Begriffe helfen dir bei der Beschreibung: das Rechnungsbuch, die Waage, das Siegel (der Stempel).

1 Arbeite aus dem Darstellungstext und M2 bis M4 heraus, wie sich das Wissen der Menschen in der Frühen Neuzeit weiterentwickelte und in welchen Bereichen es noch begrenzt war.

2 Beschreibe anhand der Karte M1, welche Bereiche der Welt um 1500 von den Europäern neu entdeckt wurden.

3 Beschreibe, wie der Kaufmann in M4 dargestellt wird und welche Gegenstände auf seine Arbeit und Stellung in der Gesellschaft hindeuten.

Die Pest – Krise und Unsicherheit

Auch heute bereiten Krankheitswellen wie die Corona-Pandemie den Menschen große Sorgen. In der Frühen Neuzeit hatten die Menschen Angst vor der Pest, die immer wieder ausbrach. Sie erinnerten sich an die große Pestepidemie von 1347 bis 1352, durch die ca. 42 Millionen Menschen der damals bekannten Welt starben, 25 Millionen allein in Europa. Der „Schwarze Tod" stellte einen krisenhaften Einschnitt in die wirtschaftliche und gesellschaftliche Entwicklung Europas dar.

- ***Wie haben die Menschen auf die Pestepidemie* reagiert?***

Die Ausbreitung der Pest

Im Oktober 1347 bot sich den Einwohnern der Hafenstadt Messina auf Sizilien ein grässliches Bild: Mit letzter Kraft erreichten Matrosen eines aus dem Schwarzen Meer kommenden Schiffes den Hafen. Schwarze Geschwüre bedeckten ihre Körper, fast alle erlitten einen qualvollen Tod. Schnell breitete sich diese Seuche in Italien aus und drang nach Frankreich, Spanien und Deutschland vor. Erst 1352, fünf Jahre nach dem Auftreten der Pest in Italien, nahm die Seuche allmählich ein Ende. In Europa traten aber auch in den folgenden Jahrhunderten immer wieder Pestwellen auf. Niemand wusste, wie die Krankheit bekämpft werden konnte, auch die Ärzte konnten nicht helfen. Viele glaubten, dass das Ende der Welt nahe sei und dachten, die Seuche sei ein Strafgericht Gottes. Um den Zorn Gottes zu besänftigen, schlossen sich einige Menschen zu Bußprozessionen zusammen und geißelten sich öffentlich. Sie schlugen sich mit Eisendornen besetzten Lederpeitschen Schultern und Rücken blutig. Dadurch wollten sie sich von Sünden reinigen und Gott mit den Menschen versöhnen. Die Menschen versuchten sich das Auftauchen der Pest auch durch ungünstige Stellungen der Sterne oder durch giftige Dämpfe aus dem Erdinneren zu erklären. Aber auch die Juden wurden als Brunnenvergifter und Verursacher der Pest verleumdet. Der geschürte Hass entlud sich in Ausschreitungen gegen die Juden (siehe S. 62 ff.).

Pestwellen in der Frühen Neuzeit

Auch in den nachfolgenden Jahrhunderten trat die Pest immer wieder an unterschiedlichen Ort auf. Allein in Venedig brach die Krankheit mehr als 20-mal aus, aber auch viele andere Städte waren wiederholt betroffen. In der Großen Pest von London starben 1665/66 rund 100 000 Menschen. In der kleinen niedersächsischen Stadt Uelzen erlagen im Jahr 1566 ein Viertel der Einwohner der Pest. Heute weiß man, dass die hoch ansteckende Lungenpest durch direkten Kontakt mit einem Erkrankten und die Beulenpest, die weit weniger ansteckend war, durch Ratten und Insekten übertragen wird. Obwohl die Ärzte im Mittelalter die Ursachen der

M 1

Die Ausbreitung der Pest in Europa 1346–1350

Wortschatz: eine Krankheit breitet sich aus / tritt in Wellen auf • einer Krankheit erliegen • Gott besänftigen wollen • sich geißeln • jemanden verleumden • die Ausschreitungen gegen Juden

Epidemie nicht kannten, machten einige aufgrund von Beobachtungen der Infektionswege Vorschläge zur Eindämmung der Seuche. An einigen Orten verbot man daraufhin zum Beispiel Versammlungen am Kranken- und Totenbett, das Geleit bei Begräbnissen oder das Tragen von Kleidung von Pestkranken. Genua führte 1348 als erste Hafenstadt die Quarantäne ein. Andere Städte richteten Pesthäuser zur Isolierung der Kranken ein.

Die Folgen

Die wichtigste Auswirkung der Pest war der Bevölkerungsrückgang. Dieser hatte schwerwiegende Folgen für die Landwirtschaft. Die überlebenden Menschen auf dem Land gaben Siedlungen und Dörfer auf und wanderten in die Städte ab, wo sie sich günstigere Arbeits- und Lebensbedingungen erhofften. Im Spätmittelalter wurden in nur wenigen Jahren im deutschsprachigen Raum über 200000 Dörfer entvölkert, die Produktion von Nahrungsmitteln geriet in die Krise.

M 2 *Silbermedaille der Stadt Erfurt, um 1683 dem Ende der letzten Pestepidemie zu gedenken. Die mit einem Totenschädel gekrönte Tafel (links unten) führt die Anzahl der verstorbenen Personen auf: 9437. Die lateinische Umschrift bedeutet in etwa: Der Tod weicht dem Leben und das Heil kehrt zurück.*

M 3 **Der Diplomat und Historiker Lorenzo de Monacis beschreibt den Einbruch der Pest in Venedig im 14. Jahrhundert:**

Gleich zu Beginn raffte die Pest innerhalb weniger Tage führende Persönlichkeiten, Richter und Beamte hinweg, danach auch diejenigen, welche deren Platz eingenommen hatten. Im Monat Mai nahm sie so sehr zu und wurde derart ansteckend, dass Plätze, Höfe, Grabstätten und Friedhöfe von Leichen überquollen. Viele wurden an öffentlichen Wegen begraben, einige unter dem Boden ihrer Häuser. Unzählige starben, ohne dass jemand dabei war, und ihre Leichen stanken aus den verlassenen Häusern. Keine natürliche Flamme könnte fettige Dinge, die sich nahe beieinander befinden, so verbrennen, wie diese Pest alles verdarb und befiel, was in ihrer Nähe war. Keiner, der sich bei einem Sterbenden aufhielt, konnte dem Tod entkommen. Hauchte nämlich jemand sein Leben aus, wurde alles von einem unentrinnbaren, tödlichen Ansteckungsstoff erfüllt. So überließen sich Eltern, Kinder, Geschwister, Nachbarn und Freunde gegenseitig ihrem Schicksal. Die Ärzte besuchten keine Patienten mehr, sondern ergriffen die Flucht.

Zit. nach https://tu-dresden.de/gsw/phil/powi/dpb/studium/lehrveranstaltungen/die-pest-in-der-fruehen-neuzeit-ein-ferner-spiegel (Stand: 28.06.2023).

1 **a)** Beschreibe die Karte M1.
b) Erkläre, was anhand der Farben und Pfeile auf der Karte M1 dargestellt wird.

2 Arbeite aus der Quelle M3 heraus, welche Auswirkungen die Pestepidemie für die Stadt und die Menschen in Venedig hatte.

3 **Wähle eine Aufgabe aus:**
a) Erkläre anhand des Darstellungstextes, wie die Menschen auf die Pestepidemien reagiert haben.
b) Stelle anhand des Darstellungstextes die Maßnahmen dar, die gegen die Ausbreitung der Seuche getroffen wurden.
Nutze jeweils den **Wortschatz**.

4 **a)** Beschreibe die Bildelemente der Medaille M2.
b) Erkläre, warum dieses Motiv für die Medaille M2 ausgewählt wurde.

Stationenlernen: Ein neues Bild vom Menschen und der Welt?

Zwischen dem 14. und dem 16. Jahrhundert kam es in Europa zu einem bedeutenden Wandel auf allen Wissensgebieten.

- ***Untersuche das neue Menschen- und Weltbild der Renaissance.***

M 1

Nikolaus Kopernikus

M 2

Galileo Galilei

M 3

Johannes Gutenberg

M 4

Leonardo da Vinci

Beobachten, erforschen und Wissen weitergeben

Wieder neu entdeckte Handschriften aus Konstantinopel und der islamischen Welt begeisterten die Gelehrten. Auch in den europäischen Bibliotheken suchten sie nach Originalen aus der Antike und von den antiken Autoren erhofften sie sich Antworten auf Fragen zum menschlichen Leben und zum besseren Verständnis der Natur. Über ihre Forschungen tauschten sie sich in Briefen aus. Im Mittelalter konnten die Menschen Bildung allenfalls durch kirchliche Institutionen erlangen. Als einzige Grundlage des Wissens und Denkens galt die Auslegung der Bibel nach wissenschaftlich-theologischen Vorgaben. Ab dem 14. Jahrhundert wurde eine neue Art Wissen zu erlangen wichtig: Beobachtung und Experiment. Dabei erhielt eine Gruppe von Gelehrten besondere Bedeutung: die Humanisten. Ihre Beobachtungen und Erkenntnisse stellten den Menschen und die Natur ins Zentrum. Sie veränderten das wissenschaftliche Denken bis heute. Die Erfindung des Buchdrucks sorgte dafür, dass die neuen Ideen schneller verbreitet werden konnten. An vielen Fürstenhöfen entstanden Schulen, in denen Gelehrte einer kleinen Zahl von Schülern Wissen vermittelten. Auch in den Städten entstanden private und von der Kirche unabhängige Schulen. Hier wurde Lesen, Schreiben und Rechnen für den Alltag gelehrt. Was sich aus der Zeit des Mittelalters nicht änderte, war die Bedeutung der christlichen Religion für alle Bereiche des Alltagslebens. Auch die Ständegesellschaft blieb erhalten.

(die) Neuzeit

Als Frühe Neuzeit wird die Periode von 1500 bis zur Französischen Revolution 1789 bezeichnet. Der Begriff „Neuzeit" bezeichnet in der Geschichte Europas den Zeitraum von etwa 1500 bis zur Gegenwart. Die Abgrenzung zum Mittelalter wird unter anderem mit dem grundlegenden Wandel des Menschen- und Weltbildes durch Humanismus*, Renaissance* und Reformation* begründet.

(die) Renaissance

Bezeichnung für die Wiederentdeckung der antiken Sprache und Kultur. Die Entwicklung begann im ausgehenden 13. Jahrhundert in Italien und breitete sich über 300 Jahre lang in Europa aus. Maler, Bildhauer und Architekten schufen einen neuen Kunststil, nach dem Körper und Bewegungen möglichst wirklichkeitsnah dargestellt wurden. Die Zeitspanne wird als Übergang vom Mittelalter zur Neuzeit gesehen.

(der) Humanismus

Eine Lebensanschauung der Gelehrten seit dem 14. Jahrhundert, die für eine umfassende Bildung des Menschen eintraten und diesen ins Zentrum ihres Denkens stellten. Sie studierten die antiken Schriftsteller und beschäftigten sich mit Sprachen, Geschichte und Philosophie.

M 5

Vorschlag für Stationenlernen:
Du kannst die Themeneinheiten auf den Seiten 96–103 als „Stationen" – auch mit einem Partner oder einer Partnerin – bearbeiten. Die Arbeitsaufträge sind auf jeder Seite abgedruckt. Das Stationenlernen besteht aus insgesamt sieben Stationen: Du bearbeitest die Stationen 1–6 als Pflichtstationen. Die Wahlstation 7 kannst du je nach Interesse und verbleibender Zeit bearbeiten. Nutze zur Bearbeitung des Stationenlernens den Laufzettel auf dieser Seite. Du kannst dir eine Vorlage über den Webcode herunterladen. Für das Stationenlernen benötigst du einen Ordner/Schnellhefter. Beschrifte den Laufzettel mit deinem Namen und hefte ihn als erste Seite im Ordner ab. Dahinter kommen auf eigenen Blättern deine Aufzeichnungen zu den einzelnen Stationen. Bearbeite die Arbeitsaufträge an einer Station in der angegebenen Reihenfolge. Schreibe immer die Aufgabenstellung ab, damit du deine Notizen später eindeutig zuordnen kannst. Schreibe deine Ergebnisse gut lesbar und, wenn nicht anders angegeben, in ganzen Sätzen auf. Wenn du eine Station bearbeitet hast, notierst du auf dem Laufzettel, wann – und bei einer Partnerarbeit mit wem – du daran gearbeitet hast.

Stationenlernen: Ein neues Bild vom Menschen und der Welt?	**Bearbeitet am:** **Partnerarbeit mit:**
Pflichtstationen	
Station 1: Erde oder Sonne – welcher Planet steht im Mittelpunkt des Weltalls?	
Station 2: Wer waren die Humanisten?	
Station 3: Welche Bedeutung hatte die Erfindung des Buchdrucks?	
Station 4: Leonardo da Vinci – Wegbereiter des modernen Denkens?	
Station 5: Warum wurden Menschen als „Hexen" verfolgt?	
Station 6: Wie unterschied sich die Kunst der Frühen Neuzeit von der des Mittelalters?	
Wahlstation	
Wahlstation 7: Was sind „Medienrevolutionen"?	

1 Fasse mithilfe des Darstellungstextes zusammen, was sich in der Frühen Neuzeit im Vergleich zum Mittelalter veränderte und was durch Kontinuität gekennzeichnet war. Nutze den **Wortschatz**.

2 Zum Abschluss des Stationenlernens kannst du eine Bilderserie für ein soziales Netzwerk oder einen Flyer zum Thema „Kontinuität und Wandel vom Mittelalter zur Frühen Neuzeit" gestalten:
a) Eine Bilderserie für ein soziales Netzwerk: Wähle für jede Station ein passendes Bild aus. Fasse den Inhalt der Station in wenigen Sätzen zusammen. Nutze zur Beschreibung des Inhalts auch passende Hashtags. Nimm die Anleitung auf S. 157 zur Hilfe.
b) Einen Flyer: Erstelle einen Flyer zum Thema. Zu jedem Thema des Stationenlernens sollte es im Flyer einen Eintrag geben. Eine Anleitung, wie du einen Flyer erstellen kannst, findest du auf S. 157.

cornelsen.de/webcodes
Code: xudozu
Kopiervorlage „Laufzettel zum Stationenlernen"

Wortschatz: eine nachhaltige Veränderung des Denkens herbeiführen • ein Gelehrter • die Theologie • die Bildung • ein Menschenbild • ein Weltbild • eine Bedeutung erlangen • eine Kontinuität (= etwas besteht fort)

Station 1: Erde oder Sonne – welcher Planet steht im Mittelpunkt des Weltalls?

M 1

Holzschnitt aus der Lutherbibel, 1534*

Himmelsbeobachtungen verändern das Weltbild

Für die antiken Gelehrten Aristoteles (382–322 v. Chr.) und Ptolemäus (um 100–160 n. Chr.) stand fest, dass die Erde die Mitte des Weltalls bildet. Diese Auffassung heißt geozentrisches Weltbild (von griech. ge = Erde). Im 16. Jahrhundert stellte der polnische Priester und Astronom Nikolaus Kopernikus diese Auffassung infrage. Seine Messungen, die er mit einfachen technischen Instrumenten durchführte, zeigten, dass die Sonne im Zentrum unseres Sternensystems steht und sich die Erde wie alle anderen Planeten um die Sonne dreht. Kopernikus traute sich nicht, seine Entdeckung des heliozentrischen (von griech. helios = Sonne) Weltbildes zu veröffentlichen, da sie der Auffassung der Kirche von der Erde als Mittelpunkt des Universums widersprach.

M 2

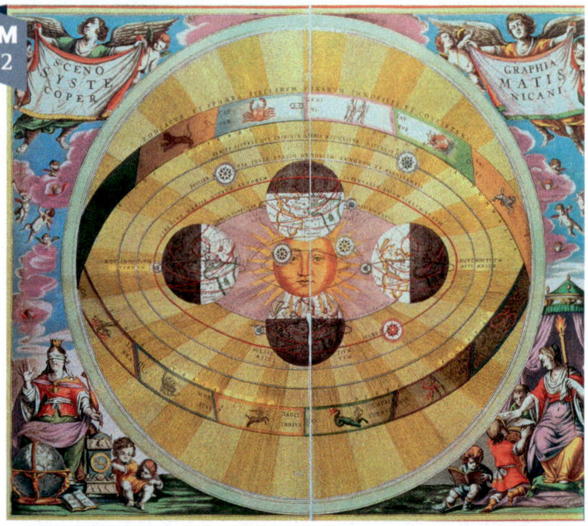

Kupferstich aus dem Werk „Harmonia Macrocomica" des deutsch-niederländischen Mathematikers Andreas Cellarius, 1660

Galilei bestätigt die Forschungen von Kopernikus

Die Forschungsergebnisse von Kopernikus erschienen erst mit 30 Jahren Verzögerung an seinem Todestag. Sein Buch wurde sofort von der Kirche verboten. Der italienische Mathematiker und Astronom Galileo Galilei bestätigte 1610 anhand eigener Beobachtungen und Berechnungen mithilfe eines Teleskops die Theorie von Kopernikus. Galilei wurde 1632 in Rom dazu verurteilt, seine Ansichten als Irrtum zu widerrufen, weil sie der damaligen Auffassung das Papstes widersprachen. Er stand danach bis zu seinem Tod unter Hausarrest, hatte aber Briefkontakt zu vielen Wissenschaftlern in anderen Teilen Europas. Obwohl einige Kardinäle schon damals das Urteil gegen Galileo nicht unterzeichneten, gab ihm die katholische Kirche erst im Jahr 1992 recht.

1 **a)** Nenne die im Darstellungstext enthaltenen beiden Fachbegriffe für das alte und das neue Weltbild.
b) Ordne M1 und M2 den beiden Weltbildern zu und begründe deine Entscheidung.

2 Erkläre, warum die katholische Kirche die Forschungen von Kopernikus und Galileo ablehnte. Nutze den **Wortschatz** sowie M1 und M2.

Wortschatz: die Mitte des Weltalls bilden • einer Auffassung widersprechen oder sie infrage stellen • ein Urteil unterzeichnen • Beobachtungen oder Berechnungen anstellen

Station 2: Wer waren die Humanisten?

M 1

Ratschläge des deutschen Humanisten Conrad Celtis an die Fürsten (1492):

Edle Männer, nehmt euch den alten römischen Adel zum Vorbild, der die Herrschaft über die Griechen gewann und damit deren Weisheit und Redekunst übernahm. Es bleibt offen, ob die Römer alle griechischen Erfindungen und ihre Gelehrsamkeit nur erreicht oder sogar noch übertroffen haben. Auch ihr müsst das alte unwissenschaftliche Denken ablegen und euch um Kunst und Wissenschaft der Römer bemühen ... Schämt euch dafür, die Geschichtswerke der Griechen und Römer nicht zu kennen. Noch mehr solltet ihr euch schämen, dass ihr die Geografie unseres Landes, die Gestirne [= Sterne], Flüsse, Berge, Altertümer und Völker nicht kennt. Und dass ihr nichts von dem gelesen habt, was andere ... Menschen über uns veröffentlicht haben.

*Conrad Celtis, Panegyris ad duces Bavariae V, 1, 5–8 (Lobgedicht auf die bayerischen Herzöge), Wiesbaden (Harrassowitz Verlag) 2003. Übers. von Joachim Gruber.***

M 2

Diskussion unter italienischen Humanisten, Holzschnitt, Augsburg, 1540

Bildung erhält einen besonderen Wert

Im Zeitalter der Renaissance interessierten sich Gelehrte, Künstler und Politiker in vielen Teilen Europas für das Wissen der Antike. Wegbereiter des zur damaligen Zeit „modernen" Denkens waren die Humanisten (lat.: humanus = menschlich, gebildet). Sie waren Experten für die alten Sprachen Hebräisch, Griechisch und Latein, aus denen sie Übersetzungen anfertigten. Latein war die internationale Sprache der Gelehrten, die oft ihre Namen ins Lateinische übersetzten (M2). Die Schriften der Antike gaben den Humanisten nicht nur Anregungen für neue philosophische, literarische und wissenschaftliche Ideen, sondern auch für eine gute Lebensführung in Gesellschaft und Politik.

Bildung sollte der Förderung persönlicher Fähigkeiten und des selbstständigen, kritischen Denkens dienen. Zugleich sollten die Menschen lernen, Verantwortung für die Gemeinschaft zu übernehmen. Als Ideal galt der gebildete Mensch, der im privaten und im öffentlichen Bereich erfolgreich war. Neu war, dass die Menschen nicht mehr nur auf Gott und die Erlösung nach dem Tod vertrauen, sondern sich selbst für die Gestaltung ihres Lebens verantwortlich fühlen sollten.

An Fürstenhöfen und wenigen von der Kirche unabhängigen privaten Schulen unterrichteten die Humanisten eine kleine Anzahl von Schülern. Die noch kleine Schicht von Gelehrten in Europa stand untereinander in Briefkontakt. Auch Fürsten und wohlhabende Bürger waren für die neuen Ideen offen, während jedoch der größte Teil der Menschen davon unberührt blieb.

1 Nenne mögliche Themen, über die die Gelehrten in M2 diskutieren könnten.

2 **Wähle eine Aufgabe aus:**

a) Arbeite Kennzeichen des neuen humanistischen Denkens heraus (M1, Darstellungstext).

b) Erläutere, warum die Humanisten als „Wegbereiter des modernen Denkens" bezeichnet wurden.

Nutze jeweils den **Wortschatz**. ▸ Hilfe

3 a) Arbeite aus M1 und dem Darstellungstext die Forderungen der Humanisten an die Fürsten heraus.

b) Erkläre, mit welcher Absicht sich Celtis in M1 womöglich an die Fürsten wendet.

Wortschatz: Wissen sammeln • der Wegbereiter für eine Entwicklung sein • die Bedeutung der Bildung • die Kennzeichen von humanistischem Denken • die Verantwortung für etwas/jemanden übernehmen

Station 3: Welche Bedeutung hatte die Erfindung des Buchdrucks?

cornelsen.de/webcodes
Code: dowoha
Buchdruck

Drucken statt abschreiben

Der Mainzer Johannes Gutenberg (circa 1400–1468) erfand um 1440 den Buchdruck mit beweglichen Lettern (Buchstaben). Diese waren alle einzeln aus Blei gegossen (M2). Die von Gutenberg entwickelte Technik war schneller als das Abschreiben mit der Hand und er konnte damit Geld verdienen. Zuvor musste sich Gutenberg bei reichen Kaufleuten Geld leihen, um seine Erfindung entwickeln zu können. Anfangs arbeitete er in seiner Werkstatt mit nur wenigen Gehilfen, später produzierte er mit sechs Schriftsetzern und zwölf Druckern in einer Manufaktur* die 1282 Seiten der Bibel in drei Jahren. Seine Bibel kostete zwischen 25 und 40 Gulden – so viel wie zwei Pferde. Eine von Hand geschriebene Bibel kostete über 400 Gulden – das Jahreseinkommen eines gutverdienenden Handwerksmeisters. Bis 1500 entstanden in 250 europäischen Städten über 1100 Druckereien. Zwar konnten nur zehn Prozent der Bevölkerung lesen, doch immer mehr Menschen kauften sich Bücher. Damit verbreiteten sich Neuigkeiten aus Politik, Religion und Wirtschaft schneller. Der Buchdruck beeinflusste die politische und gesellschaftliche Entwicklung.

Gutenberg erntete für seine Erfindung zunächst keinen Ruhm. Seine Geldgeber forderten sogar die sofortige Rückzahlung der Kredite und ließen die Werkstatt mit den fertigen Büchern beschlagnahmen.

M1

Innenansicht einer Druckerei, kolorierter Holzschnitt von Abraham van Weerdt, um 1650

1 Beschreibe mithilfe von M1 und M2 die Herstellung eines Buches nach dem von Gutenberg entwickelten Verfahren. Nutze den **Wortschatz**.

2 Erkläre, warum der Buchdruck ab der Frühen Neuzeit die Verbreitung von Wissen veränderte (Darstellungstext).

3 Stelle Vermutungen an, wie neue Erfindungen und Techniken wie der Buchdruck zur Veränderung von politischen und gesellschaftlichen Entwicklungen beitrugen. **Tipp** → S. 151.

M2

Das Verfahren des Druckens nach Gutenberg

Wortschatz: die Lettern werden aus Blei gegossen • im Setzkasten werden … • die Buchstaben werden angeordnet • die Blätter werden getrennt • die Druckerschwärze • eine Druckerpresse • die Blätter werden gebunden

Weltdeutung und Religion   Video: *Der Buchdruck*

Station 4: Leonardo da Vinci – Wegbereiter des modernen Denkens?

M 1

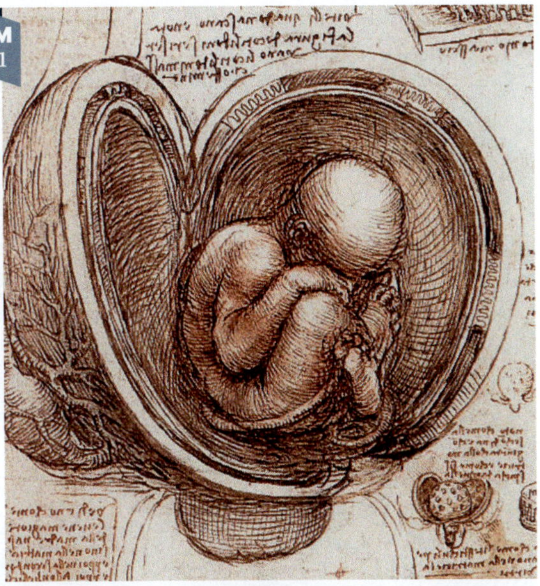

Leonardo da Vinci, Zeichnung eines Fötus (= ein ungeborenes Kind) im Mutterleib, 1510

M 2

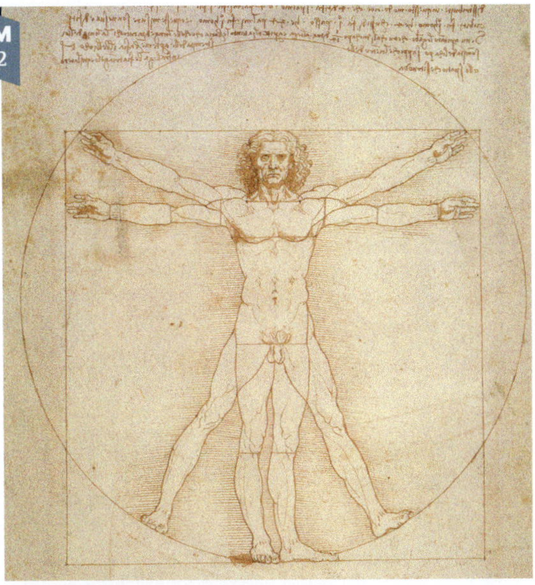

Leonardo da Vinci, Darstellung des Menschen und seiner Proportionen, Zeichnung, um 1460

Leonardo da Vinci (1452–1519)
war ein italienischer Maler, Bildhauer, Architekt, Naturforscher und Ingenieur aus dem Ort Vinci. Sein Wissensdrang umfasste so viele Gebiete, dass er oft als „Universalgelehrter" bezeichnet wird. Nachts untersuchte Leonardo in einem Krankenhaus in Florenz Leichen, weil er wissen wollte, wie der menschliche Körper funktionierte. Das Aufschneiden von Leichen zu Forschungszwecken war für viele Menschen damals undenkbar. Leonardo verfasste Studien zum inneren Aussehen des menschlichen Körpers, fertigte Landkarten an und entwickelte mathematische Formeln. Berühmt wurde er auch durch sein Talent als Zeichner. Er bemühte sich um eine möglichst detailgenaue Abbildung der Natur und ihrer Gesetze. Zahlreiche Skizzen zeigen bereits Flugobjekte. Berühmt sind seine Gemälde „La Gioconda" (deutsch: Mona Lisa) oder „Das letzte Abendmahl". Über 6000 Zeichnungen und 100 000 teilweise winzige Skizzen sind erhalten geblieben. Leonardo arbeitete im Dienst verschiedener Fürsten und des Papstes in mehreren Städten Italiens.

M 3

Leonardo da Vinci, Skizze eines Fluggeräts, um 1490. In der Skizze ist bereits eine ähnliche Funktionsweise wie bei einem modernen Hubschrauber zu erkennen.

1 Wähle eine der Zeichnungen Leonardos (M1–M3) aus. Erkläre, welche Absicht Leonardo wohl mit der Zeichnung verfolgte. Nutze den Personenkasten und den **Wortschatz**. Beginne zum Beispiel so: *Leonardo zeichnete …, um den menschlichen Körper …*

2 **Wähle eine Aufgabe aus:**

a) Bis heute gilt Leonardo da Vinci als ein Genie. Begründe mithilfe dieser Seite, warum.

b) Beurteile, inwiefern Leonardos Arbeiten zu einer Veränderung des Menschen- und Weltbildes führten.

Wortschatz: ein Fötus im Mutterleib • die Anatomie des menschlichen Körpers untersuchen • die Wirkung von Luftströmungen zeigen • Naturgesetze erklären

Station 5: Warum wurden Menschen als „Hexen" verfolgt?

M 1

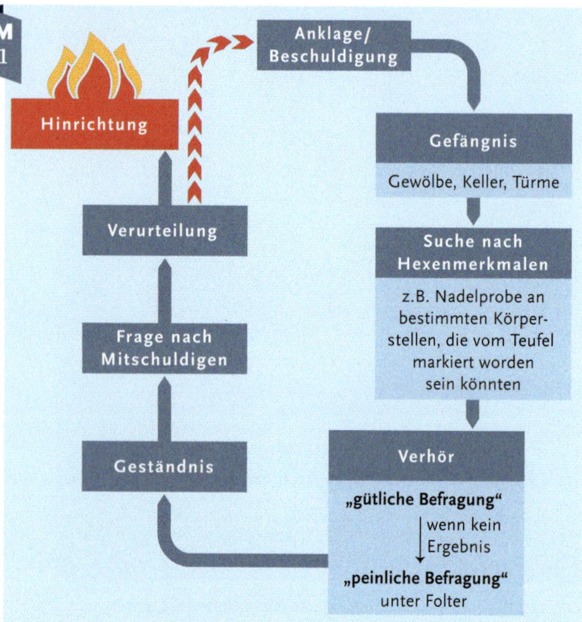

Verlauf der Hexenprozesse

M 2

Der Teufel entführt eine Hexe. Holzschnitt, 1555

Hintergründe der Hexenverfolgung

Heute tauchen Hexen nur in Filmen, Serien und Märchen auf, in der Frühen Neuzeit galten sie jedoch als real. Obwohl die Frühe Neuzeit und die Renaissance vielfach als Epoche des Fortschritts erscheinen, zeigen die Hexenverfolgungen aber ein dunkleres Bild jener Zeit. Forscher schätzen, dass zwischen 1400 und 1800 in Europa über 50 000 Menschen als Hexen verfolgt, verurteilt und getötet wurden. Die meisten Hexenprozesse fanden in deutschsprachigen Gebieten statt.
Für viele Menschen des Mittelalters und der Frühen Neuzeit gehörten Zauberei und Aberglaube fest zum Weltbild. In Rechtsbüchern gab es seit dem Mittelalter den Tatbestand des sogenannten „Schadenszaubers". Damit war gemeint, dass Menschen anderen Menschen mithilfe des Teufels durch Magie Schaden zufügen konnten. Beschuldigte wurden in einem Hexenprozess verurteilt und auf dem Scheiterhaufen verbrannt.

cornelsen.de/webcodes
Code: gugasi
Hexenverfolgung

Motive der Hexenverfolgungen

Bereits im Mittelalter ging die Kirche davon aus, dass Hexerei auf einen Pakt mit dem Teufel zurückzuführen sei. Deshalb musste sie bekämpft werden. Beim Auftreten von Seuchen wie der Pest, bei Hungersnöten oder Fehlgeburten wurden oft Menschen wegen „Hexerei" angeklagt. Zahlreiche Forscher sehen in der langen Kälteperiode und den ausfallenden Ernten zwischen dem 15. und dem 18. Jahrhundert („kleine Eiszeit") einen Grund für die vielen Prozesse. Auch Neid oder Streit zwischen Nachbarn führten zu falschen Beschuldigungen. Schriften wie der „Hexenhammer" von 1486 oder das „Tractat von Bekanntnuß der Zauberer und Hexen" (1590) beschrieben, wie Hexen zu erkennen seien und wie dagegen vorgegangen werden solle.
In der Frühen Neuzeit spielte die Kirche bei den Verfolgungen keine große Rolle mehr. Die Hexerei war nach weltlichem Recht strafbar. In Hexenprozessordnungen wurde der Ablauf eines Prozesses, wie die sogenannte „peinliche Befragung" (= Folter), geregelt. Wenn unter Folter Namen anderer „Hexen" genannt wurden, kam es zu weiteren Prozessen.

Wortschatz: sich von Motiven leiten lassen • ein Unheil abwenden • der Hexerei beschuldigt werden • jemanden für schuldig befinden • jemanden eines Verbrechens überführen • jemanden zum Tode verurteilen

Das Ende der Hexenprozesse

Von Anfang an gab es Kritik gegenüber den Hexenprozessen und ihren Methoden. Der Priester Friedrich Spee kritisierte bereits 1631 in seiner Schrift „Cautio Criminalis“ die Foltermethoden. Er prägte die Aussage „Die Folter macht die Hexe“. Es sollte aber noch bis 1700 dauern, bis die Verfolgungen massiv zurückgingen, da immer weniger Menschen an Magie und Zauberei glaubten. 1775 kam es zum letzten Mal zur Verurteilung einer „deutschen Hexe“ in Bayern.

M 3

Der Fall der Alheit Snur aus Langenhagen:
1641 erkrankte in der Calenberger Neustadt in Hannover der Arzt Joachim Läger an einem mysteriösen Leiden. Immer wieder litt er unter unerklärlichen und heftigen Schmerzen im Gesicht, an Krämpfen und Beschwerden an den anderen Körperteilen. Als in der Nachbarschaft Gerüchte laut wurden, die Kinderfrau der Familie Läger, Alheit Snur, würde Hexerei betreiben, fasste auch Läger einen Verdacht: Seine Krankheit hatte begonnen, kurz nachdem er die ältere Dame eingestellt hatte – vermutlich hatte sie ihn aus Rache verhext, weil sie mit ihm als Arbeitgeber unzufrieden war. Alheit Snur wurde entlassen und 1647 der Hexerei angeklagt. Ein Gericht in Langenhagen bei Hannover versuchte nun zu beweisen, dass die ehemalige Kinderfrau ihren Dienstherrn durch bösartige Zauberei vergiftet hatte. Der Prozess sorgte in Hannover für großes Aufsehen, da auch viele ehemalige Nachbarn befragt wurden. Alheit Snur stritt die Vorwürfe zunächst ab und unterzog sich freiwillig einer Wasserprobe – die jedoch ihre Unschuld nicht beweisen konnte. Später gab sie unter Folter zu, Läger mithilfe des Teufels krankgezaubert zu haben. Außerdem benannte sie eine weitere Frau, die ihr bei den Hexereien geholfen haben soll. Beide Frauen wurden 1648 zum Tode verurteilt, die eine vom Scharfrichter erst erwürgt, die andere geköpft und beide dann verbrannt. Dies galt als gnädigere Form der Hinrichtung.

Verfassertext.

M 4

Der Arzt Joachim Läger berichtete später für andere Gelehrte über seine unerklärliche Krankheit. Darin enthalten sind auch Schilderungen des Hexenprozesses gegen Alheit Snur:
Die Hexe war bereits über sechzig Jahre alt. [...] In ihrer Heimat Langenhagen bei Hannover, wo sie gefangen und schließlich verbrannt wurde, gestand sie, nachdem man in ihrem Haus einen Trank gefunden hatte, dass ihr der Teufel ein schwarzes Pulver [...] überreicht habe, welches [...] die Ursache so großer Qualen sei. Sie wurde befragt, auf welche Weise dieses Pulver so stark und dauerhaft wirksam sein könne und warum es in so unbestimmten Abständen schwäche. [...] Sie versicherte beständig und fest, dass [die Krankheit] keine andere Ursache habe als die Einnahme jenes Pulvers und dass sie es vom Teufel bekommen habe. Als sie aber schärfer angegriffen und durch Drohungen sowie durch die Furcht vor der Folter erschreckt wurde, erklärte sie, es sei durch die Kunstfertigkeit des Satans geschehen, doch wie er diese Kunst zustandegebracht habe, konnte weder durch scharfe Worte noch durch die Bedrohung mit der Folter erzwungen werden. Dies war auch der Grund dafür, warum sie einer zweiten Folter unterzogen wurde [...].

*Zit. nach Claudia Kauertz, Der „verhexte“ Arzt: Dr. Joachim Läger und die letzte Hexenhinrichtung in Hannover (1648), in: Hannoversche Geschichtsblätter, herausgegeben im Auftrag der Landeshauptstadt Hannover, Redaktion: Stadtarchiv Hannover, Neue Folge, Band 64, 2010, S. 135–153.***

1 Arbeite die Hintergründe und Motive der Hexenverfolgung aus dem Darstellungstext heraus. Nutze dazu den **Wortschatz**. **Tipp** → S. 151.

2 Erkläre mithilfe des Darstellungstextes die Aussage der Bildquelle M2.

3 **Wähle eine Aufgabe aus:**

a) Arbeite heraus, wie es zur Anklage der Hexen kam, was typische Anklagepunkte waren und wie das Verhör verlief (M1, Darstellungstext). ▶ Hilfe

b) Erkläre die Aussage „Die Folter macht die Hexe“ unter Einbeziehung von M3 und M4.

4 Erläutere am Beispiel des Arztes Joachim Läger, warum auch Gelehrte in der Frühen Neuzeit noch an Hexerei glaubten (Darstellungstext, M3, M4).

Zusatzaufgabe → S. 148.

Station 6: Wie unterschied sich die Kunst der Frühen Neuzeit von der des Mittelalters?

M1

Bild eines Mannes aus dem Ritterstand und der von ihm verehrten Dame, Codex Manesse, entstanden zwischen 1300 und 1340

M2

Die Arnolfini-Hochzeit, Gemälde von Jan van Eyk, 1434. Das Paar gehörte zu einer bedeutenden italienischen Kaufmannsfamilie, die Niederlassungen in Brügge im heutigen Belgien hatte. Das Gemälde zeichnet sich durch die realistische und detailreiche Darstellung von Mensch und Raum und deren Proportionen aus. Der Maler nutzt Licht und Schatten, um die Tiefe und Dimensionen des Raumes darzustellen. Folgende Symbole hat der Maler verwendet: Die Farben Weiß und Blau stehen für Unschuld und Reinheit; die Darstellung einer Schwangerschaft war ein allgemeiner Hinweis auf Fruchtbarkeit; Hunde symbolisieren Treue; der damals sehr teure Glasspiegel und die Kleidung des Mannes mit Pelz zeigen den Reichtum der Familie.

1 a) Vergleiche die Bildquellen M1 und M2 und stelle Gemeinsamkeiten und Unterschiede gegenüber.
b) Charakterisiere auf Grundlage des Vergleichs, wie sich die Kunst in der Frühen Neuzeit verändert hat.

2 Wähle eine Aufgabe aus:
a) Nenne mögliche Gründe, warum sich das Paar der Familie Arnolfini in einem Gemälde (M2) auf diese Art und Weise darstellen ließ.
b) Erkläre, welche neue Möglichkeit der Darstellung sich für das Paar der Familie Arnolfini (M2) durch das neue Verständnis von Kunst ergab.

Wortschatz: Das Aussehen der Menschen unterscheidet sich … • Der Bildhintergrund wurde in der Renaissance im Vergleich zum Mittelalter … dargestellt. • Die Bilder erhalten ab der Renaissance … und wirken daher …

Wahlstation 7: Was sind „Medienrevolutionen“?

Neues Denken durch neue Medien?

In der Menschheitsgeschichte werden bedeutende Neuerungen, die zu grundlegenden Veränderungen führen, als Revolutionen* bezeichnet. Die erste Medienrevolution war die Entwicklung der menschlichen Sprache, die zweite die Erfindung von Schrift in Mesopotamien, China und im alten Ägypten. Auf Stein, Ton, Häuten, Wachs, Papyrus und später auf Papier konnten Geschichten, Rechnungen oder Verträge festgehalten werden. Die Schriftzeichen waren nur für diejenigen verständlich, die sie nach langer Übung erlernt hatten. Als dritte Medienrevolution gilt die Buchdrucktechnik im 16. Jahrhundert. Mit ihr konnte Wissen vervielfältigt und verbreitet werden. Die vierte Medienrevolution erfolgte um 1900 durch die Erfindung der drahtlosen Telegrafie und des Telefons. Weitere Erfindungen wie Schallplatten, Tonbänder, Fotoapparate und Filmkameras weiteten die Speichermöglichkeiten von Informationen aus und führten zu neuen Formen der Kunst. Die Einführung von Computern, Smartphones und des Internets gilt als bislang letzte Medienrevolution. Soziale Netzwerke und die Digitalisierung haben als Folge seit den 1990er Jahren viele Lebensbereiche und den Alltag grundlegend verändert.

M 1 **Der Journalist Constantin Wißmann über Wikipedia (2009):**

Irgendwann kam den Wikipedia-Gründern die Idee, das Nachschlagewerk für die Masse zu öffnen und dafür „Wiki“-Software („wiki“ heißt auf Hawaiianisch „schnell“) zu benutzen, die das leichte Editieren von Webseiten ermöglicht ... Es ist ohne Frage das umfassendste Wissensprojekt der Geschichte, bei dem ... im Prinzip jeder mitmachen kann ... Ein anderer entscheidender Unterschied: Während andere Nachschlagewerke Fehler erst ... in einer späteren Ausgabe korrigieren können, reagiert Wikipedia sofort. Es dauert im Schnitt drei Stunden, bis erkannte Fehler korrigiert werden. Und auch in puncto Aktualität setzt Wikipedia Maßstäbe, weil Neuigkeiten sofort hinzugefügt werden.

*Constantin Wißmann, Was wisst ihr denn schon?, in: Fluter Nr. 31/2009, hg. v. Bundeszentrale für politische Bildung, S. 45 f.***

1 Arbeite heraus, wodurch sich die im Darstellungstext genannten Medienrevolutionen jeweils auszeichneten. Nutze den **Wortschatz**.

2 Erläutere am Beispiel von M1, wie das Internet die Art der Wissensvermittlung verändert.

3 Nimm Stellung zum Einsatz des neuen Mediums „Himmelsaugen“ in chinesischen Schulen (M2).

M 2 **Der Journalist Kai Strittmatter über den Einsatz des neuen Mediums „Himmelsaugen“ in chinesischen Schulen (2018):**

Die Mittelschule Nr. 11 in Hangzhou fing sich begeisterte Presseberichte ein, als sie in sämtlichen Klassenzimmern „Himmelsaugen“ installieren ließ, die jeden Schüler unablässig im Blick haben. „Es sind allwissende Augen, denen nichts entgeht. Sobald einer einnickt oder mit den Gedanken abschweift, wird das auf der Stelle von der Gesichtserkennung erfasst“, hieß es in einem Artikel. Dem Artikel zufolge erfassen die Kameras nicht nur auf die Minute genau, wie oft in acht Schulstunden eines Tages ein Schüler nicht bei der Sache war, „sie analysieren auch Mimik und Gemütszustand, also ob einer fröhlich, traurig, ärgerlich oder widerwillig ist, und senden die Daten direkt ans Terminal, das die Lerneinstellung der Schüler analysiert ... Ein Schüler namens Xiao Qian gibt zu, dass er früher, in den Stunden, die er nicht so mochte, gern auch ein wenig faul war: „Da hat man die Augen geschlossen oder heimlich in einem anderen Schulbuch geblättert.“ Das ist mit den Himmelsaugen vorbei. Nun fühlst du unablässig den Blick eines Paares geheimnisvoller Augen auf dir ruhen, da wagt es keiner mehr, kurz abzuschweifen.

*Kai Strittmatter, Die Neuerfindung der Diktatur, München (Pieper) 2018, S. 167.**

Wortschatz: die Medienrevolution • die Digitalisierung • die Vermittlung von Wissen • etwas wird auf Papier festgehalten • Fehler werden korrigiert

Historische Karten analysieren

Historische Karten sind Quellen. Aus diesen Quellen erfahren wir etwas über die damaligen Vorstellungen der Menschen von der Welt: Wie sah das geografische Wissen im Mittelalter und in der Frühen Neuzeit aus? Wie lässt sich feststellen, dass sich die Kenntnisse über Erde und Meere erweiterten? Um dies herauszufinden, werden historische Karten als Quellen herangezogen.

- *Die Arbeitsschritte helfen dir, historische Karten zu analysieren.*

M 1

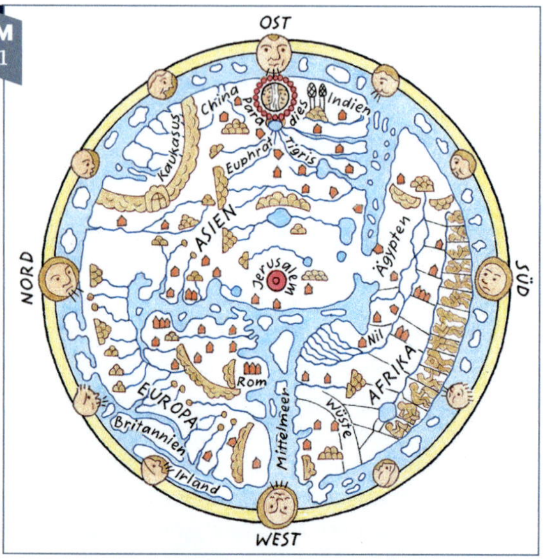

Nachzeichnung (links) einer christlichen mittelalterlichen Weltkarte aus einem englischen Gebetbuch (um 1260). Rechts ist das Original zu sehen. Du arbeitest hier nur mit der Nachzeichnung links. Im Zentrum der Karte befindet sich Jerusalem, von wo aus die Entwicklung des Christentums seinen Anfang nahm. In der Karte befindet sich der Osten oben, da hier das Paradies vermutet wurde.

M 2

Weltkarte des Geografen Muhammad al-Idrisi aus dem Jahre 1154 (hier aus einem Buch aus dem Jahr 1472, Größe 20 cm).
Der muslimische Wissenschaftler fertigte die Weltkarte in einer Größe von 3,50 x 1,50 Meter an. Das Original ist verloren gegangen. Idrisi zeichnete diese Karte für König Roger II. von Sizilien, an dessen Hof er 18 Jahre arbeitete. Der Süden liegt oben und der Norden unten. Du kannst das Buch für die heute übliche Darstellung (Norden oben) drehen.
Im Zentrum der Karte befindet sich die Arabische Halbinsel, wo der Islam entstand.

Arbeitsschritte „Historische Karten analysieren“

Karte und Kartografen einordnen	Sprachliche Formulierungshilfen
1. Wann und wo ist die Karte entstanden?	• *Die Karte M1 ist ... entstanden.*
2. Wer ist der Kartograf?	• *Der Kartograf ist ...*
3. Ist ein besonderer Anlass für die Zeichnung der Karten bekannt? War es eine Auftragsarbeit?	• *Der Auftraggeber der Karte M1 ist unbekannt.*
Kartenelemente beschreiben und deuten	
4. Wie lautet das Thema der Karte und wo sind die Himmelsrichtungen angegeben?	• *Die Karte M1 ist eine sogenannte „Weltkarte“. Sie stellt die Welt dar, wie die damaligen Zeichner sie kannten. Bei heutigen Karten liegt der Norden immer oben, während in M1 die Himmelsrichtungen ...*
5. Welche Gebiete/Kontinente werden dargestellt?	• *Die Karte zeigt die drei Kontinente: E..., A... und A...* • *M1 enthält bestimmte Ortsnamen und das „Paradies“. Die Karte zeigt die christlichen Vorstellungen der Welt im Mittelalter, denn in der Mitte der Welt liegt die Stadt ...* • *...*
6. Welche Angaben macht die Karte zu Flüssen, Meeren, Bergen und Orten?	• *In Europa benennt die Karte die beiden Länder ... Die einzige Stadt in Europa ist ...* • *In Asien wird das Gebirge Kaukasus dargestellt, außerdem die beiden Flüsse ... und die Länder ...* • *Auf dem afrikanischen Kontinent erkennt man nur ...* • *...*
7. Welches Bild von der Welt lässt sich der Kartendarstellung entnehmen?	• *Die Vorstellung der Welt ist bei M1 von den Vorstellungen der Christen des Mittelalters geprägt. Dies wird deutlich durch ...* • *...*

(die) Historische(n) Karten
Die Geschichtswissenschaft unterscheidet zwischen Geschichtskarten und historischen Karten. Geschichtskarten zeigen aktuelle Ergebnisse der Geschichtswissenschaft. Historische Karten dagegen sind in der Vergangenheit entstanden und geben als Quellen Aufschluss über das geografische Wissen vergangener Zeiten.

1 Analysiere die historische Karte M1 mithilfe der Arbeitsschritte. Nimm die sprachlichen Formulierungshilfen in der rechten Spalte zu Hilfe und ergänze sie an den entsprechenden Stellen (...).

2 Analysiere anschließend die historische Karte M2 mithilfe der Arbeitsschritte.

3 Bearbeite folgende Fragen:
a) Vergleiche die Karten M1 (rechts) und M2 und stelle Gemeinsamkeiten und Unterschiede gegenüber.
b) Erkläre, welche Karte aus heutiger Sicht „brauchbarer“ ist.

cornelsen.de/webcodes
Code: witine
Kopiervorlage Methodentabelle

Größere Schiffe, bessere Instrumente

Bis in die Frühe Neuzeit fuhren Schiffe in Europa nur in Küstennähe. Fahrten über Ozeane waren erst durch das neue Wissen der Renaissance und technische Hilfsmittel möglich.

- ***Welche Erfindungen veränderten die Seefahrt und dadurch auch die Kenntnisse vom Bild der Erde?***

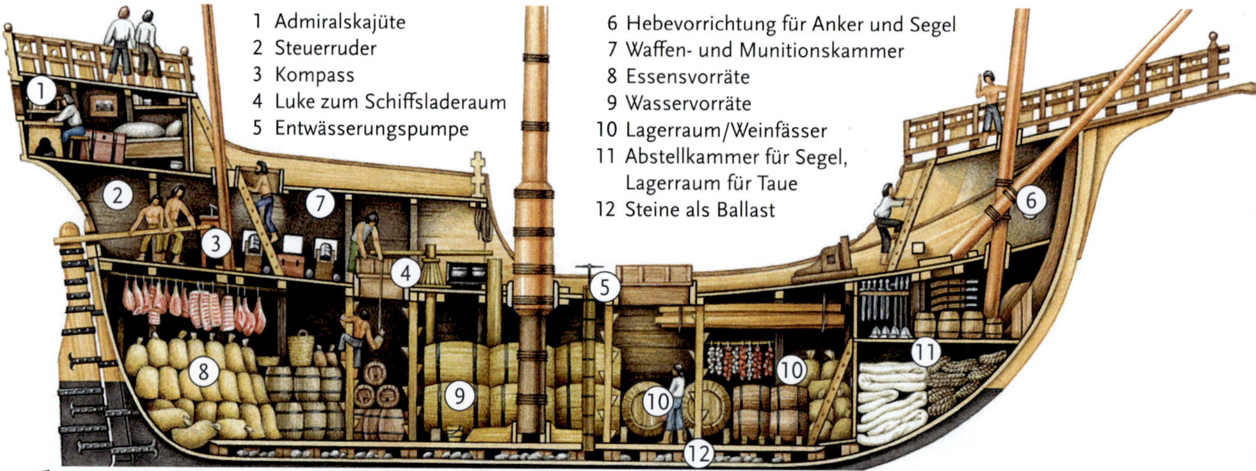

M 1 *Ansicht der „Santa Maria", das Schiff des Kolumbus, Rekonstruktionszeichnung. Die „Santa Maria" war ca. 24 m lang und ca. 8 m breit. Die Besatzung bestand aus 39 Mann. Für lange Seereisen nahmen die Seefahrer vor allem folgende Lebensmittel mit an Bord: in Salz und Gewürze eingelegtes Fleisch, Hartwurst, getrocknete Hülsenfrüchte, Zwiebeln, Mehl, Wasser, Wein, Schiffszwieback (harte Kekse) und Öl.*

M 2

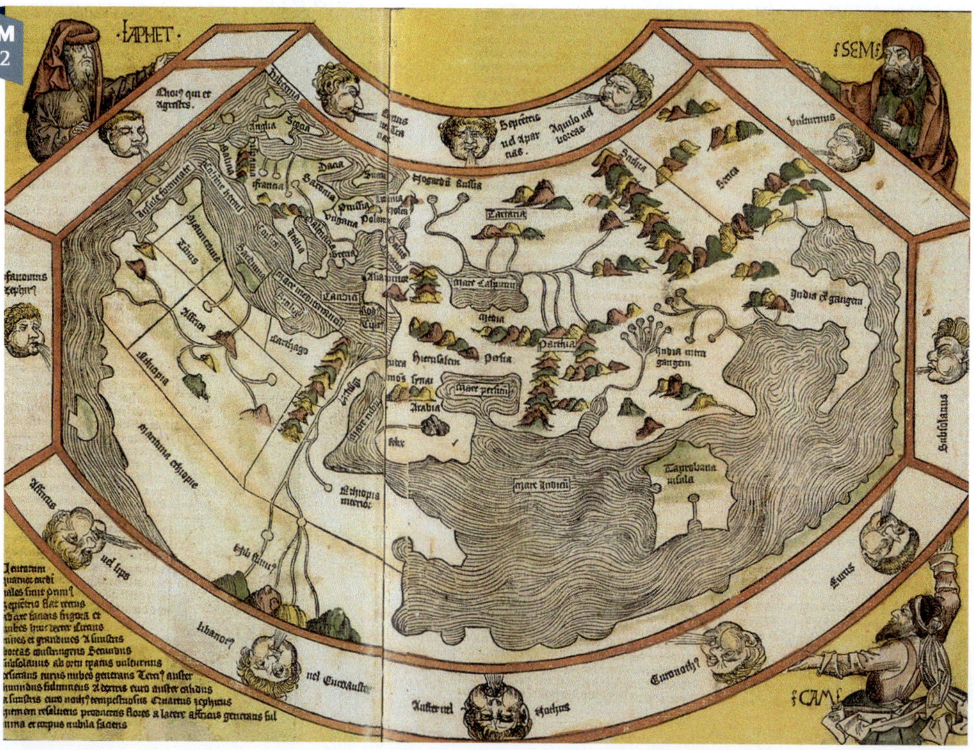

Hartmann Schedel (1440–1514) war ein humanistischer Gelehrter. Er lebte als Arzt in Nürnberg und stellte eine umfangreiche Weltgeschichte mit 2000 Holzschnitten zusammen. Die hier abgebildete Weltkarte stammt aus dem Jahre 1493 und zeigt die damals bekannten drei Kontinente. Zwei Nürnberger Kaufleute hatten die Karte in Auftrag gegeben.

M3

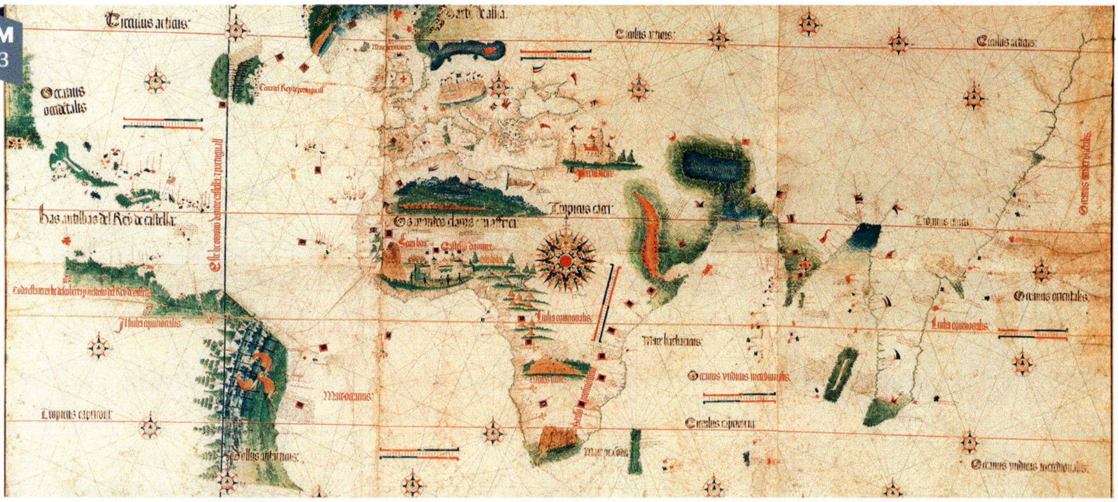

Weltkarte des Portugiesen Alberto Cantino (218 x 102 cm), entstanden 1502. Die Karte verzeichnet alle Kenntnisse, die portugiesische Seefahrer bei der Umrundung Afrikas auf der Suche nach einem Seeweg nach Indien sammelten. Erstmals eingezeichnet ist die brasilianische Küste, die zwei Jahre zuvor vom portugiesischen Kapitän Pedro Álvares Cabral entdeckt worden war.

Schifffahrten in unbekannte Gebiete

Die Fahrt auf hoher See und in unbekannte Gebiete wurde erst durch technische Neuerungen möglich. Solange die Seefahrer in Europa und an der Küste Afrikas an bekannten Gewässern entlang fuhren, konnten sie mithilfe der vorhandenen Karten und Orientierungspunkte an Land navigieren. Die Seefahrer der Frühen Neuzeit nutzten jetzt Instrumente wie Astrolabium (M5) und Quadrant, um die Position ihres Schiffes auf hoher See mithilfe der Sterne oder des Sonnenstandes zu bestimmen. Nur so konnten die Seefahrer einen Kurs halten. Beide Instrumente waren bereits in der Antike bekannt und gelangten durch islamische Gelehrte nach Europa. Ein neuer Schiffstyp, die Karavelle, war stabiler und besser für Fahrten auf hoher See geeignet. Diese Schiffe, mit denen auch Kolumbus segelte, hatten Segel, die sie besonders schnell machten und mit denen man auch in schwierigen Windverhältnissen den Kurs halten konnte.

M4 *Astrolabium, Foto, 16. Jh. Mithilfe dieses Instruments konnten die Himmelsbewegungen nachgestellt und die Position von Sternen berechnet werden. Dadurch konnte auf hoher See die Position der Schiffe ermittelt werden.*

1 Wähle eine Aufgabe aus:

a) Der erste Offizier empfängt die Matrosen. Nenne Anweisungen, wie die Matrosen an Bord arbeiten sollen und wie die Vorräte zu lagern sind (M1).

b) Zähle auf, zu welchen Problemen es auf dem Schiff (M1) gekommen sein könnte. Nutze jeweils den **Wortschatz**. ▸ Hilfe

2 Erkläre, welche Entwicklungen die Entdeckungsreisen der Europäer erst ermöglichten (M4, Darstellungstext).

3 Partnerarbeit:

a) **Methode:** Analysiert arbeitsteilig die Karte M2 und M3. Nutzt die Arbeitsschritte auf S. 105. ▸ Hilfe

b) Vergleicht die beiden Karten hinsichtlich Gemeinsamkeiten und Unterschieden.

c) Begründet, inwiefern die Karte M3 als Beleg für die Veränderung des Weltbildes durch die Seefahrt gelten kann.

Wortschatz: ein Segel wird gehisst oder gesetzt • ein Segel wird eingeholt oder zusammengerollt • Lebensmittelvorräte halten • die Vorräte lagern • an Deck • unter Deck • ein Schiff navigieren oder lenken

Welche Motive gab es für die Entdeckungsfahrten?

Lange Reisen auf hoher See waren mit großen Gefahren verbunden. Zudem waren die Ausstattung von Schiffen, die Bezahlung der Besatzungen und die notwendigen Vorräte kostspielig. Dennoch machten sich Seefahrer aus Portugal und Spanien auf in unbekannte Meere.

- *Untersuche, warum die Seefahrer aufbrachen und wie sie finanziell unterstützt wurden.*

M 1

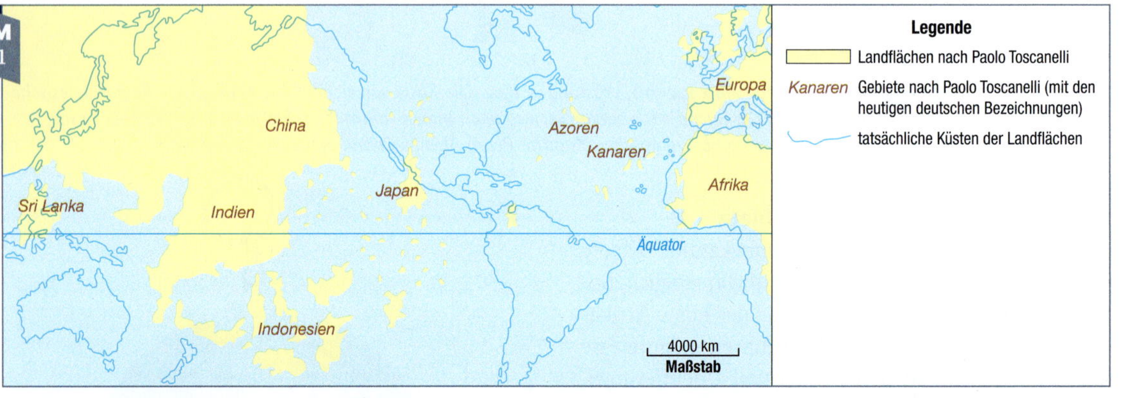

Die Lage der Kontinente nach Paolo Toscanelli (1397–1482). Der italienische Astronom und Kartograf glaubte daran, dass China und Indien von Europa aus schneller zu erreichen wären, wenn man Richtung Westen über den Atlantischen Ozean segelte.

Portugiesen umrunden Afrika

Nach der Eroberung Konstantinopels durch die Osmanen* 1453 wurden Luxuswaren aus Indien und Ostasien wegen der Zölle für die Europäer teurer. Als Erste suchten die Portugiesen neue Wege, um das Monopol der islamischen Händler für Gewürze zu durchbrechen. Pfeffer, Ingwer, Zimt, Koriander, Safran, Senf und Muskat waren in Europa begehrte Gewürze zum Verfeinern der oft eintönigen Speisen und galten als Luxusgüter. Auch die Apotheker brauchten Gewürzstoffe für die Herstellung von Medikamenten. Ein Mitglied der königlichen portugiesischen Familie, Heinrich der Seefahrer, versammelte aus vielen Ländern Europas die besten Fachleute im Süden Portugals: Astronomen, Kartenzeichner, Kapitäne und Schiffsbauer. Mit ihnen diskutierte Heinrich, der selbst nie zur See fuhr, die Möglichkeiten eines direkten Seeweges zu den Gewürzländern Asiens und nach Westafrika, wo es Goldvorkommen gab.

Entlang der Westküste Afrikas drangen daraufhin mehrere Expeditionen Richtung Süden vor. Im Jahr 1487 umsegelte Bartolomeu Diaz die Südspitze Afrikas. Vasco da Gama erreichte 1498 mithilfe arabischer Seeleute aus Ostafrika Indien. Gewürze, Gold und Elfenbein, aber auch Versklavte durften nur unter Aufsicht der königlichen Verwaltung Portugals verkauft werden, die ein Fünftel des Gewinns für den König behielt.

Im Namen des Christentums

Zum größten Konkurrenten des portugiesischen Königs wurden Königin Isabella von Kastilien und König Ferdinand von Aragón. Sie führten die christlichen Heere gegen das letzte islamische Königreich Granada im Süden der Iberischen Halbinsel. Nach der Rückeroberung (span. „Reconquista*“) im Jahre 1492 entstand durch die Hochzeit Isabellas und Ferdinands das neue Reich Spanien. Juden und Muslime mussten Spanien verlassen oder durch die Taufe zu Christen werden. Viele Jüdinnen und Juden flüchteten an die Küste des heutigen Griechenlands und der Türkei, die Muslime nach Nordafrika. Der Papst verlieh dem Herrscherpaar aus Anlass des Sieges gegen die Andersgläubigen

Wortschatz: die Karte zeigt ... • Die tatsächliche Lage der Kontinente wurde von Toscanelli ... eingeschätzt. • der amerikanische Kontinent • ein Monopol (= ein alleiniger Anbieter einer Ware) durchbrechen • Gewinne einbehalten • ein Heer anführen • den christlichen Glauben verbreiten

den Titel „Katholische Könige". Ritter aus Portugal und Spanien hatten den Auftrag, das Christentum in den neu eroberten Gebieten jenseits der Ozeane zunächst in Afrika und später in Amerika zu verbreiten.

Eine Idee wird Wirklichkeit

Mit der Beute aus der Eroberung des letzten islamischen Reichs auf der Iberischen Halbinsel in Granada rüsteten Königin Isabella und König Ferdinand drei Schiffe aus. Sie gewährten dem aus Genua stammenden Christoph Kolumbus (span. Cristóbal Colón) finanzielle Unterstützung, um einen Seeweg westwärts über den Atlantik nach Indien zu finden. Das Königshaus erhoffte sich dadurch Ruhm und Reichtum. Auch sollte damit die Kontrolle über den Handel und die Seewege nach Asien ausgebaut sowie das Christentum verbreitet werden.

M 2

Der Gelehrte Paolo Toscanelli schrieb an Christoph Kolumbus (um 1480):

Unzweifelhaft ist die Reise ehrenvoll und vermag unberechenbaren Gewinn und höchsten Ruhm in der ganzen Christenheit zu bringen ... Eine derartige Reise führt zu mächtigen Königreichen, berühmten Städten und Provinzen, die alles im Überfluss besitzen, was wir benötigen, auch alle Arten von Gewürzen in reicher Fülle sowie Edelsteine in großer Menge ... Die Fürsten und Könige, zu denen man gelang, dürften noch erfreuter sein, dass sie mit Christen unsrer Länder in Verbindung kommen, da viele von ihnen Christen sind, und auch weil sie mit gelehrten, geistvollen Männern von hier über die Religion und Wissenschaft sich werden unterhalten können.

*Zit. nach Eberhard Schmitt (Hg.), Dokumente zur Geschichte der europäischen Expansion, Bd. 2, Die großen Entdeckungen, München (C. H. Beck) 1984, S. 99.**

M 3

Aus dem Vertrag zwischen dem spanischen Königshaus und Kolumbus (17. April 1492):

Zum Ersten ernennen Eure Hoheiten als Herren über die genannten Ozeanischen Meere von heute an den genannten Don Cristóbal Colón [= Kolumbus] zu ihrem Admiral[1] über all jene Inseln und Festlande, die von ihm ... entdeckt und gewonnen werden ... Ferner ernennen Eure Hoheiten den genannten Don Cristóbal Colón zu ihrem Vizekönig und Generalgouverneur [= Verwalter] ... Des Weiteren wollen Eure Hoheiten, dass von allen ... Waren, die gekauft, getauscht, gefunden, gewonnen oder vorgefunden werden, ... Don Cristóbal Colón ... nach Abzug aller entstandenen Unkosten den zehnten Teil von allem für sich haben und einnehmen soll, ob es nun Perlen, Edelsteine, Gold, Silber, Gewürze oder irgendwelche anderen Dinge ... auch immer sind; ... wobei die übrigen neun Teile für Eure Hoheiten bleiben.

*Zit. nach Eberhard Schmitt (Hg.), Dokumente zur Geschichte der europäischen Expansion, Bd. 2, Die großen Entdeckungen, München (C. H. Beck) 1984, S. 106 f.***

[1] *Flottenchef/Befehlshaber*

1 Analysiere anhand von M1, über welche geografischen Kenntnisse die Seefahrer in Portugal und Spanien verfügten. Nutze den **Wortschatz**.

2 Erläutere die Motive der Könige und Seefahrer für die Durchführung der Entdeckungsfahrten (Darstellungstext, M2 und M3).

3 **Wähle eine Aufgabe aus:**

a) Erkläre die Bedeutung der Reconquista für die Entdeckungsfahrten des Kolumbus (Darstellungstext).

b) Erkläre in eigenen Worten, welchen Auftrag und welche Rechte Kolumbus vom spanischen Königshaus erhalten hatte (M3).

Zusatzaufgabe → S. 149.

Kartenanimation: *Seereisen der Entdecker*

Wie verlief das Zusammentreffen von Europäern und der indigenen Bevölkerung?

Der Seefahrer Christoph Kolumbus (ca. 1451–1506) gilt als Entdecker Amerikas. Dabei waren aber schon im 10. Jahrhundert Wikinger über Island und Grönland bis Nordamerika gelangt. Kolumbus brach 1492 mit drei Schiffen und 90 Seeleuten auf, um einen westlichen Seeweg nach Indien zu finden.

- *Untersuche das Zusammentreffen von Europäern und indigener Bevölkerung.*

M 1

Die Landung des Kolumbus auf der Insel Guanahani im Jahr 1492, kolorierter Kupferstich von Theodor de Bry, 1594. De Bry, der selbst nie in der „Neuen Welt" war, fertigte in seiner Werkstatt in Frankfurt ein Jahrhundert nach dem Ereignis aufgrund von Reiseberichten eine Serie von 346 Kupferstichen zur „Entdeckung der Neuen Welt" an. Er war calvinistischer Protestant und stand den katholischen Spaniern ablehnend gegenüber. Die Insel Guanahani gehört zur Inselgruppe der Bahamas und heißt heute San Salvador.

„Entdeckung" oder Eroberung?

Am 3. August 1492 trat Kolumbus vom Hafen Palos bei Sevilla in Südspanien seine Reise an. Unterwegs meuterten mehrmals seine Matrosen und wollten die Umkehr erzwingen. Der Kapitän setzte die Weiterfahrt durch. Am Morgen des 12. Oktober 1492 kam Land in Sicht. Kolumbus war sicher, eine Indien vorgelagerte Insel erreicht zu haben. Tatsächlich war er auf der Inselgruppe der Bahamas in der Karibik angelangt. Kolumbus taufte die Insel zu Ehren Gottes „San Salvador" (Heiliger Retter oder Erlöser). Er ließ die spanische Flagge hissen und nahm das Land im Namen der spanischen Krone in Besitz. Nach damaligem Verständnis in Europa waren Länder, in denen keine Christen lebten, „Niemandsland". Die ersten Kontakte mit den Einheimischen verliefen friedlich. Das neu entdeckte Land nannte Kolumbus die „Westindischen Inseln" und seine Einwohner „Indios". Danach unternahm Kolumbus drei weitere Fahrten in die „Neue Welt", wie die entdeckten Gebiete nun genannt wurden.

Die Ausbeute an Gold und Gewürzen blieb gering, später wurden reiche Silbervorkommen gefunden. Kolumbus starb 1506 im Glauben, unbekannte Küsten Indiens entdeckt zu haben. Erst als klar war, dass es sich um einen neuen Kontinent handelte, erhielt dieser nach dem Vornamen des Seefahrers Amerigo Vespucci aus Florenz den Namen „Amerika". Mit dem Rivalen Portugal schloss Spanien 1494 den Vertrag von Tordesillas, der eine Teilung der Welt in zwei Interessengebiete vorsah (siehe die gestrichelte Linie auf der Karte M1 auf S. 90). Nach Kolumbus eroberten spanische „Konquistadoren" (Eroberer) große Gebiete Mittel- und Südamerikas. Ihnen folgten immer mehr Siedler aus Europa und zahlreiche Missionare*, die den aus Sicht der Spanier Ungläubigen den christlichen Glauben und europäische Sitten aufzwangen. Mit den Europäern kamen auch in Amerika unbekannte Krankheiten in die „Neue Welt", an denen in der Folgezeit Millionen Einheimische starben.

Wortschatz: eine Reise antreten • die Matrosen meutern (= sie lehnen sich gegen den Kapitän auf) • eine Flagge hissen • Land im Namen des Königs in Besitz nehmen • jemandem seinen Glauben aufzwingen

M2

Aus dem Bordbuch von Kolumbus, Eintrag für Freitag, den 12. Oktober 1492:

Um zwei Uhr morgens kam das Land in Sicht ... Dann ... warteten [wir] bis zum Anbruch des Tages, ... an welchem wir zu einer Insel gelangten ... Dort erblickten wir ... nackte Eingeborene. Ich begab mich ... an Bord eines mit Waffen versehenen Bootes an Land. Dort entfaltete ich die königliche Flagge ... Ich rief die beiden Kapitäne und auch all die anderen, die an Land gegangen waren, ... zu mir und sagte ihnen, durch ihre persönliche Gegenwart als Augenzeugen davon Kenntnis zu nehmen, dass ich im Namen des Königs und der Königin, meiner Herren, von der genannten Insel Besitz ergreife ... Sofort sammelten sich an jener Stelle zahlreiche Eingeborene der Insel an. In der Erkenntnis, dass es sich um Leute handle, die man weit besser durch Liebe als mit dem Schwert retten und zu unserem Heiligen Glauben bekehren könne, gedachte ich, sie mir zu Freunden zu machen, und schenkte also einigen unter ihnen rote Kappen und Halsketten aus Glas und noch anderen Kleinigkeiten von geringem Werte, worüber sie sich ... erfreut zeigten. Sie gehen nackend umher, so wie Gott sie erschaffen, Männer wie Frauen ...

*Christoph Kolumbus, Bordbuch, übers. v. Anton Zahorsky, München (Hugendubel) 2006, S. 35 ff.***

M3

Die spanischen Konquistadoren zwangen die Einheimischen zu Sklavenarbeit auf den Feldern, als Träger und in Bergwerken. Kolorierter Kupferstich von Theodor de Bry, 1594

Christoph Kolumbus (spanisch: Cristóbal Colón)

wurde 1451 in der italienischen Hafenstadt Genua geboren. Als Jugendlicher las er mit Begeisterung Reiseberichte. Ihn faszinierten die Erzählungen des venezianischen Kaufmanns Marco Polo, der auf dem Landweg nach China gereist war. Mit 23 Jahren zog Kolumbus als Vertreter eines Handelshauses aus Genua nach Lissabon. Von dort nahm er an portugiesischen Handelsfahrten längs der afrikanischen Küsten teil. Kolumbus war besessen von der Idee, westwärts segelnd nach Japan und China zu gelangen. Der Italiener Toscanelli berechnete die Entfernung auf 4445 Kilometer; tatsächlich sind es 19 631 Kilometer. Hartnäckig suchte Kolumbus nach Geldgebern für sein Vorhaben. Der portugiesische König lehnte ab. Das spanische Königspaar stellte Geld zur Verfügung. Am 3. August 1492 stach Kolumbus mit drei Schiffen in See – die erste von seinen insgesamt vier Entdeckungsfahrten in die Neue Welt begann.

1 **Methode:** Werte M1 mithilfe der Arbeitsschritte „Eine Bildquelle analysieren" auf S. 27 aus.
▸ Hilfe

2 Nenne mithilfe des Darstellungstextes die wichtigsten Etappen bei der Entdeckung Amerikas.

3 **a)** Arbeite aus M2 heraus, was Kolumbus über die Ereignisse am Morgen des 12. Oktober 1492 in seinem Bordbuch berichtet.
b) Vergleiche, wie die erste Begegnung zwischen Europäern und Einheimischen in M1 und M2 dargestellt wird.

4 **Wähle eine Aufgabe aus:**
a) Analysiere, welche Motive der Eroberer in M3 in den Vordergrund gestellt werden. **Tipp** → S. 151.
b) Analysiere anhand von M1 und M3, wie sich das Verhältnis von Einheimischen und Entdeckern verändert hat.

5 Beurteile die Inbesitznahme der Insel und ihrer Bewohner als Eigentum der spanischen Krone aus damaliger Sicht und bewerte sie anschließend aus heutiger Sicht. Beginne so: *„Aus damaliger Sicht war die Inbesitznahme ..."* *„Aus heutiger Sicht jedoch ..., weil ..."* Nutze auch den **Wortschatz**.

Zusatzaufgabe → S. 149.

Video: *Kolumbus landet in Amerika*

Wer waren die Azteken?

Die Spanier trafen in der Neuen Welt auf drei bedeutende Kulturen: die Reiche der Azteken und der Mayas in Mittelamerika und das Reich der Inkas in Südamerika.

- ***Was die Kultur der Azteken auszeichnete, kannst du an einem Text (A) oder einem Bild (B) näher untersuchen.***

M 1

Aztekischer Goldanhänger mit der Darstellung eines Herrschers als Krieger, Höhe: 9 cm, 1200–1521

M 2

Gedenkstein mit aztekischen Schriftzeichen, um 1500. Forscher haben herausgefunden, dass die runden Symbole (Zahl drei) und die zwölf Eidechsen auf die Jahreszahl 1456 hindeuten. Zu dieser Zeit ging eine große Hungersnot zu Ende.

Die Azteken beherrschen Mittelamerika

Das Volk der Azteken oder Mexica (sprich: Meschika) lebte im Hochland des heutigen Mexiko und hatte viele andere Völker unterworfen. An der Spitze des Staates standen ein König und der höchste Priester. Die einzelnen Gesellschaftsschichten waren klar voneinander getrennt: Die adlige Herrenschicht, die sich durch Verdienste in der Armee, Politik und Verwaltung ausgezeichnet hatte, besaß viele Vorrechte. Bauern und Handwerker bildeten den größten Teil der Bevölkerung. Angebaut wurden vor allem Bohnen, Mais und Kürbisse. Die Kupfer- und Goldverarbeitung, Töpferei, Steinschneidekunst und Holzverarbeitung war hoch entwickelt. Eisen war jedoch unbekannt. Die bedeutendsten Gottheiten waren der Kriegsgott Huitzilopochtli (sprich: huitzipotschtli) sowie der Schöpfergott Quetzalcóatl. Die Hauptstadt Tenochtitlán besaß eine Reihe von Tempeln in Form von Pyramiden. Dort wurden Menschen, meist Kriegsgefangene, geopfert. Nur so konnten nach Auffassung der Azteken der Lauf der Sonne und der Fortbestand der Welt gesichert werden.

A

M 3

Der Hauptmann Bernal Díaz del Castillo, Soldat unter Hernán Cortés 1519, schrieb über Tenochtitlán (1568):

Unter meinen Männern befanden sich Soldaten, die viel von der Welt gesehen hatten: Konstantinopel, Rom, ganz Italien. Alle sagten, dass sie so eine riesige Stadt mit einer durchdachten Planung und so vielen Menschen noch nie gesehen hätten. Wir fanden zahlreiche Verkaufsstände und eine ausgezeichnete Ordnungspolizei ... Jede Warengattung hatte ihre Plätze. Da gab es Gold- und Silberarbeiten, Juwelen, Stoffe aller Art, Federn, Baumwolle und Sklaven [= Versklavte] ... Dann kamen die Stände mit einfacheren Waren, mit grobem Zeug, mit Zwirn (Faden) und Kakao zum Beispiel. Ganz Neu-Spanien bot hier seine Erzeugnisse an ... Da gab es Stoffe aus der Sisalpflanze, Seile und Strickschuhe ... Es gab rohe und gegerbte[1] Häute von Tigern, Löwen, Schakalen ... In den Ständen der Töpfer fanden wir von großen Keramikgefäßen bis zum kleinsten Nachttopf alles. Wir gingen an den Verkäufern von Honig, Honigkuchen und anderen Leckereien vorbei, an Möbel-, Holz- und Kohlehändlern ... [Ich habe] das Papier, die Röhren mit dem flüssigen Eukalyptusöl und mit dem Tabak, die wohlriechenden Salben und die Hallen mit Heilkräutern [gesehen] ... Es gab übrigens auch eine Art Marktgericht mit drei Richtern und mehreren Gehilfen, die für die Warenschau verantwortlich waren.

*Zit. nach Eberhard Schmitt (Hg.), Dokumente zur Geschichte der europäischen Expansion, Bd. 2, Die großen Entdeckungen, München (C. H. Beck) 1984, S. 328.***

[1] *bearbeitete*

1 Begründe, ob es sich bei M3 um eine Quelle oder um eine Darstellung handelt.

2 Arbeite aus M3 heraus, welche Kennzeichen einer Hochkultur Díaz in seinem Bericht anspricht. Lies dazu den Begriff „Hochkultur" im Lexikon nach.

B

M 4

Blick auf Tenochtitlán. Die Hauptstadt des Aztekenreichs lag in etwa 2240 Metern Höhe mitten in einem See. Sie war mit geschätzten 300 000 Einwohnern die größte Stadt des amerikanischen Kontinents. Heute befindet sich dort Mexiko-Stadt. Der mexikanische Künstler Diego Rivera malte den Markt und die Stadt im Jahre 1942 so, wie sie bei Ankunft der Europäer ausgesehen haben könnten (Wandgemälde im Regierungspalast von Mexiko-Stadt).

1 Begründe, ob es sich bei M4 um eine Quelle oder eine Darstellung handelt.

2 Analysiere mithilfe des Darstellungstextes das Gemälde M4 von Diego Rivera und beurteile, ob auf dem Gemälde eine „Hochkultur" dargestellt ist. Nimm das Lexikon zur Hilfe.

Aufgabe für alle:

a) Diskutiert die Frage der Überschrift und bezieht in eure Diskussion den Darstellungstext sowie M1 und M2 ein.

b) Beurteilt auf Grundlage eurer Ergebnisse, ob es sich bei der Kultur der Azteken um eine Hochkultur handelte. ▸ Hilfe

Die Eroberung der „Neuen Welt"

Auf dem Festland trafen Spanier und Portugiesen auf hochentwickelte Kulturen und Großreiche, die ihnen unschätzbare Reichtümer vor Augen hielten.

- ***Aus welchen Gründen eroberten und zerstörten Spanier und Portugiesen die altamerikanischen Hochkulturen?***

M 1

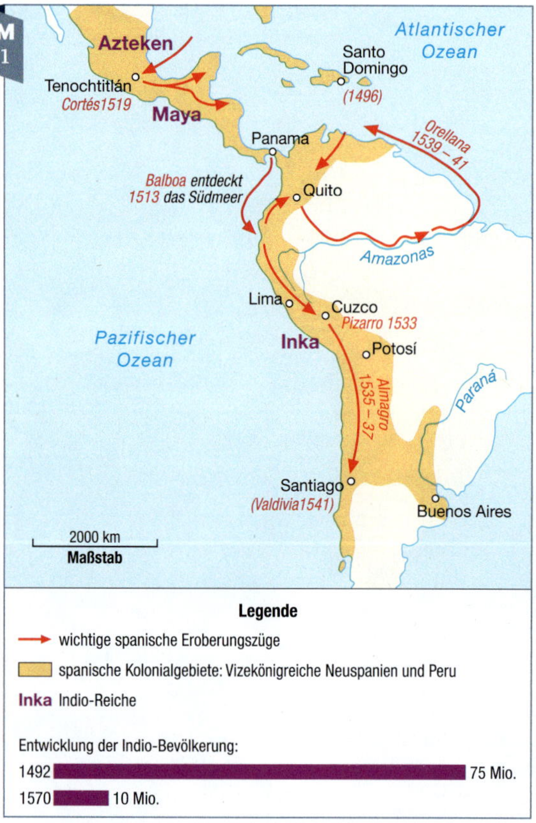

Spanische Eroberungen in Mittel- und Südamerika

Die Zerstörung des Aztekenreiches

Hernán Cortés sollte 1519 im Auftrag der spanischen Krone die mittelamerikanische Küste erforschen und nach Vorkommen von Gold und Silber suchen. Cortés hatte sich für seine Expedition hoch verschuldet. Seine Soldaten erhielten keine Bezahlung, stattdessen war ihnen ein Anteil an der erwarteten Beute versprochen worden. Daher gingen sie rücksichtslos vor und drangen immer tiefer in unentdecktes Gebiet vor.

Der aztekische Herrscher Moctezuma empfing die Spanier freundlich und ehrfürchtig, weil er in ihrem Eintreffen die Erfüllung einer göttlichen Prophezeiung sah: die Ankunft des Gottes Quetzalcoatl. Aussehen, Rüstung und Feuerwaffen der Fremden schienen dies zu bestätigen. Doch die Reichtümer der Azteken weckten bei den Spaniern die Gier nach Ruhm und Reichtum. Die Spanier nahmen den Herrscher der Azteken gefangen und verbündeten sich mit anderen eingeborenen Stämmen, die zuvor von den Azteken unterworfen worden waren. Die Gefangennahme ihres Oberhaupts führte zur Verwirrung unter den Azteken. Zudem hatten sie den Feuerwaffen der Spanier nichts entgegenzusetzen. Außerdem schwächten die aus Europa eingeschleppten Krankheiten wie Pocken, Masern, Grippe und Cholera die Einheimischen. Durch Epidemien* starben in den Jahrzehnten nach der spanischen Eroberung Millionen Menschen. Die Spanier zerstörten die Hauptstadt Tenochtitlán und bauten an gleicher Stelle Mexiko-Stadt (die heutige Hauptstadt von Mexiko). Die Azteken mussten Zwangsarbeit leisten, ihre Religion wurde unterdrückt und wertvolle Kunstgegenstände wurden wegen ihres Goldwerts eingeschmolzen. Somit wurde die Kultur der Azteken fast vollständig ausgelöscht. 1522 gab es das Aztekenreich nicht mehr. Die eroberten Gebiete gehörten ab 1535 zum neu gegründeten Vizekönigreich Neu-Spanien. Das Reich der Maya war zum Zeitpunkt der Ankunft der Spanier durch innere Kämpfe in Teilen bereits untergegangen.

Francisco Pizarro erobert das Inka-Reich

Ab 1532 eroberten spanische Truppen unter dem Befehl von Francisco Pizarro das Reich der Inka. Auch die Inka verfügten über eine starke Armee, die den rund 180 Spaniern mit ihren 30 Pferden zahlenmäßig weit überlegen war. Pizarro ließ den Inkakönig Atahualpa, der von seinem Volk als Sonnengott verehrt wurde, gefangen nehmen. Für seine Freilassung forderten die Spanier einen ganzen Raum voll mit Gold als Lösegeld. Obwohl das Gold von den Untertanen herbeigeschafft wurde, ließ Pizarro den Inkakönig töten. Dies brach den Widerstand der Inkas. Im Jahr 1542 gründeten die Spanier auf dem ehemaligen Territorium der Inkas das Vizekönigreich Peru. Die Spanier herrschten somit über weite Gebiete Mittel- und Südamerikas.

Wortschatz: sich für etwas hoch verschulden • ein Lösegeld für einen Gefangenen erhalten • den Widerstand der Bevölkerung brechen • die Gier nach Gold • die aus Europa eingeschleppten Krankheiten

M2

Azteken malten Anfang des 16. Jahrhunderts unter Aufsicht spanischer Missionare ihre Erinnerungen an die Ankunft der Spanier. Die Konquistadoren tragen Rüstungen und eine Fahne mit dem Heiligen Geist der Christen. Die Dolmetscherin Malinche und spätere Frau von Cortés steht bereit, das Gespräch zwischen Cortés und Moctezuma zu dolmetschen.

M3

Bericht eines aztekischen Augenzeugen über den Empfang der Europäer durch Moctezuma:

Die Azteken schenkten den Göttern [= Spanier] goldene Fahnen und goldene Halsketten. Als sie das Gold in ihren Händen hatten, brach Lachen aus den Gesichtern der Spanier hervor und ihre Augen funkelten vor Vergnügen. Wie Affen griffen sie nach dem Gold ... Als die Spanier sich im Palast eingerichtet hatten, fragten sie Moctezuma nach dem Staatsschatz aus. Sie bedrängten ihn hart. Als sie am Schatzhaus waren, zeigte man ihnen die Reichtümer. Vor Vergnügen fletschten die Spanier die Zähne wie die Tiere und beklopften einander vor Freude. Sie glaubten im Paradies zu sein, als ob es ihr Eigentum wäre und kein Raub.

*Miguel León-Portilla und Renate Heuer (Hg.), Rückkehr der Götter, aus dem Náhuatl von Angel Mará Garibay, dt. R. Heuer, Frankfurt a. M. (Vervuert) 1986, S. 23 ff.***

M4

Der Hauptmann Bernal Diaz del Castillo, der zu den Eroberern um Hernán Cortés gehörte, schrieb über die erste Begegnung von Moctezuma und Cortés:

Auf allen Türmen und Tempeln standen Zuschauer, der ganze See war dicht bedeckt mit überfüllten Booten. Aber was Wunder? Die Leute hatten ja noch nie Menschen unserer Art und Pferde gesehen. Wir marschierten wie im Traum durch diese Herrlichkeiten ... Als wir in dem großen Hof des Palastes ankamen, trat Moctezuma auf Cortés zu, fasste ihn an der Hand und führte ihn selbst in die für ihn bestimmten, reich geschmückten Gemächer. Dort hängte er ihm eine sehr kostbare goldene Kette um den Hals, deren Glieder aus fein gearbeiteten Krebsen bestand ... Cortés dankte dem Fürsten und Moctezuma verabschiedete sich mit den Worten: „Du und deine Brüder, ihr sollt euch wie in eurem eigenen Haus fühlen. Ruht jetzt von eurer weiten Reise aus!" Dann ging er in seinen Palast. Wir verteilten unsere Kompanien auf die vielen Gemächer, brachten die Geschütze in Stellung und teilten alles so ein, dass jeder Reiter und jeder Mann sofort kampfbereit waren.

*Zit. nach Denkwürdigkeiten des Hauptmanns Bernal Diaz del Castillo, unter Verwendung alter deutscher Übersetzungen, durchgesehen, neu bearb. und hg. von Georg A. Narciß, Stuttgart (Steingrüben) 1965, S. 238 ff.**

1 Nenne die heutigen Länder, die die Vizekönigreiche Neu-Spanien und Peru (M1) umfassten. Nutze dazu die Karte im Umschlag.

2 Vergleiche die Darstellung der Spanier in M3 und M4. Gehe dabei auf die Positionen der Autoren zu den Taten der Spanier ein.

3 **a) Methode:** Analysiere M2 mithilfe der Arbeitsschritte S. 27. ▸ Hilfe

b) Stelle dar, welchen Eindruck die abgebildete Situation bei dir erweckt.

c) Partnerarbeit: Diskutiert, was der Künstler mit dem Bild aussagen wollte.

4 **Wähle eine Aufgabe aus:**

a) Erkläre mithilfe des Darstellungstextes und M4, mit welcher Strategie den Spaniern die Unterwerfung der Großreiche gelang.

b) Charakterisiere mithilfe des Darstellungstextes und M3 die Haltung der Azteken gegenüber den Spaniern.

Nutze jeweils den **Wortschatz**.

5 Nimm aus heutiger Sicht Stellung zum Umgang der Spanier mit den Kulturen Mittel- und Südamerikas.

Auf Eroberung folgt Kolonialherrschaft

Im Anden-Gebirge in Bolivien liegt die Bergbaustadt Potosí. Sie gehört heute zum UNESCO Weltkulturerbe*. Dort können Besucher nachempfinden, unter welch elenden Bedingungen zehntausende Einheimische Silbererze abbauen mussten, um die Gier der Eroberer nach Edelmetall zu befriedigen.

- ***Welche Bedeutung hatte die Kolonialherrschaft für die dort lebenden Menschen und für die Europäer?***

M 1

Der Silberberg von Potosí, 16. Jh. Durch Zufall wurden 1545 Silbervorkommen im Cerro Rico (reicher Berg) im heutigen Bolivien auf 4100 Metern Höhe entdeckt. Bis 1660 trafen 16 800 Tonnen Silber in Spanien ein.

Aus Eroberern werden Kolonialherren

Wenige Jahrzehnte nach der „Entdeckung" Mittel- und Südamerikas herrschten die Spanier durch weitere Eroberungszüge über ein großes Kolonialreich. Die ersten spanischen Eroberer hatten nur die persönliche Bereicherung im Sinn. Im Jahr 1503 schuf Königin Isabella das System der „Encomienda" (spanisch: Anvertrauung). Wer sich als Konquistador Verdienste erworben hatte, erhielt ein Landgut mit der gesamten dort lebenden einheimischen Bevölkerung anvertraut. Auf den Gütern wurden vor allem Zuckerrohr, Tabak, Baumwolle und Mais produziert. Die Encomiendas funktionierten wie die Grundherrschaften im europäischen Mittelalter. Der Besitzer oder Encomendero (span. für Auftragnehmer) „besaß" zwischen 50 und 2 000 Einheimische, die für ihn arbeiten und Abgaben zahlen mussten. Die Einheimischen blieben zwar persönlich frei, waren aber zu lebenslanger Zwangsarbeit verpflichtet. Die einheimische Bevölkerung starb in großer Zahl an den Folgen von Überarbeitung, schlechter Ernährung und aus Europa eingeschleppten Krankheiten.

Die Haltung der katholischen Kirche

Die indigene Bevölkerung der eroberten Gebiete in Mittel- und Südamerika stand offiziell unter dem Schutz des spanischen Königspaares. Aber Europa war weit weg und niemand kontrollierte die oft brutale Behandlung der einheimischen Bevölkerung durch die Encomenderos. Alarmiert von den Berichten vieler Priester, formulierte Papst Paul III. eine Position für die katholische Kirche: Alle Indigenen seien zu Würde und Vernunft fähige Menschen und daher für den christlichen Glauben zu gewinnen. Rund 15 000 Missionare strömten in den beiden Jahrzehnten nach der Eroberung ins Vizekönigreich, insbesondere Mönche aus dem Orden der Dominikaner, Franziskaner und Jesuiten. Sie wurden als „Armee des Glaubens" zum wichtigsten Stützpfeiler der spanischen Kolonialverwaltung und Herrschaft, da sie bis in entlegene Gebiete katholische Gemeinden aufbauten. Zum Verteidiger der Rechte der Einheimischen wurde der Dominikanermönch und spätere Bischof von Chiapas in Mexiko, Bartolomé de las Casas.

Die Verwaltung Neu-Spaniens

Zwei spanische Vizekönige herrschten von den Hauptstädten Lima (Peru) und Mexiko-Stadt aus im Auftrag des spanischen Königspaares über die Kolonien. In Sevilla in Südspanien, dem bedeutendsten Hafen für die Seefahrten über den Atlantik, kamen die Schiffe aus Amerika mit Gold, Silber und den Produkten der Encomiendas an. Dort entstand mit dem „Indienrat" auch eine Verwaltungsbehörde, deren Mitarbeiter für alle Rechtsfragen, die Finanzen und die Missionierung der Kolonien verantwortlich waren. Wer nach Mittel- und Südamerika auswandern wollte, konnte in Sevilla eine Vermittlungsbehörde aufsuchen.

Wortschatz: sich persönlich bereichern durch ... • eine Encomienda, ein Encomendero • zur Zwangsarbeit verpflichtet sein • die Kolonialherrschaft • die Zerstörung der altamerikanischen Hochkulturen

M 2

Der Streit über den Umgang mit der einheimischen Bevölkerung im 16. Jahrhundert

In Spanien wiesen Vertreter der Kirche auf die schlechte Behandlung der einheimischen Bevölkerung durch die Kolonialherren hin: Dabei stritten der Humanist und Jurist Juan Ginés de Sepúlveda und der Bischof von Chiapas (Mexiko), Bartolomé de las Casas, öffentlich über den richtigen Umgang mit der indigenen Bevölkerung.

2A Sepúlveda (1544): Da die [Indigenen] von Natur aus Barbaren, also unzivilisierte und grausame Gestalten sind, lehnen sie die Herrschaft der Klugen und Mächtigen ab. So behaupte ich, dass diese Barbaren nicht nur eingeladen, sondern auch zum Guten genötigt werden sollen, d.h. zur Gerechtigkeit und zur Religion, vor allem, wenn das Unternehmen mit so geringem Aufwand und so geringen Verlusten auf beiden Seiten bewerkstelligt werden können ... [Ich] behaupte, dass die Barbaren nicht nur beherrscht werden müssen, damit sie den Predigern zuhören, sondern auch, damit sich zu Lehre und Ratschlägen die Drohung gesellen und ihnen Schrecken eingejagt werde ...

2B Las Casas (1551): Ich bestehe darauf, dass die Spanier sich der Ausübung solcher Grausamkeiten gegen andere Völker, wenn diese auch barbarische Götzendiener[1] und von allen Lastern[2] befallen sein mögen, enthalten ... Denn es gibt keinen Unterschied mehr zwischen Mann und Frau, „Griechen und Juden ... Barbaren ... [Versklavte] und Freie, weil Christus in allem ist“[3] ... Da nun die Natur der Menschen in allen dieselbe ist und alle von Christus gerufen sind in der derselben Weise und auch nicht auf verschiedene Weise berufen werden wollen, darf man die Indios nicht auf andere Weise zum Eintritt in die Kirche einladen als alle anderen Menschen auch.

1 *Verehrung eines fremden Gottes*
2 *Eigenschaft, die einen Menschen zur Sünde verführt*
3 *Las Casas zitiert hier zur Verstärkung seines Arguments aus der Bibel (Brief des Apostels Paulus an die Kolosser)*

*M2A und M2B zit. nach Mariano Delgado (Hg.), Gott in Lateinamerika, Düsseldorf (Patmos) 1991, S. 104 ff. Übers. v. Bruno Pockrandt.***

Historische Verläufe darstellen

Eine Darstellung muss zusammenhängend und schlüssig aufgebaut sein. Die einfachste Form ist die chronologische Darstellung. Dabei werden Ereignisse, Verläufe und Entwicklungen in ihrer zeitlichen Abfolge dargestellt.

- **vorher** (zuerst, davor, als Erstes)
- **zeitgleich** (zur selben Zeit, gleichzeitig)
- **nachher** (nach, später, danach, dann)

Historische Verläufe können auch in einem Fließdiagramm dargestellt werden. Die Kästen verdeutlichen einen zeitlichen Verlauf. Der Inhalt der Kästen verdeutlicht, was zur selben Zeit geschah:

ZEIT

...
- ...

→

„Entdeckung“
- Christoph Kolumbus „entdeckt“ ... und die indigene Bevölkerung empfängt ihn ...
- ...

→

Eroberung
- Francisco Pizarro und Hernán Cortés
- Ausbeutung, Raub von Gold und Schätzen
- ...

→

Kolonialherrschaft
- ...

1 Ein Verwandter plant eine Reise nach Bolivien. Fasse für ihn zusammen, was du über die Spanier als Kolonialherren weißt (Darstellungstext, M1).

2 Vergleiche die Positionen in den Texten M2A und M2B im Hinblick auf ihre Ansichten über den Umgang mit der indigenen Bevölkerung.

3 **a)** Zeichne das Fließdiagramm in dein Heft ab und vervollständige es an den entsprechenden Stellen.

b) Entwickle mithilfe des Fließdiagrammes und des **Wortschatzes** eine chronologische Darstellung über die Entwicklungen in der Frühen Neuzeit, die zur Kolonialherrschaft führen. Beginne so: *Aufgrund von Neugier und wissenschaftlichen Erkenntnissen beauftragten europäische Herrscher ...*

▸ Hilfe: Aufgaben 2, 3b)

Die globale Vernetzung des Handels beginnt

Mit dem Warenaustausch zwischen den Kolonien und Europa begann der weltweite Handel der Europäer. Historikerinnen und Historiker sprechen deshalb von der „ersten Globalisierung" im 16. Jahrhundert, also von einer wirtschaftlichen, politischen und kulturellen Vernetzung, die die ganze Welt umfasste.

- ***Welche Bedeutung hatte der Handel für die Alte und Neue Welt?***

M 1

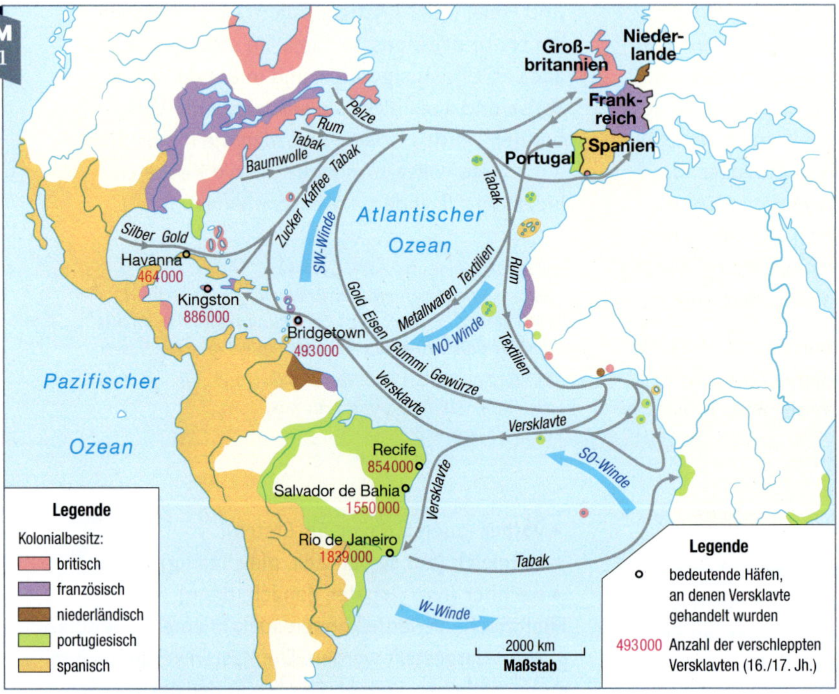

Der Handel zwischen Europa, Afrika und Amerika im 17. Jahrhundert

(der) koloniale Dreieckshandel
Europäische Handelsschiffe verkehrten in einem „Dreieck". Sie fuhren von Europa aus die Küsten Westafrikas an. Dort wurden Tuchwaren, Waffen und Metalle gegen afrikanische Menschen eingetauscht. Sie wurden als Versklavte nach Amerika gebracht und dort verkauft. Mit dem Erlös aus dem Verkauf der Versklavten wurden die Schiffe vor allem mit Zucker und Baumwolle beladen, die für den Verkauf in Europa bestimmt waren.

Wer beherrscht die Neue Welt?

Spanier und Portugiesen waren die ersten Kolonialmächte in Amerika. Gewaltige Mengen an Silber aus den Bergwerken in Südamerika verhalfen dem Königreich Spanien zu Reichtum und militärischer Macht in Europa. Ab dem 17. Jahrhundert versuchten auch andere europäische Großmächte wie Großbritannien und Frankreich, aber auch private Handelsgesellschaften, am Reichtum der „Neuen Welt" teilzuhaben. In Süd- und Mittelamerika gelang es Briten und Franzosen nicht, selbst Land in Besitz zu nehmen. Sie gründeten später Kolonien auf dem Gebiet der heutigen USA und Kanada, die viele europäische Auswanderer anzogen und wirtschaftlich immer bedeutsamer wurden. Während die politische und militärische Bedeutung der Briten und Franzosen anstieg, verloren Spanier und Portugiesen im Laufe der Zeit an Einfluss in Europa.

Der Handel mit versklavten Menschen

Mit dem Dreieckshandel über den Atlantik war auch ein grausamer Menschenhandel verbunden, an dem zwischen dem 16. und 19. Jahrhundert alle europäischen Seefahrernationen und Handelsgesellschaften teilnahmen. Bis zum Verbot der Sklaverei im 19. Jahrhundert wurden rund 10 Millionen afrikanische Männer, Frauen und Kinder nach Amerika verschleppt. Moralische Bedenken gab es keine. In den Kolonien wurden die Versklavten vor allem auf den großen Gütern (Plantagen) benötigt, da durch den enormen Rückgang der Bevölkerungszahl der indigenen Bevölkerung Arbeitskräfte fehlten. Auf den Plantagen wurden vor allem Zucker aus Zuckerrohr, Kaffee, Kakao und Tabak für den Export nach Europa angebaut. Der Austausch von Tieren und Pflanzen zwischen der Alten und der Neuen Welt hatte auch großen Einfluss auf

Wortschatz: in einem Gebiet an Einfluss gewinnen • an Einfluss verlieren • Der Warenaustausch führte zu ... • Die wichtigsten Handelsströme waren ... • Die Waren wurden über ... nach ... transportiert.

die Umwelt, denn er veränderte die Tier- und Pflanzenwelt vieler Regionen der Welt bis heute. Besondere Bedeutung für Europa erlangte die aus Amerika stammende Kartoffel, die sich als Grundnahrungsmittel in Europa etablierte. Der Begriff „Dreieckshandel" wird von zahlreichen Forschern kritisiert, weil er die versklavten afrikanischen Menschen zu Waren innerhalb einer größeren Handelskette macht. Ein Ersatzbegriff ist noch nicht gefunden. Heute erinnern viele Museen und Orte der Erinnerung in Europa, Westafrika und Amerika an das Schicksal der Versklavten und deren brutale Arbeitsbedingungen. In Frankreich wurde der 10. Mai zum nationalen Gedenktag für die Opfer des transatlantischen Dreieckshandels erklärt.

M 2

Der Historiker Horst Gründer über den transatlantischen Handel (2003):

Mit den Europäern kamen nicht nur die Goldgier und ihre Bazillen in die Neue Welt, sondern auch ihre Tiere und Pflanzen. Aus der Alten Welt kamen Pferde, Rinder, Schweine, Schafe, Ziegen, Hühner, Tauben, Hunde und Katzen. Die Folge für Amerika war die Umorientierung von pflanzlicher Kost zu Fleisch als Volksnahrung. Umgekehrt gelangten von Amerika nach Europa unter anderem Kartoffeln, Paprika, Tomaten, Tabak, Kakaobohnen und Mais ... Bananen kamen aus Asien über Afrika nach Amerika, Zuckerrohr von Arabien über Brasilien in die Karibik ... Zucker kam aus dem Vorderen Orient, Kaffee aus Äthiopien und Arabien sowie Tee aus China in die Neue Welt. Afrika hatte den Europäern nicht nur Getreide, Gold und Elfenbein geliefert, sondern auch eine Pfeffersorte des in Europa heiß begehrten Gewürzes ...

*Horst Gründer, Eine Geschichte der europäischen Expansion, Stuttgart (Theiss) 2003, S. 56 f.**

M 3

Die Historiker Jürgen Osterhammel und Nils Petersson über die „erste Globalisierung" (2003):

Der Atlantik war das einzige Meer, in dem die Europäer nicht auf seefahrende Konkurrenten oder Gegner trafen – wie in den östlichen Meeren, in denen Araber, Chinesen, Malaien und andere erfahrene Seehändler und Piraten waren. Der Atlantik war seit Kolumbus unangefochten ein europäisches Meer, in dem sich nur die Europäer untereinander bekriegten. Es gab keine Hafenstädte, zu denen man erst den Zugang hätte aushandeln müssen ... Selbst die Reiche der Azteken und Inka brachen binnen Kurzem vor der spanischen Attacke zusammen. Amerika war aus europäischer Sicht seit Anbeginn der Kontinent der „unbegrenzten Möglichkeiten". Nur dort konnte eines der ehrgeizigsten Projekte der Frühen Neuzeit realisiert werden: die Sklavenplantage ... Weitere kommerzielle Verbindungen von großer Reichweite waren der Import von Gewürzen, feinen Stoffen und Tee aus Ost-, Südost- und Südasien nach Europa und der Handel mit Pelzen, der die Fallensteller in Kanada und Sibirien mit Abnehmern in Europa und China verband. Die erste wahrhaft erdumspannende Handelsvernetzung erfolgte über das in Spanisch-Amerika gewonnene Silber. Es floss zunächst in spanische Kassen und von dort an alle, Europäer wie Orientalen, mit denen Spanien Geschäftsbeziehungen unterhielt. Ein zweiter Weg führte von Mexiko und Peru zu den spanisch kontrollierten Philippinen. Von dort wurden Seideneinkäufe in China getätigt.

*Jürgen Osterhammel/Nils Petersson, Geschichte der Globalisierung, München (C. H. Beck) 2003, S. 37 ff.**

1 Erkläre mithilfe von M1, M3 und des Darstellungstextes, wie der Handel zwischen Amerika, Afrika und Europa funktionierte. Nutze den **Wortschatz**.

2 Arbeite heraus, wie weitere Kontinente in den globalen Handel eingebunden waren (M2, M3). Gestalte ein Schaubild. **Tipp** → S. 151.

3 Charakterisiere die Sklavenwirtschaft und den Umgang mit den Versklavten (Darstellungstext).

4 Heute versteht man unter „Globalisierung" einen weltweiten wirtschaftlichen und kulturellen Austausch.

a) Erläutere, wer von der „ersten Globalisierung" profitierte und wer nicht.

b) Diskutiert, ob man in der Frühen Neuzeit nicht von „Globalisierung", sondern von „Europäisierung" sprechen sollte.

Zusatzaufgabe → S. 149.

Üben

Die Fugger – mehr als eine Kaufmannsfamilie?

Die Neuerungen in Wissenschaft und Technik und die Entdeckungsreisen der Portugiesen und Spanier führten im 15. Jahrhundert zum weltweiten Warenaustausch. Kaufmannsfamilien aus Europa fanden neue Wege, zu Reichtum zu kommen und an Einfluss zu gewinnen.

- ***Untersuche, wie die Augsburger Fugger zu einer der reichsten Familien Europas werden konnten und welchen Einfluss sie in Wirtschaft und Politik erlangten.***

M 1

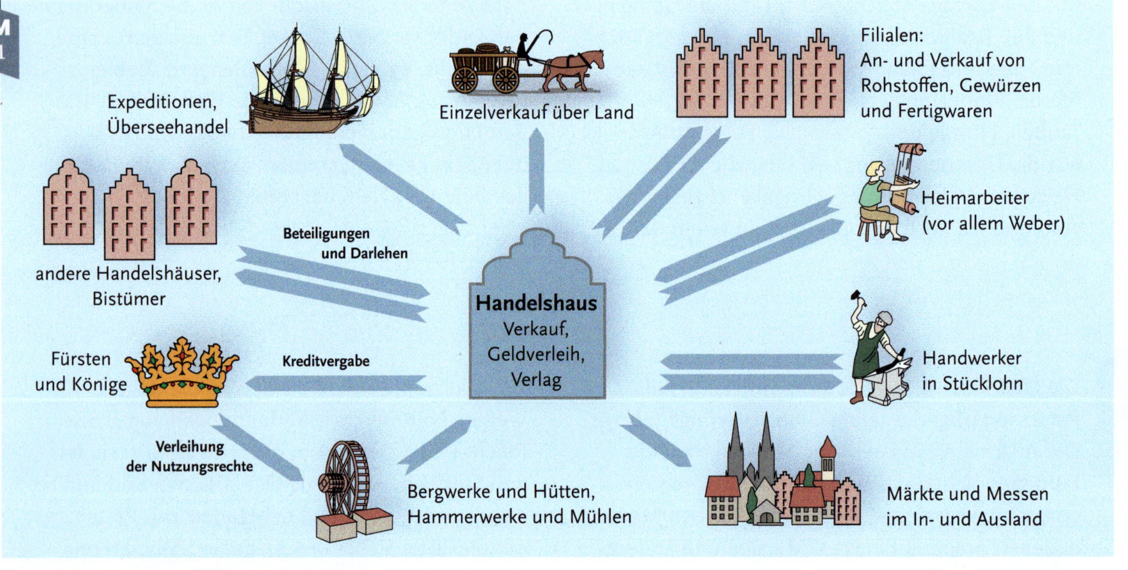

Aufbau einer Handelsgesellschaft um 1500

Von Händlern zu Großunternehmern

Augsburg gehörte um 1500 zu den reichsten Städten des Heiligen Römischen Reichs Deutscher Nation.* Dort verkaufte die Familie Fugger als kleine Händler Wolle, Seide und Gewürze. Sie beauftragten auch selbstständige Handwerker mit der Produktion einer bestimmten Menge von Erzeugnissen. Dabei streckten die Kaufleute den Handwerkern Rohstoffe und Material vor und bestimmten die Preise, zu denen sie die fertigen Produkte wieder ankauften. Die in Heimarbeit von den Handwerkern gefertigten Produkte vermarkteten die Händler in der Regel mit hohen Gewinnen in der Region. Diese Wirtschaftsbeziehung zwischen Handwerkern und Händlern wird Verlagssystem (von „vorlegen“ oder „vorstrecken“) genannt. Die Brüder Ulrich, Georg und Jakob Fugger wurden sehr reich und erweiterten ihre Handelsbeziehungen bis nach Schweden, Italien und Russland. Sie stiegen ins Bergbaugeschäft ein und machten hohe Gewinne mit der Förderung und dem Verkauf von Kupfer, Silber, Blei und Quecksilber. Der Bergbau war besonders ertragreich, weil die Fugger in vielen Gebieten das alleinige Abbaurecht erwerben konnten und keine Konkurrenz hatten. Heute sprechen wir von einem Monopol*. In drei Jahrzehnten erwirtschafteten die Fugger die Rekordsumme von 1,5 Millionen Gulden und zählten damit zu den reichsten Familien ihrer Zeit. Zehn Prozent des gesamten Geldes und Sachbesitzes im Reich gehörte ihnen – das entspricht nach heutigem Wert dem Besitz der 100 größten deutschen Unternehmen.

Wortschatz: jemandem etwas (Geld) vorstrecken • einen Kredit vergeben • die Preise bestimmen oder festlegen • Das Handelshaus beteiligt sich an ... und gewährt ein Darlehen. • Das Verlagssystem kennzeichnete ... • die im Verlagssystem arbeitenden Heimarbeiter • Geld investieren • ins Bankengeschäft einsteigen

Die Fugger und das Bankgeschäft

Die Fugger suchten ständig nach neuen Möglichkeiten, um ihren Besitz zu vergrößern. Die Idee, Gewinne neu zu investieren, um noch mehr Gewinne zu erzielen, nennt man Kapitalismus, die Fugger gelten damit als Frühkapitalisten*. Sie stiegen ins Bankgeschäft ein und vergaben Kredite. Das war ein ungewöhnlicher Schritt für eine Kaufmannsfamilie. Zu den Kunden der Fugger zählten Bürger, Adlige und hohe Geistliche, aber auch Kaiser Karl V., der mit dem geliehenen Geld Zahlungen an die Kurfürsten leisten konnte, um seine Wahl zum Kaiser abzusichern. Auch für die Kosten seiner Kriege lieh sich der Kaiser Geld bei den Fuggern. Durch diese Kredite gewannen die Fugger Einfluss auf viele politische Entscheidungen. Im Jahr 1511 wurde die Familie in den Adelsstand erhoben. Ihr Vermögen investierten sie nicht nur in neue Geschäftsbereiche, sondern auch in Landbesitz.

Die Fugger als Stifter

Die Fugger spendeten viel Geld für Kirchen und wohltätige Zwecke. In Augsburg entstand die erste Sozialsiedlung der Welt für in Not geratene Menschen der Stadt. Die „Fuggerei" wird heute noch als Stiftung nach den Grundsätzen ihrer Gründer betrieben.

M 2 **Beschwerden über die Handelsgesellschaften, 1512**

Aus den Akten des Reichtags:*

In den letzten Jahren sind viele Handelsgesellschaften entstanden, auch zahlreiche Einzelpersonen haben es darauf angelegt, allerlei Waren an sich zu bringen, um sie zu überhöhten und allein von ihnen festgelegten Preisen zu verkaufen. Damit fügen sie dem Reich erheblichen Schaden zu. Zur Förderung des allgemeinen Nutzens haben wir deshalb angeordnet, dass ein derart schändliches Tun in Zukunft verboten ist. Wer es trotzdem tut, dessen Hab und Gut soll beschlagnahmt werden. Das heißt aber nicht, dass Kaufleute sich nicht zu Handelsgesellschaften zusammenschließen und Waren verkaufen dürfen. Verboten ist nur, dass jemand eine Ware allein in seine Hand bringt und dann den Preis nach Belieben festsetzt ... Sollten Kaufleute ihre Waren unverschämt verteuern, soll die Obrigkeit dagegen vorgehen und für einen Verkauf zu einem angemessenen Preis sorgen.

*Zit. nach Adolf Wrede (Bearb.), Deutsche Reichstagsakten unter Kaiser Karl V., Bd. 2, Gotha 1896, fotomech. Nachdruck 1962, S. 233.**

M 3

Jakob Fugger (1459–1525, rechts) und sein Hauptbuchhalter Matthäus Schwarz, Zeichnung 1519, nachkoloriert. Schwer zu lesende Städtenamen sind Krakau (Polen) und Ofen = Budapest (Ungarn).

1 **Partnerarbeit:** Erklärt euch gegenseitig, in welchen Bereichen eine Handelsgesellschaft (M1) aktiv war und wie die Handelsgesellschaft Gewinne erzielen konnte. Nutzt dazu auch den **Wortschatz**. ▸ Hilfe

2 Recherchiere über Jakob Fugger und stelle dar, was ihn als einen neuen Typ des Unternehmers auszeichnete. Beziehe auch die Zeichnung M3 mit ein.

3 **a)** Arbeite aus M2 heraus, welche Probleme sich aus dem Wirken der Handelsgesellschaften ergaben.
b) Nimm Stellung: Sind die Vorwürfe gerechtfertigt?

4 **Wähle eine Aufgabe aus:**
a) Beurteile, inwiefern die Fugger als Wirtschaftsmacht Einfluss auf Gesellschaft und Politik nahmen (M1–M3 und Darstellungstext).
b) Beurteile am Beispiel der Handelsgesellschaft der Fugger das Verhältnis von wirtschaftlicher und politischer Macht (M1–M3 und Darstellungstext).

Üben

1400 | 1450 | 1500

europäisches Mittelalter

Ende des 13. Jh.–ca. 17. Jh. Renaissance und Humanismus: Erforschung von antiken Schriften

1452–1519 Leonardo da Vinci

1453 Europäer suchen einen Seeweg nach Indien

Beginn der Neuzeit in Europa

1492 „Entdeckung" Amerikas durch Christoph Kolumbus, Beginn der Eroberung und Kolonisierung Süd- und Mittelamerikas

1494 Vertrag von Tordesillas zwischen Portugal und Spanien

1519 Eroberung der Azteken und Maya

Die Frühe Neuzeit ab 1500

Der Wandel vom Mittelalter zur Frühen Neuzeit

Ab dem 13. Jahrhundert traten durch den intensiven Handel mit der islamischen Welt im Gefolge der Kreuzzüge und durch die Entstehung der Städte große Veränderungen ein. Für die Historiker endet um 1500 das Mittelalter und es beginnt das neue Denken der **„Frühen Neuzeit"**. Eine Gruppe von Gelehrten, **Humanisten** genannt, setzte sich von den Städten in Norditalien ausgehend bald in ganz Europa für eine möglichst umfassende Bildung des Menschen ein. Der Mensch rückte immer mehr ins Zentrum des Denkens. Er sollte als selbstbewusster Bürger verantwortungsvoll sein Leben und die Gesellschaft gestalten und dabei nicht mehr nur auf Erlösung im Jenseits hoffen. Der Übergang vom Mittelalter zur Frühen Neuzeit brachte einen großen Wandel mit sich. Dennoch bliebt in der Frühen Neuzeit die christliche Religion für nahezu alle Bereiche des Alltagslebens wichtig. Auch die Ständegesellschaft des Mittelalters blieb in der Frühen Neuzeit noch erhalten.

Die Orientierung an der Antike

Die Orientierung an Wissen und Kunst der Antike in der Frühen Neuzeit nennt man **Renaissance**. Gelehrte suchten in Bibliotheken nach Werken der griechischen und römischen Denker und übersetzten sie – allen voran die Werke des Aristoteles. Künstler aus ganz Europa reisten nach Rom und studierten dort die Plastiken und Skulpturen der Bildhauer in der Antike. Die Landbevölkerung und die Mehrzahl der Stadtbewohner blieben von diesen Neuerungen unberührt. Das Leben der Bauernfamilien bestand weiter aus mühseliger Arbeit, hoher Abgabenlast und zahlreichen Frondiensten. Eine revolutionäre Neuerung des 15. Jahrhunderts war die massenhafte Produktion von Büchern. Johannes Gutenberg aus Mainz erfand ein neues Produktionsverfahren für den **Buchdruck**, wodurch Bücher, Plakate und Flugschriften schneller und billiger vervielfältigt werden konnten. In den Städten Europas entstanden in einer Generation über 1 000 Druckereien. Informationen aus Politik, Wissenschaft und Religion erreichten nun viel schneller eine wachsende Leserschaft. Zeitgleich zu den aus heutiger Sicht modern anmutenden Entwicklungen wurden in der Frühen Neuzeit aber auch rund 50 000 Menschen wegen **„Hexerei"** angeklagt und zu Tode verurteilt.

Astronomie – das heliozentrische Weltbild

Seit den Kreuzzügen bestand ein Austausch zwischen dem christlich geprägten Europa und der islamisch-arabischen Welt. Über das islamische Spanien, Sizilien und das Byzantinische Reich gelangten Handschriften und Kenntnisse der antiken Philosophen, deren Erbe im islamischen Raum gepflegt wurde, nach Europa. Messinstrumente zur Himmelsbeobachtung und Berechnung von Entfernungen auf See wurden nun auch in Westeuropa vermehrt benutzt. Die Entdeckung, dass die Erde sich um die Sonne dreht, wurde von **Kopernikus** erforscht und beruhte auf antiken Kenntnissen, die im islamischen Raum lebendig geblieben waren.

Die Europäisierung der Erde durch die Entdeckungsfahrten der Portugiesen und Spanier

Im Jahre 1453 wurde die byzantinische Hauptstadt Konstantinopel von den Osmanen erobert und unter dem Namen Istanbul zur neuen Hauptstadt des Osmanischen Reichs. Die Eroberung erschwerte für die Kaufleute aus West- und Südeuropa den Erwerb von ostasiatischen Produkten. Gewürze, Seide, Tee, Kaffee und

1550 | 1600 | 1650

1532 Eroberung der Inka

1543 Nachweis der heliozentrisch verlaufenden Planetenbahnen durch Nikolaus Kopernikus

16./17. Jh. Kolonialer Dreieckshandel zwischen Europa, Afrika und Amerika

1610 Galileo Galilei: Veröffentlichungen zum heliozentrischen Weltbild

andere Luxusgüter mussten nun teurer über noch mehr Zwischenhändler bezogen werden. Daher suchten europäische Seefahrer nach einem neuen direkten Handelsweg nach Indien oder China, um die Waren direkt einkaufen zu können. Die Portugiesen erforschten entlang der Küste Afrikas einen Weg nach Indien und fanden ihn nach der Umrundung des Kontinents. **Kolumbus** suchte im Dienste Spaniens einen westlichen Weg über den Atlantik Richtung China und Indien und entdeckte zufällig den „neuen" Kontinent Amerika. Das spanische Königreich war der „Aufsteiger" unter den Ländern um 1500. Der Machtgewinn, der sich aus der Vertreibung der Muslime und der Anerkennung des Papstes – er verlieh Isabella und Ferdinand den Titel „Katholische Könige" – ergab, beflügelte ihren Ehrgeiz. Spanische **Eroberungen** und **christliche Mission** sollten nun in weiteren Regionen der Erde fortgesetzt werden. Dabei konkurrierte Spanien erfolgreich mit Portugal. Die Seefahrer aus Portugal und Spanien befuhren immer weitere neue und unbekannte Teile der Weltmeere.

Die Folgen der „Entdeckung" Amerikas

Auf die europäische **„Entdeckung"** der „Neuen Welt" folgte bald die **Eroberung** und **Kolonialisierung** mittel- und südamerikanischer Gebiete durch die Spanier. Die spanischen Kolonialherren zerstörten die **südamerikanischen Hochkulturen**, die zwar über eine hoch entwickelte Verwaltung und Kultur verfügten, den Europäern aber auf Dauer militärisch unterlegen waren. Mit der Eroberung und Kolonisierung mittel- und südamerikanischer Gebiete durch die Spanier entwickelte sich ein **weltweiter Handel**. Dabei kam es zur Ausbeutung zweier Kontinente. Die Bevölkerungszahl in Mittel- und Südamerika sank wegen der aus Europa eingeschleppten Krankheiten und der Zwangsarbeit der Einheimischen für die neuen Herren dramatisch. Der **Handel** mit in Westafrika gefangenen Menschen, die zur Sklavenarbeit nach Amerika gebracht wurden, war ein gewinnbringendes Geschäft für alle europäischen Seefahrernationen. Europäische Bankhäuser und Handelsgesellschaften profitierten von der Ausbeutung der Bevölkerung. Der erhoffte Wohlstand für alle, den man sich aus den Gold- und Silbervorkommen Südamerikas versprach, blieb jedoch aus. Durch die höhere Geldmenge im Umlauf stiegen die Preise in Europa, und die Einkünfte der einfachen Bevölkerung blieben niedrig.

Das Handelshaus der Fugger

Die Familie Fugger verkaufte im 14. Jahrhundert in Augsburg Wolle, Seide und Gewürze. Die Fugger entwickelten sich zu einer der reichsten Familien ihrer Zeit und bauten das Familienunternehmen zu einer **frühkapitalistischen Handelsgesellschaft** mit Niederlassungen in zahlreichen europäischen Städten aus. Neben dem Fernhandel mit teuren Gütern betrieben die Fugger Bergwerke und verdienten viel Geld mit dem Verkauf von Kupfer, Silber, Blei und Quecksilber. Durch den Einstieg ins Bankgeschäft vergrößerten sie ihren Reichtum und vergaben Kredite an Adlige, Könige und Bürger. Somit gewannen sie auch an politischem Einfluss.

1 Entwickle zu jedem Abschnitt des Darstellungstextes zwei Quizfragen. Sammelt die Fragen in der Klasse und spielt das Quiz. Ihr könnt das Quiz digital erstellen (→ S. 159).

Im Kapitel konntest du folgendes Fachwissen und folgende Kompetenzen erwerben:

- Umbrüche vom Mittelalter zur Frühen Neuzeit anhand verschiedener Beispiele aus Wissenschaft, Wirtschaft, Kunst und Religion darstellen und erläutern
- zentrale Veränderungen des Menschen- und Weltbildes im Zuge von Renaissance und Humanismus erläutern
- Ursachen und Motive der Hexenverfolgungen erklären
- Voraussetzungen, Gründe und Folgen der Entdeckungsreisen und Eroberungen der Europäer aus verschiedenen Perspektiven erläutern und beurteilen
- die zunehmende globale Vernetzung bestehender Handelsräume in der Frühen Neuzeit erklären, beurteilen und bewerten
- die Triebkraft von Innovationen und Technik auf politische und gesellschaftliche Entwicklungen beurteilen
- am Beispiel einer frühkapitalistischen Handelsgesellschaft das Verhältnis von wirtschaftlicher und politischer Macht beurteilen
- **Medien und Methoden:** Historische Karten analysieren

M1

Weltkarte des Kartografen Martin Waldseemüller, 1507. Der Titel lautet: „Die vollständige Kosmographie nach der Überlieferung des Ptolemäus sowie nach dem Augenschein Amerigo Vespuccis und anderer."

M2

Richtig oder falsch?

1. Nikolaus Kopernikus fand heraus, dass die Erde eine Kugel ist.

2. Portugiesische Seefahrer umrundeten Afrika und fanden einen Seeweg bis nach Indien.

3. Gelehrte aus der Zeit der Renaissance erklärten die Schriften und die Kunst der Antike zu Vorbildern.

4. Leonardo da Vinci baute den ersten Hubschrauber.

5. Die Azteken waren ein Volk in Mittelamerika, das man aus heutiger Sicht als Hochkultur bezeichnen kann.

6. In der Frühen Neuzeit wurden Menschen als „Hexen" verfolgt, weil sie einen Pakt mit dem Teufel geschlossen hatten.

7. Gefangene Männer, Frauen und Kinder aus Afrika wurden als Versklavte mit europäischen Schiffen nach Amerika gebracht und dort als Waren verkauft.

M3

Brief Jakob Fuggers an Kaiser Karl V. (1523)

Der Kaiser hatte einen Kredit bei den Fuggern aufgenommen, um durch Geschenke an die Fürsten seine Wahl zum Kaiser zu sichern. Er ließ sich viel Zeit mit der Rückzahlung:

Eure Kaiserliche Majestät werden ohne Zweifel wissen, wie ich und meine Neffen bisher dem Haus Österreich [= Herrscherhaus Karls V.] zu dessen Nutzen und Wohlfahrt und Aufstieg in aller Untertänigkeit zu dienen geneigt sind ... Wir haben dann, ... um den genannten Zweck zu erreichen, eine beachtliche Summe Geldes vorgestreckt. Diese Summe habe ich nicht allein bei mir und meinen Neffen aufgebracht, sondern auch bei anderen ... Freunden, und zwar mit großen Nachteilen ... Demnach ist eine untertänige Bitte, ... Sie mögen ... veranlassen, dass mir meine ausstehende Summe Geld samt den Zinsen ohne längeren Verzug entrichtet und bezahlt wird.

*Zit. nach Eugen Ortner, Glück und Macht der Fugger, neu bearb. von Curt Hohoff, Bergisch-Gladbach (Lübbe) 1979, S. 227 ff.***

M4

Porträt des Mönchs und Mathematikers Luca Pacioli mit einem Schüler, Gemälde eines unbekannten italienischen Künstlers, um 1520

M5

„Also nichts für ungut! Ich hab' Mist gebaut! Ich geb's ja zu!" Deutsche Karikatur von Klaus Pielert zum 500. Jahrestag der Ankunft von Kolumbus in Amerika, 1992

Sachkompetenz

1 Erkläre, warum es sich bei M4 um ein typisches Renaissancegemälde handelt.

2 Notiere die richtigen Sätze in M2 und korrigiere die falschen in einem vollständigen Satz.

3 Umbrüche fanden zwischen Mittelalter und Früher Neuzeit in den Bereichen Wissenschaft, Religion, Kunst und Wirtschaft statt. Wähle einen Bereich aus und erstelle ein Lernplakat zu den Fragen: Was blieb vom Mittelalter, was veränderte sich in der Frühen Neuzeit?

4 Verfasse mithilfe der Arbeitsschritte „Einen Sachtext verfassen" auf S. 160 sowie mithilfe deiner Kenntnisse aus dem Kapitel eine eigene kurze Darstellung, die die Entdeckungsfahrten im 15. und 16. Jahrhundert beschreibt. Berücksichtige dabei auch die Ursachen und technischen Voraussetzungen der Entdeckungsfahrten. ▸ Hilfe

Methodenkompetenz

5 Analysiere die Karte M1. Verwende dazu die Arbeitsschritte auf S. 105. ▸ Hilfe

6 Erläutere, inwiefern sich die durch die Seefahrten gewonnenen Erkenntnisse in der Karte von Waldseemüller (M1) widerspiegeln. Gehe dabei insbesondere auf die Darstellung Europas, Afrikas und Amerikas ein.

Urteilskompetenz

7 Beurteile anhand der Forderungen Jakob Fuggers (M3) das Verhältnis von wirtschaftlicher und politischer Macht in der Frühen Neuzeit.

8 Nimm aus der Sicht der Nachfahren der indigenen Bevölkerung Stellung zu der Karikatur M5.

cornelsen.de/webcodes
Code: kiquxe
Selbsteinschätzungsbogen

Check

4

Kirchenspaltung am Beginn der Neuzeit

„Daher kann und will ich nichts widerrufen!" – das sind die Worte Martin Luthers auf dem Reichstag zu Worms 1521. Obwohl er bis zu diesem Zeitpunkt ein weitgehend unbekannter Mönch war, verteidigte er mutig seine Überzeugung vor Fürsten, hohen Geistlichen und Kaiser Karl V. Martin Luther wollte eine Veränderung und Erneuerung (Reformation) innerhalb der christlichen Kirche erreichen. Er löste damit Prozesse aus, die auch in Krieg und Gewalt mündeten.

Beschreibe, wie der Maler die Stimmung im Saal darstellt. Stelle Vermutungen an, wie der Auftritt Martin Luthers vor dem Reichstag geendet haben könnte.

alle Darstellungstexte zum Anhören

gocome

Luther vor dem Reichstag in Worms, Wandmalerei von Hermann Wislicenus, 1879/1897

1300 | 1350 | 1400 | 1450 | 1500

europäisches Mittelalter

Beginn der Frühen Neuzeit in Europa

Ende des 13. Jh. bis 17. Jh. Renaissance und Humanismus

um 1450 Johannes Gutenberg entwickelt Drucktechnik mit beweglichen Buchstaben

1492 Entdeckung Amerikas durch Christoph Kolumbus

Kirchenspaltung am Beginn der Neuzeit

Wie kam es dazu, dass ein einfacher Mönch einen Auftritt vor dem Kaiser und bedeutenden Kirchenleuten hatte? Luther, der anfangs nur die Missstände der Kirche bekämpfen wollte, wurde zum Gründer der neuen „protestantischen" Lehre. Sein Wirken beendete die Einheit der katholischen Papstkirche. Als der Streit um die richtige Glaubenslehre begann, war nicht vorauszusehen, welche schwerwiegenden Folgen er für die Menschen und die Herrschaftsverhältnisse in Europa haben sollte. Alle Versuche des Kaisers und der Kirche, eine religiöse Spaltung zu verhindern, blieben vergeblich. Die religiösen Auseinandersetzungen übertrugen sich auch auf die Fürsten und damit auf die Politik. In diesem Kapitel untersuchst du folgende Fragen:

- Welche Kritik wurde an der katholischen Kirche geübt?
- Worin bestand Martin Luthers Glaubenslehre?
- Welche Ursachen hatte Luthers Handeln?
- Wie konnte sich die neue Lehre so schnell verbreiten?
- Warum löste sie unter den Fürsten und in der Bevölkerung Konflikte aus?
- Welche Auswirkungen hat die Reformation bis heute?

M 1

Staaten und Glaubensrichtungen in Europa um 1570

1550 | 1600 | 1650 | 1700

1517 95 Thesen Martin Luthers; Beginn der Reformation

1519–1531 Ulrich Zwingli wirkt in Zürich

1524–1526 Bauernkrieg

1535–1564 Johannes Calvin wirkt in Basel, Straßburg und Genf

1545–1563 Konzil von Trient

1555 Augsburger Religionsfrieden

1618–1648 Dreißigjähriger Krieg

1648 Westfälischer Frieden

M2

Das Kirchenfenster in der Gedächtniskirche der Protestanten in Speyer (Rheinland-Pfalz) zeigt den sogenannten „Thesenanschlag" von Martin Luther im Jahr 1517. Foto, undatiert

M3

Die vier apokalyptischen Reiter, Holzschnitt von Albrecht Dürer, 1498. Albrecht Dürer deutet mit diesem Bild eine Geschichte aus dem Neuen Testament. Die vier Reiter symbolisieren den nahenden Weltuntergang (Apokalypse): ein Reiter mit Bogen als Symbol für feindliche Eroberer (1); ein Reiter mit Schwert als Symbol für Kriege und Gewalt (2); ein Reiter mit einer Waage als Symbol für Hunger und Not (3); ein Reiter als Symbol für Angst, Krankheit und Tod (4).

M4

Der Petersdom und der Petersplatz in Rom, Foto. Der Petersdom im heutigen Stadtstaat Vatikan ist das Zentrum für die katholische Kirche in der ganzen Welt. Er wurde zwischen 1506 und 1626 errichtet.

1 Fasse die Informationen zusammen, die du aus der Karte M1 ablesen kannst. **Tipp** → S. 151.

2 Fasse zusammen, was du über das in M2 dargestellte Ereignis weißt.

3 **a)** Fasse die Stimmung, die im Bild des Renaissancekünstlers Albrecht Dürer (M3) zum Ausdruck kommt, zusammen. Nutze die Bildlegende.
b) Nenne mögliche Gründe, welche Umstände einen Künstler dazu brachten, das Thema einer nahenden „Apokalypse" zu bearbeiten.

4 Gib für ein Bild in einem sozialen Netzwerk drei Hashtags (#) wieder, die den Petersdom in Rom beschreiben (M4). ▸ Hilfe

Der Ablasshandel: Ein Geschäft mit der Angst?

Die Menschen des Mittelalters glaubten, dass ein gütiger Gott ihnen Schutz vor Krankheit, Krieg und frühem Tod sowie auch gute Ernten und ein gesundes Leben schenkte. Doch Gott konnte auch bestrafen – so das Denken der Gläubigen. Entsprechend fromm und gottesfürchtig verhielten sie sich.

- ***Untersuche, wie die Kirche dies ausnutzte.***

Angst vor ewiger Verdammung in der Hölle

Auch im 15. Jahrhundert gab es Seuchen und Kriege. Erschwerend kam ein dramatischer Klimawandel hinzu, den heutige Historikerinnen und Historiker als „Kleine Eiszeit" bezeichnen. Extrem kalte Winter und nasse Sommer verhinderten über mehrere Jahrzehnte hinweg ausreichende Ernten. Viele Menschen hungerten. Die Bauern verarmten und konnten ihre Abgaben nicht mehr bezahlen. Die Geistlichen erklärten ihnen, dass dies die Strafe Gottes für ein sündiges Leben sei. Zahlreiche Menschen glaubten, das Ende der Welt stünde bevor. Prediger forderten die Menschen auf, ihr Leben zu ändern, ansonsten müssten die Sünder nach dem Tod Höllenqualen erleiden. Zu ihrer Rettung gingen die Menschen auf Wallfahrt oder spendeten der Kirche Geld. Sie hofften, dadurch die Vergebung ihrer Sünden zu erlangen und in den Himmel zu kommen.

Missstände in der Kirche

In ihrer Not erwarteten die Menschen Trost und Hilfe von der Kirche. Doch viele Priester waren schlecht ausgebildet und vernachlässigten ihre Aufgaben. Bischöfe und Kardinäle sowie der Papst in Rom führten ein prunkvolles Leben und benahmen sich wie weltliche Herrscher. Viele Gläubige fragten sich, ob eine solche Kirche überhaupt für ihr Seelenheil sorgen könne.

M 1

Das Weltgericht von Stefan Lochner, um 1435. Mitteltafel des Altargemäldes für die Laurentiuskirche in Köln (heute: Wallraf-Richartz-Museum, Köln). Jesus (1) richtet über die aus ihren Gräbern auferstehenden Menschen. Maria (2) und Johannes der Täufer (3) sind Fürsprecher. 4 = Engel, 5 = Hölle, 6 = die Verlorenen, 7 = der Kampf, 8 = die Geretteten, 9 = der Himmel*

Wortschatz: ein Geschäft mit etwas machen (= finanziellen Gewinn erzielen) • eine Buße leisten • von Sünden befreit werden • auf eine Wallfahrt gehen • für das Seelenheil sorgen • eine Tat bereuen • ein prunkvolles Leben führen • einen Ablass gewähren

M 2

Auch von Geistlichen kam Kritik am Zustand der Kirche, weil es immer schwieriger wurde, zweifelnde Gläubige zu überzeugen. Der Ruf nach einer Erneuerung der Kirche, einer Reform*, wurde immer lauter.

Das Geschäft der Kirche mit dem Ablasshandel

1506 hatte der Papst in Rom mit dem Bau der Peterskirche begonnen. Sie sollte an Größe alle anderen Kirchen übertreffen. Zur Finanzierung der Baukosten betrieb die Kirche einen intensiven Handel mit Ablassbriefen. Was aber bedeutete das? Traditionell erhielten Christen die Vergebung ihrer Sünden durch die Beichte und die aufrichtige Reue ihrer Taten, wenn sie zur Buße bereit waren. Gebüßt wurde durch eine Wallfahrt oder eine gute Tat. Seit dem 11. Jahrhundert setzte sich anstelle der Buße die Zahlung von Geld an die Kirche durch. Dafür erhielt der Gläubige einen Ablassbrief. Gegner des Ablasshandels* kritisierten ihn scharf, da dieser Vorgang bei den Gläubigen keine Reue voraussetze und nur der kirchlichen Geldbeschaffung diene.

Flugblatt zum Ablasshandel, Holzschnitt von Lucas Cranach dem Älteren, 1521. Die Abbildung des Hundes bezieht sich auf die Bibelstelle Matthäus 7,6: „Gebt das Heilige, das euch anvertraut ist, nicht den Hunden! Und eure Perlen werft nicht den Schweinen vor!"

M 3

Der Historiker und Journalist Frank Otto stellt drei berühmte Päpste um 1500 vor:

Papst Alexander VI. (1492–1503) erkaufte sich die Stimmen der wahlberechtigten Kardinäle[1] mit ungeheuren Summen. Alexanders Interesse galt vor allem seinen sieben (vielleicht auch neun) Kindern, die er glänzend verheiratete und mit Fürstentümern ausstattete; seinen Sohn machte er zum Erzbischof von Valencia – mit 17 Jahren und ohne dass dieser Priester war.

Julius II. (1503–1513), den die Italiener „Il Terribile" (der Schreckliche) nannten, weil er kein Seelsorger, sondern ein Kriegsherr war, kümmerte sich nur um die Ausweitung seiner Macht. Luther nannte ihn später einen „Blutsäufer".

Leo X. (1513–1521) verschenkte und verschwendete während seiner Herrschaft im Vatikan 4,5 Millionen Dukaten. Das entspricht 15 Tonnen reinen Goldes.

*Vereinf. nach Frank Otto, Am Vorabend einer Revolution, in: Martin Luther und die Reformation (= GEO EPOCHE Nr. 39), Hamburg (Gruner und Jahr) 2009, S. 25.***

[1] *in der Kirche der höchste Rang nach dem Papst*

1 Erkläre, wie die Kirche mit den Ängsten der Gläubigen ein Geschäft machte. Nutze den Darstellungstext und den **Wortschatz**.

2 **Wähle eine Aufgabe aus:**

a) Stell dir vor, du bist ein Kirchenbesucher um 1500 und blickst während der Messe auf das Altargemälde M1. Erläutere die Wirkung, die es erzeugt.

b) Analysiere das Gemälde M1 mithilfe der Arbeitsschritte auf S. 27. ▶ Hilfe

3 **a)** Beschreibe das Geschehen, das auf dem Holzschnitt M2 dargestellt ist.

b) Erkläre den Standpunkt, den der Künstler zu dem gezeigten Geschehen einnimmt. **Tipp** → S. 151.

4 **Wähle eine Aufgabe aus:**

a) Entwickle eine Liste der „Sünden", die die drei vorgestellten Päpste begangen haben (M3).

b) Entwickle aus Sicht eines kritischen Christen eine Anklageschrift gegen die Kirche und das Papsttum in Rom um 1500 (M3, Darstellungstext).

5 Beurteile, ob die Kirche den Menschen in dieser unsicheren Zeit Halt gab.

cornelsen.de/webcodes
Code: pusabe
Höllenangst und Seelenheil

Video: *Stephan Lochner: Weltgericht*

Ein Mönch stellt sich gegen Papst und Kaiser: Warum gelingt ihm das?

Im 16. Jahrhundert kritisierten viele Gläubige und Geistliche den Ablasshandel. Luther war nur einer unter ihnen. Mit seiner öffentlich geäußerten Kritik stellte er sich gegen den Papst und den Kaiser – für die damalige Zeit etwas Unvorstellbares. Wer tiefgreifende Kritik an der Kirche übte, der riskierte die Verurteilung als Ketzer und die Hinrichtung auf dem Scheiterhaufen.

- ***Untersuche mithilfe von A, B und C, welche Kritik Luther an der Kirche seiner Zeit übte und welche Reaktionen er damit auslöste.***

A

M 1

Wichtige Stationen im Leben Luthers:
Martin Luther wurde 1483 in Eisleben (heute Lutherstadt Eisleben in Sachsen-Anhalt) geboren. Die Familie war wohlhabend, da sein Vater durch die Beteiligung an einem Bergwerk genug Geld verdiente. Ab 1501 studierte Luther das Fach Jura in Erfurt, ehe er 1505 in ein Erfurter Kloster eintrat. Luther kritisierte heftig den kirchlichen Ablasshandel. Er vertrat die Meinung, dass allein das Wort der Bibel Gültigkeit habe und Päpste sich irren könnten. Seine Thesen verbreiteten sich als Flugblätter im ganzen Reich. Der Papst drohte Luther die schärfste Strafe an: den Ausschluss aus der Kirche, Kirchenbann genannt. Doch Luther ließ sich davon nicht beeindrucken und verbrannte öffentlich das Schreiben des Papstes mit der Ankündigung des Banns. Auf dem Reichstag in Worms 1521 verteidigte Luther vor dem Kaiser und hohen Kirchenvertretern seine Ansichten. Kaiser Karl V. verhängte die „Reichsacht". Das bedeutete den Ausschluss aus der Gesellschaft. Doch inzwischen hatte Luther mächtige Unterstützer. Kurfürst Friedrich von Sachsen ließ Luther auf dem Rückweg von Worms durch eine vorgetäuschte Gefangennahme auf die Wartburg im heutigen Thüringen in Sicherheit bringen. Dort legte Luther seine Kleidung als Mönch ab und erhielt den Decknamen „Junker Jörg", um unerkannt zu bleiben. Hier verbrachte er seine Zeit mit der Übersetzung des Neuen Testaments aus dem Lateinischen sowie Griechischen in die deutsche Volkssprache. 1522 konnte er die Wartburg verlassen und war Prediger in der Stadtkirche von Wittenberg (heute Sachsen-Anhalt). 1525 heiratete Luther die ehemalige Nonne Katharina von Bora, mit der er sechs Kinder hatte. Bis zu seinem Tod 1546 arbeitete Luther an der Festigung seiner Lehre in der neu entstehenden evangelischen Kirche.
Verfassertext

M 2

Martin Luther als Augustinermönch, Gemälde aus der Werkstatt Lucas Cranachs des Älteren, 1521. Cranach war ein Anhänger Luthers.

1 Stelle mithilfe von M1 dar, welche Auswirkungen Luthers Kritik auf sein Leben hatte.

2 Heutige Kunsthistorikerinnen und Kunsthistoriker sind überzeugt, dass die Luther-Bildnisse nicht zeigen, wie er genau aussah, sondern wie er gesehen werden sollte. Erkläre diese Aussage, indem du beschreibst, wie Martin Luther auf dem Gemälde (M2) auf den Betrachter wirkt. Beziehe dabei die Informationen aus M1 ein.

Aufgabe für alle:

a) Stellt euch gegenseitig eure Ergebnisse vor und beurteilt, inwiefern Luthers Handeln der Erreichung seines Ziels (Reformation der Kirche) diente.

b) Nehmt zur Frage in der Überschrift Stellung.

B

M 3

Auszüge aus den 95 Thesen Luthers gegen den Ablasshandel (1517):

5. Der Papst will und kann nur die Strafen erlassen, die er aufgrund seiner eigenen Entscheidung oder aufgrund der kirchlichen Gesetze auferlegt hat ...

6. Der Papst kann Schuld nur vergeben, indem er erklärt und bestätigt, dass Gott diese Schuld vergeben hat ...

21. Deshalb irren die Ablassprediger, die behaupten, dass durch die Ablässe des Papstes der Mensch von ... Strafe befreit und gerettet wird ...

23. Wenn überhaupt jemandem ein Erlass aller Strafen gewährt wird, dann nur den Vollkommensten, also den Allerwenigsten ...

24. Der größte Teil des Volkes wird durch das ... Versprechen der Strafbefreiung betrogen ...

27. Lug und Trug [Lügen] predigen alle, die behaupten, die Seele erhebe sich aus dem Fegefeuer, wenn die Münze klingend in den Kasten fällt ...

36. Jedem wahren Christ, ob tot oder lebendig, wird die Strafe und Schuld auch ohne Ablassbriefe vollständig erlassen ...

43. Man muss die Christen lehren: Wer den Armen etwas abgibt, der handelt besser, als wenn er Ablässe kauft.

*Martin Luther, Kritische Gesamtausgabe (Weimarer Ausgabe 1), Berlin/Heidelberg (Springer) Sonderedition 2000, S. 233 ff.***

M 4

Luther verkündet seine Thesen in Wittenberg. Lutherdenkmal in Worms (Rheinland-Pfalz), Foto, 2011

1 Arbeite aus den Thesen Luthers (M3) seine Gründe für die Ablehnung des Ablasshandels heraus.

2 Stelle mithilfe von M3 und M4 Vermutungen an, welche Wirkung die öffentliche Verkündung der Kritik an der Kirche auf die Bevölkerung hatte.

▶ Hilfe

C

M 5

Luther auf dem Reichstag zu Worms (1521):

Martin Luther kommt nach Worms ... Unterwegs wird er in vielen Orten jubelnd empfangen ... Ein Freund schreibt ihm aus Worms: „Bist du verrückt geworden? Kehr um! Du bist in Gefahr!" Luther antwortet: „Und wenn in Worms so viel Teufel sind wie Ziegel auf den Dächern, so will ich doch hinein." ... Auf dem Reichstag steht Luther vor dem Kaiser, 6 Kurfürsten, 24 Herzögen, 7 Markgrafen, 30 Bischöfen, vor Rittern und Gesandten der Reichsstädte. Er soll seine Schriften widerrufen, weil sie als ketzerisch gelten. Doch Luther begründet, warum ihm dies nicht möglich ist: „Wenn ich nicht mit Zeugnissen der Bibel oder mit offenbaren Vernunftgründen besiegt werde, so bleibt mein Gewissen gefangen in Gottes Wort. Denn ich glaube weder den Konzilen* allein noch dem Papst, weil es offenkundig ist, dass sie öfter geirrt und sich selbst widersprochen haben. Widerrufen kann und will ich nicht, weil es weder sicher noch ratsam ist, etwas gegen sein Gewissen zu tun. Gott helfe mir. Amen." ... Der Kaiser beendet die Sitzung. Kurz darauf verhängt er die Reichsacht[1] über Luther ... Aber Kurfürst Friedrich der Weise lässt Luther zum Schein überfallen und zum Schutz auf die Wartburg in Thüringen bringen. Von dort schreibt er in einem Brief: „Ich lasse mich hier einsperren und verbergen. Zwar hätte ich lieber von den Händen der Tyrannen den Tod erlitten; doch muss man die Hilfe guter Leute nicht verachten."

*Dietrich Steinwende, Reformation – Martin Luther: Ein Sachbilderbuch zur Kirchengeschichte, 2. Aufl., Lahr (Kaufmann) 1983, S. 29 ff.**

[1] *Bei schweren Vergehen konnte der König oder ein von ihm beauftragter Richter den Täter ächten. Dieser war dann aus der Gesellschaft ausgestoßen.*

1 Arbeite aus M5 heraus, welchen unterschiedlichen Reaktionen Luther begegnete.

2 Charakterisiere Luthers Verhalten vor, auf und nach dem Wormser Reichstag.

Die Reformation: Wie wird aus dem Protest Luthers eine neue Konfession?

Durch seine Kritik an der Kirche wollte Martin Luther keine neue Glaubenslehre gründen, sondern die katholische Kirche reformieren. Doch bald verbreitete sich der Protestantismus als neue Konfession* im gesamten Deutschen Reich.

- ***Untersuche die Gründe, die dafür entscheidend waren.***

M 1

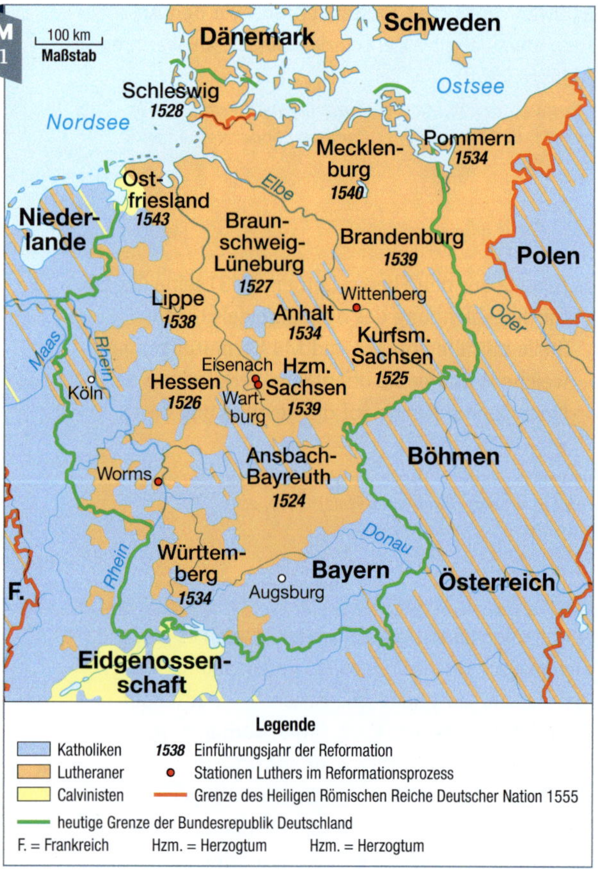

Verteilung der Konfessionen im deutschen Sprachraum in der zweiten Hälfte des 16. Jahrhunderts

Was lehrte Martin Luther?

Luthers Schriften bildeten die Grundlage für die neue Glaubenslehre der Protestanten. Zu den zentralen Inhalten der lutherischen Glaubenslehre gehörte das „Priestertum aller Gläubigen“. Für Luther gab es keinen Unterschied zwischen einem Geistlichen und einem Laien*, denn jeder Mensch wurde nach Meinung Luthers durch die Taufe zum Verkünder von Gottes Wort. Er lehrte, dass der Mensch nur im Glauben zu Gott dessen Gnade erfahren könne. Nicht die religiösen Pflichten und Handlungen, wie sie die katholische Kirche vorschrieb, sondern die direkte Beziehung zu Gott bildete den Kern der Lehre Luthers. Nach Luthers Auffassung wurde die Kirche als Vermittler zwischen Gott und den Menschen nicht mehr benötigt. Die wichtigste Orientierung für die Gläubigen seien die vier Evangelien des neuen Testaments. Daher kommt der Name „evangelisch“ für die neue Konfession der Protestanten.

Die Folgen von Luthers Handeln

Noch auf der Wartburg begann Luther 1521/1522, das Neue Testament ins Deutsche zu übersetzen. Da es Mitte des 16. Jahrhundert keine einheitliche deutsche Sprache gab, trug Luthers Bibelübersetzung mit vielen von ihm geschaffenen und bis heute gültigen Redewendungen zu einer Vereinheitlichung der deutschen Sprache bei. Die neue Lehre wurde über Flugblätter und gedruckte Schriften verbreitet. Unter dem Schutz des sächsischen Kurfürsten bildeten sich in Sachsen die ersten evangelischen Gemeinschaften, die nach den Regeln Luthers leben wollten. Die Gemeindemitglieder wählten die Pfarrer, und der Gottesdienst wurde in deutscher Sprache abgehalten. Vor allem Stadtbürger schlossen sich der Reformation an. Sie sahen darin eine Unterstützung ihres Freiheitsstrebens gegen kirchliche Bevormundung. Dies war eigentlich nicht das Ziel Luthers.

Wie in Sachsen duldeten bald immer mehr Landesherren diese Reformgemeinden oder sorgten für deren Verbreitung. Damit entstanden Landeskirchen, deren Oberhaupt die jeweiligen Landesfürsten wurden („Landesherrliches Kirchenregiment“). Sie nahmen als weltliche Herrscher die Funktion eines geistlichen Landesbischofs ein und gaben für ihr Territorium eine eigene Kirchenordnung* heraus. Die Landesherren kümmerten sich um die Neugestaltung der Gottesdienste, die

Wortschatz: ein Protestant, die Protestanten • einer Konfession angehören • evangelisch sein • die Beendigung kirchlicher Bevormundung • ein Fürst steht einer Landeskirche vor (= er ist das Oberhaupt) • die Pfarrerwahl

Versorgung der Pfarreien mit gut ausgebildeten Pfarrern und um die Erneuerung des Schulwesens.

Weitere bedeutende Reformatoren

In Zürich wirkte der Priester Ulrich Zwingli (1484 bis 1531), ursprünglich ein Anhänger Luthers, der dann aber eigene Lehren entwickelte. Auch der Franzose Jean Calvin (1509 bis 1564) entwickelte eine neue Lehre. Er war überzeugt, dass Gott jeden Menschen von Geburt an entweder auserwählt oder verdammt hatte. Auserwähltheit zeige sich laut Calvin am beruflichen Erfolg und Reichtum im irdischen Leben. Nach calvinistischer* Lehre sollten alle Bilder aus den Kirchen verbannt und Vergnügungen wie Kartenspiel und Tanz unter Strafe gestellt werden. Anhänger dieser Reformatoren werden als „Reformierte" bezeichnet.

M 2

Mit Einführung der Reformation gab sich die Stadt Wittenberg 1522 die folgende neue Kirchenordnung:

1. Zunächst wurde einhellig beschlossen, dass alle Einkünfte der Gotteshäuser, Priesterschaften und Zünfte zusammen in eine gemeinsame Kasse gebracht werden ...

10. Ebenso sollen aus der gemeinsamen Kasse arme Waisen – besonders unverheiratete junge Frauen – und sonstige armer Leute Kinder ... unterstützt werden ...

13. Ebenso sollen auch die Bilder und Altäre in der Kirche entfernt werden, um Abgötterei[1] zu vermeiden ...

15. Auch soll man besonders darauf achten, dass Kinder armer Leute, die zu Schule und Studium geschickt sind und doch der Armut wegen nicht dabei bleiben könnten, die Mittel erhalten, damit man allezeit gelehrte Leute habe, die das heilige Evangelium und die Schrift predigen, und dass auch im weltlichen Regiment[2] an geeigneten Leuten kein Mangel sei.

*Zit. nach Helmar Oberman (Hg.), Kirchen- und Theologiegeschichte in Quellen, Bd. 3, Neukirchen (Neukirchener Verlag) 1981, S. 128.**

[1] *das Anbeten eines Bildes von Gott anstatt Gott*
[2] *in Regierung und Verwaltung*

M 3

Luther über Grundsätze seiner Bibelübersetzung (1530):

Man muss nicht die Buchstaben in der lateinischen Sprache fragen, wie man soll Deutsch reden ..., sondern man muss die Mutter im Haus, die Kinder auf der Gasse, den einfachen Mann auf dem Markt darum fragen, und denselbigen auf das Maul sehen, wie sie reden, und danach dolmetschen, so dass die es dann verstehen und merken, dass man Deutsch mit ihnen redet.

*Zit. nach Thomas Kaufmann, Martin Luther, 3. Auflage, München (Beck) 2014, S. 72 f.***

(die) Reformation (lat. Umgestaltung, Erneuerung)
Eine kirchliche Erneuerungsbewegung, die eine Reform der katholischen Kirche anstrebte. Sie führte zur Spaltung des westlichen Christentums durch die Entstehung der evangelischen Kirchen. Kerngedanken der Reformation waren Glaube und Heilssuche in der persönlichen Beziehung zu Gott.

(die) Landeskirchen
evangelische Kirchen unter der Aufsicht eines weltlichen Landesfürsten, der in evangelischen Territorien an die Stelle der Bischöfe trat

1 Fasse die reformatorischen Kerngedanken Luthers zusammen (Darstellungstext, Begriffskasten). Nutze den **Wortschatz**.
2 Beschreibe die Ausbreitung der Reformation im deutschen Sprachraum (M1).
3 Arbeite Gründe für die Ausbreitung der Lehre Luthers heraus (Darstellungstext, M2).
4 Erläutere, wie Luther bei seiner Bibelübersetzung vorgehen wollte und welche Gründe er dafür angab (M3). ▶ Hilfe
5 **a)** Arbeite aus dem Darstellungstext (Z. 21 ff.) und aus M2 die Folgen von Luthers Handeln heraus.
b) Diskutiere, ob es sich dabei jeweils um beabsichtigte oder unbeabsichtigte Folgen handelte. **Tipp** → S. 151.
6 Eine Stadt will sich im Jahr 1522 der Reformation anschließen. Erörtert auf Basis des Darstellungstextes und M2, was in der Gemeinde und in der Kirche anders werden soll.
7 Beurteile die Bedeutung eines „Landesherrlichen Kirchenregiments" für den Machtausbau der evangelischen Landesherren (Darstellungstext).

Zusatzaufgabe → S. 150.

Ein Flugblatt untersuchen und deuten

Zur Zeit Luthers, als nur wenige Menschen lesen und schreiben konnten, war die Verbreitung von Informationen in Form von Bildern besonders wichtig. Im Lauf der Reformation entstand eine große Anzahl von Flugblättern, mit denen für den eigenen Glauben geworben oder die jeweils andere Konfession verspottet wurde.

- ***Untersuche mithilfe der Arbeitsschritte ein Flugblatt aus der Reformationszeit.***

M 1

Das Flugblatt „Ego sum Papa" zeigt Papst Alexander VI. (1492–1503). Anonymer (= unbekannter) Künstler, um 1500, nachträglich koloriert. 1 „Ego sum Papa" = „Ich bin Papst", 2) Galgenstrick (Werkzeug eines Henkers), 3) Dreizack, Waffe des griech. Gottes Poseidon: Symbol des Teufels und von Hexen, 4) Tiara (dreifache Papstkrone), hier mit Flammen, 5) Krallenhände, 6) Geierkopf (Teufel und Dämonen werden auf christlichen Bildern oft mit zwei Gesichtern dargestellt), 7) Kreuz

Was sind Flugschriften oder Flugblätter?

Eine Flugschrift umfasste im Mittelalter mehrere Seiten. Sie war aber nicht wie ein Buch gebunden. Luthers Verteidigungsrede vor dem Kaiser in Worms (1521) war auf diese Weise im gesamten Reich verbreitet worden.

Wenn nur eine Einzelseite gedruckt wird, sprechen wir von einem Flugblatt. Flugblätter werden heute vielfach in der Werbung und von politischen Parteien und Organisationen eingesetzt. Die Flugblätter der Reformationszeit enthielten wenig Text, aber ein großes oder mehrere kleine Bilder. Händler verkauften die Flugblätter vor Kirchen, auf Märkten und Plätzen.

Herstellung und Bildsprache

Die von Johannes Gutenberg (siehe S. 74) entwickelte Drucktechnik führte dazu, dass vor allem Flugblätter günstig und schnell in hoher Zahl produziert und in mehreren Regionen gleichzeitig verbreitet werden konnten. Die massenhafte Produktion von Druckerzeugnissen war eine Medienrevolution: Neue Gedanken konnten sehr schnell im Reich verbreitet werden, ohne dass die Leser zum Beispiel an einer Predigt Luthers direkt teilnehmen mussten.

Viele Symbole, die damals verwendet wurden, um den Zeitgenossen das Verständnis zu erleichtern, lassen sich heute noch erklären und deuten. Beliebt waren Teufelsfiguren mit Krallenpfoten sowie Tierdarstellungen mit eindeutiger Zuschreibung bestimmter Eigenschaften. Der Esel stand für Dummheit, das Schaf für Folgsamkeit, der Wolf für Gefräßigkeit und Gier. Der Hahn war ein beliebtes Symbol für den Teufel. Andere Symbole setzen dagegen spezielle Kenntnisse über die Zeit voraus, wie zum Beispiel die Ablassbriefe, die als Stück Pergament mit vielen Siegeln auf zahlreichen Flugblättern um 1500 zu sehen sind.

Arbeitsschritte „Ein Flugblatt untersuchen und deuten“

Angaben zum Bild machen	Sprachliche Formulierungshilfen
1. Ist der Künstler bekannt? Wie lautet sein Name?	• *Der Künstler ist ...*
2. Wann und wo wurde das Flugblatt hergestellt?	• *Das Flugblatt entstand um ...*
3. Wie lautet der Titel und/oder die Bildunterschrift?	• *Das Flugblatt hat den Titel ...*
Text- und Bildelemente beschreiben	
4. Wer oder was wird dargestellt? Beschreibe: dargestellte Personen (Kleidung, Aussehen, Mimik, Gestik, Blickrichtung, Blickkontakt, Größenverhältnis, Nähe/Distanz zueinander), Gegenstände sowie Hintergrund und Farbgebung.	• *Es wird nur eine Person abgebildet. Die dargestellte Figur ist ein Mischwesen aus Mensch und Tier. Das erkennt man am ... Auf dem Kopf ... Auf der Brust ist das Gesicht eines Geiers zu erkennen. In der rechten Hand hält ... Die Kleidung ist ...*
5. Gibt es einen weiteren Text? In welcher Beziehung stehen Text und Bild zueinander?	• ...
Bild- und Textelemente zusammenfügen und deuten	
6. Welche Symbole werden verwendet und wofür stehen sie?	• *Das Mischwesen soll den Papst darstellen. Dies ist zu erkennen an ...* • *Das Seil des Henkers und die Folterwerkzeuge sollen zeigen, dass ...*
7. Welche Gesten werden verwendet und welche Wirkung wird mit ihnen erreicht?	• *Die erhobene Hand eines Papstes wirkt segnend. Durch die Darstellung als Kralle entsteht aber der Eindruck, dass ...*
8. Welchen Bezug zur Thematik enthält das Bild?	• *Ziehe deine Kenntnisse über die Reformation heran: Das Bild bezieht sich auf .../darauf, dass ...*
Aussage formulieren	
9. Welche Gesamtaussage hat das Flugblatt?	• *Mit seinem Flugblatt will der Künstler den teuflischen Charakter des Papstes hervorheben.*
10. Wie hat das Flugblatt wohl auf Zeitgenossen gewirkt? Wie wirkt es auf dich? (Was ist für einen heutigen Betrachter vertraut, was fremd?)	• *Das Flugblatt hat aufgrund der Bösartigkeit der Dämonenfigur ... auf die Menschen damals gewirkt, weil ...* • *Auf mich wirkt es ..., weil ...*
11. Welchem Zweck diente das Flugblatt? Ergreift der Künstler durch seine Darstellung Partei?	• *Der Künstler ist Anhänger Luthers, da er ...* • *Er kritisiert .../übt Kritik an ...*

1 Untersuche M1 mithilfe der Arbeitsschritte. Ergänze die sprachlichen Formulierungshilfen besonders dort, wo du Auslassungszeichen siehst (...).

2 **Partnerarbeit:** Diskutiert, auf welche Weise heute politische Meinungen verbreitet werden. Wie werden eurer Ansicht nach heute die meisten Menschen erreicht? Begründet eure Entscheidung.

cornelsen.de/webcodes
Code: pekiha
Kopiervorlage Methodentabelle

Warum kam es zu den Bauernaufständen?

Immer wieder kam es im Mittelalter zu Aufständen der Bauern gegen ihre geistlichen und weltlichen Herren. Eine besondere Bedeutung hatte der Bauernaufstand von 1524 bis 1526. Vor allem im Südwesten des Deutschen Reichs erhoben sich nach Ausbreitung der Reformation die Bauern. Sie plünderten Klöster oder belagerten und verwüsteten Burgen und Schlösser.

- ***Untersuche die Ursachen für die Bauernaufstände.***
- ***Arbeite heraus, welche Rolle die Reformation dabei spielte.***

cornelsen.de/webcodes
Code: ritedo
Bauernkrieg

Warum waren die Bauern unzufrieden?

Luther veröffentlichte 1520 seine Schrift „Von der Freiheit eines Christenmenschen". Darin schrieb er, dass der „Christenmensch ein freier Herr über alle Dinge und niemandem untertan" sei. Luther hatte diese Aussage auf den Glauben bezogen. Die Bauern leiteten daraus im Frühjahr 1525 ihre eigenen Forderungen ab.
Seit dem 14. Jahrhundert hatte sich die soziale Lage der Bauernfamilien verschlechtert. Die Last der Abgaben war höher geworden. Missernten und Krankheiten führten dazu, dass sich viele abhängige Bauern bei den Grundherren verschuldeten und Leibeigene wurden. Sie verloren ihre persönliche Freiheit. Während Grundherren und Adlige ihren Besitz und ihre Herrschaft ausweiteten, verarmten viele Bauern.

Die Bauernaufstände beginnen

An der Spitze der Aufstände standen reiche Bauern, deren Stimme innerhalb der Dorfgemeinschaft von besonderem Gewicht war. Es gab immer stärkere Eingriffe in die Dorfgerichte durch Beamte und Richter, die den Herren verpflichtet waren. Die Bauern sahen die alten Rechte der Dorfgemeinden (das kostenlose Schlagen von Bau- und Brennholz und die Nutzung von Dorfweiden für ihr Vieh) verletzt. Diese wollten sie verteidigen.
Die Forderungen der Bauern wurden in Flugblättern in den südwestlichen und mittleren Gebieten des Deutschen Reichs verbreitet. Im deutschen Südwesten lebten viele Bauern, die wenig Land besaßen, aber viele Abgaben entrichten mussten. Hier hatten die Predigten der Reformatoren und die Bilddarstellungen auf Flugblättern besonders viel Erfolg. Zunächst gab es noch Verhandlungen zwischen Bauern und Fürsten. Diese scheiterten aber und der Konflikt spitzte sich weiter zu. Die Fürsten schlossen sich zum „Schwäbischen Bund" zusammen. Mit Mord- und Brandzügen schwächten die fürstlichen Truppen die Widerstandskraft der Bauern. Da aber auch die Bauern vor Morden nicht zurückschreckten, verloren sie bald den moralischen Rückhalt in der Bevölkerung. Auf beiden Seiten gab es etwa 75 000 Tote, wobei der Anteil bei den aufständischen Bauern überwog.

M 1

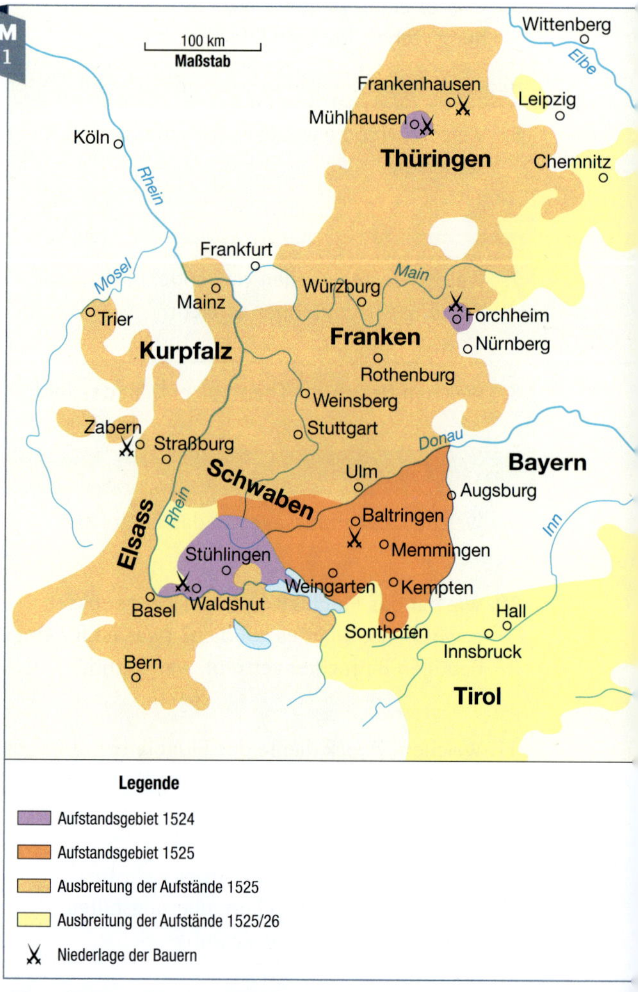

Die Verbreitung der Bauernaufstände 1524–1526

Wortschatz: aus einer Aussage politische Forderungen ableiten • alte Rechte verteidigen • die Verhandlungen scheitern • ein Konflikt spitzt sich zu • die Widerstandskraft schwächen • den moralischen Rückhalt verlieren

M 2

Die „Zwölf Artikel" der Bauernschaft

Im April 1525 forderten die Bauern unter anderem:

1. Die Gemeinde soll ihren Pfarrer selbst wählen dürfen. Er soll das reine Evangelium predigen.

2. Der Kornzehnt soll für die Bezahlung des Pfarrers genutzt werden, der Viehzehnt entfällt.

3. Die Leibeigenschaft soll aufgehoben werden, da Christus alle mit seinem Blut erlöst und freigekauft hat ...

5. Wald und Holz, die sich die Herren angeeignet haben, sollen wieder an die Gemeinde zurückfallen, damit alle einen Nutzen haben.

6. Die Frondienste sollen verringert werden auf das Maß, das für die Eltern galt.

7. Vor Gericht soll man nach den alten geschriebenen Gesetzen bestraft werden und nicht nach der Willkür der Richter ...

10. Wiesen und Äcker, die einmal der Gemeinde gehörten, sollen wieder zurückgegeben werden.

11. Die Todfallsteuer[1] soll ganz wegfallen, denn Witwen und Waisen etwas wegzunehmen, ist gegen Gottes Gebot.

*Zusammengestellt und bearbeitet nach Hans-Joachim Steigerthal, Reformation und Gegenreformation/Glaubenskriege, Stuttgart (Klett) 1993, S. 54 f.**

[1] Steuer, die beim Tod eines Bauern zu zahlen war. Das war oft ein Drittel des gesamten Besitzes.

M 3

Luthers Meinung zu den Aufständen (1525)

Luther stand den Forderungen der Bauern zunächst positiv gegenüber. Er änderte aber seine Meinung:

Erstens haben sie ihrer Obrigkeit Treue und Ergebenheit geschworen, untertänig und gehorsam zu sein, wie das Gott gebietet. Da sie aber diesen Gehorsam mutwillig brechen und sich dazu gegen ihre Herren stellen, haben sie dadurch Leib und Seele verwirkt ... Zweitens, sie machen Aufruhr, berauben und plündern unter Gewalttaten Klöster und Schlösser, womit sie schon ... zweifachen Tod an Leib und Seele verdient haben ... Drittens decken sie diese schreckliche, grauenhafte Sünde mit dem Evangelium, nennen sich christliche Brüder ..., wodurch sie die allergrößten Gotteslästerer ... werden ... Drum soll hier ... würgen und stechen, heimlich oder öffentlich, wer da kann ..., gleich als wenn man einen tollwütigen Hund totschlagen muss.

*Martin Luther, Kritische Gesamtausgabe (Weimarer Ausgabe 1), Berlin/Heidelberg (Springer) Sonderedition 2000, S. 299.***

M 4

Plünderung des Klosters Weißenau, Federzeichnung aus der Bauernkriegschronik des Abts Jakob Murer, 1525

1 **Methode:** Werte die Karte M1 mithilfe der Arbeitsschritte „Eine Geschichtskarte auswerten" auf S. 161 aus. Fasse zusammen, was du über die Ausbreitung und den Verlauf des Bauernkrieges erfährst. **Tipp** → S. 151.
▸ Hilfe

2 Stelle den Ursachen der Unzufriedenheit der Bauern ihre Forderungen gegenüber (M2, Darstellungstext). **Tipp** → S. 151.

3 **a)** Erläutere, warum sich Martin Luthers Meinung zu den Bauernaufständen gewandelt hatte (Darstellungstext, M3, M4).
b) Partnerarbeit: Entwickelt ein Streitgespräch, bei dem einer die Positionen Luthers, der andere die Positionen der Bauern einnimmt. Nutze den **Wortschatz**. ▸ Hilfe

4 Beurteile, welche Rolle die Reformation im Bauernkrieg spielte.

Üben

Der Augsburger Religionsfrieden: Sieg der Fürsten?

Bis heute gibt es in Deutschland Regionen, die eher katholisch oder protestantisch beeinflusst wurden. Warum gibt es in Franken heute evangelische Hochburgen und warum ist Norddeutschland überwiegend protestantisch? Die Antwort findet sich in einem Prozess, der Konfessionalisierung* genannt wird. Ein wichtiger erster Schritt dahin bildet der Augsburger Religionsfrieden.

- ***Wie ist er entstanden und was waren seine Regelungen?***

Gründe für die Spaltung der Kirche

Die Glaubensspaltung vollzog sich innerhalb von dreißig Jahren nach Bekanntwerden von Luthers 95 Thesen in Wittenberg. Besondere Bedeutung in diesem Zusammenhang hatte die Tatsache, dass sowohl Luther als auch sein enger Mitstreiter der Gelehrte und Humanist Philipp Melanchthon (1497 bis 1560), in mehreren Schriften eine evangelische Kirchenlehre begründeten, die die Abgrenzung des neuen vom alten Bekenntnis deutlich machte. Zudem trug der entschiedene Widerstand der katholischen Theologen und der Kirche in Rom zur Verhärtung der Fronten bei. In mehreren Auseinandersetzungen zeigten sie, dass sie zwar ansatzweise zu einer innerkirchlichen Reform bereit waren, nicht aber zu einer Anerkennung der protestantischen Forderungen. Letztlich führte das Vorgehen des Kaisers, der gemäß seinem Herrschaftsanspruch keine Eigenmächtigkeit protestantischer Fürsten dulden wollte, zu deren erbittertem Widerstand.

Der Reichstag zu Augsburg 1530

Als Kaiser Karl V. 1530 die Fürsten zum Reichstag nach Augsburg zusammenrief, um eine Verständigung in Glaubensfragen herbeizuführen, verfasste Melanchthon eine Bekenntnisschrift der Protestanten („Augsburger Konfession"). Dabei versuchte er, die Unterschiede zwischen den beiden Glaubensgruppen so gering wie möglich darzustellen. Die papsttreuen Theologen konnten sich dennoch nicht mit der Sichtweise der Evangelischen zu Heiligenverehrung, guten Werken und zur Stellung der römischen Kirche einverstanden erklären. Eine Einigung im Glaubensstreit rückte in weite Ferne. Schon ein Jahr nach dem Augsburger Reichstag 1531 gründeten die protestantischen Fürsten und Reichsstädte im thüringischen Schmalkalden ein Beistandsbündnis, um ihre Rechte als Landesherren und ihre Religionsfreiheit zur Not auch mit Waffen zu verteidigen.

Keine Einigung in Sicht

Der Kaiser setzte nun alle Hoffnungen auf ein kirchliches Konzil*. 1545 eröffnete Papst Paul III. das Konzil von Trient. Ein Kompromiss zwischen Katholiken und Protestanten blieb aber aus, da der Papst sich die Billigung aller Beschlüsse vorbehielt und so jede Verhandlungsbereitschaft bei Luther verspielte.
Der Kaiser, der aufgrund gleichzeitiger Kriege im Ausland kein Interesse an einem gewaltsam ausgetragenen Streit zwischen Protestanten und Katholiken hatte, nutzte 1546 eine Atempause, um schließlich doch den Krieg zwischen einem kaiserlichen Heer und dem Schmalkaldischen Bund herbeizuführen. Karl V. siegte, doch eine endgültige Lösung des Glaubensstreites war nicht erreicht.

Friedensschluss und Anerkennung der Glaubensspaltung

Einen Meilenstein in der Entwicklung beider Konfessionen* bildete der Augsburger Religionsfrieden von 1555 (M1). Hier wurde nach langen Verhandlungen ein Religionsfrieden geschlossen. Ab diesem Zeitpunkt galt: Das katholische wie das lutherische Glaubensbekenntnis wurden gleichgestellt. Andersgläubige sollten auswandern. Geistliche Fürsten wie Erzbischöfe konnten zwar evangelisch werden, mussten aber dann ihr Amt aufgeben. Ein erster Kompromiss wurde so geschlossen. Ein Ende der religiösen Konflikte bedeutete dies aber nicht.

Wortschatz: die Spaltung in zwei Konfessionen • den Glauben wechseln • eine Hoffnung in etwas setzen • ein Konzil eröffnen • zum ... Glauben übertreten • ein Gebiet wird eingegliedert • ein Meilenstein (= ein wichtiger Einschnitt oder Wendepunkt) • etwas wird gleichgestellt • ein Kompromiss wird geschlossen

M 1

Auszug aus den Bestimmungen des Augsburger Religionsfriedens (1555):

1. Die Landesherren können wählen, ob sie den evangelischen oder katholischen Glauben annehmen wollen. Die anderen protestantischen Glaubensrichtungen bleiben ausgeschlossen.

2. Die Untertanen müssen den Glauben ihres Landesherrn annehmen. (Wer herrscht, darf die Religion bestimmen.) Wer sich dem nicht anschließen will, darf auswandern.

3. Die evangelischen Landesherren dürfen die Kirchengüter behalten, die sie vor 1552 schon länger besaßen oder eingezogen hatten.

4. „Geistlicher Vorbehalt": Tritt ein geistlicher Fürst zum evangelischen Glauben über, muss er auf sein Amt verzichten.

5. In den Reichsstädten sollen beide Konfessionen nebeneinander bestehen können.

*Zusammengestellt nach Heinz D. Schmid, Fragen an die Geschichte, Bd. 2, 6. Aufl., Berlin (Cornelsen) 1981, S. 244.**

M 2

Sind gute Christen fügsame Untertanen?

Nach dem Augsburger Religionsfrieden bildeten sich immer deutlicher zwei Konfessionen heraus. Sie grenzten sich durch unterschiedliche Glaubensbekenntnisse scharf voneinander ab und entwickelten jeweils eigene religiöse Formen: Prozessionen und Heiligenfeste etwa wurden bei Katholiken wichtig; Lutheraner betonten Bibelfrömmigkeit und strenge Lebensführung. So spielte der Glauben im Leben der Anhänger beider Konfessionen eine große Rolle und prägte Alltag und Denken der Menschen für lange Zeit.

Das wollten Fürsten für ihre Zwecke nutzen, deshalb schalteten sie sich in die Konfessionsbildung ein und steuerten sie. Die evangelischen Fürsten hatten dabei besondere Möglichkeiten, weil sie die Pfarrer ernannten und bezahlten. Bei beiden Konfessionen erlangte die Schulbildung eine große Bedeutung. Viele evangelische Fürsten, unter ihnen Kurfürst Moritz von Sachsen, lösten katholische Klöster in ihren Gebieten nicht einfach auf, sondern wandelten sie in höhere Schulen für künftige Beamte und Pfarrer um. Auch in katholischen Gebieten gab es entsprechende hoch angesehene kirchliche Schulen. Wer später als Staatsbeamter oder Geistlicher zur katholischen Elite gehören wollte, musste eine solche Bildungsstätte besucht haben.

Diese intensive religiöse Einbindung der Menschen hatte auch eine weltliche Wirkung, die die Historiker als „Sozialdisziplinierung" bezeichnen. Menschen, die bereit waren, sich an kirchliche Gebote zu halten, folgten auch eher den Gesetzen des Staates und den Regeln des Anstands. Taten sie es nicht, griff oft keine Polizei ein, sondern Nachbarn, Lehrer oder Pfarrer brachten den Abweichler wieder auf den rechten Weg. Dank dieser Entwicklung einer zunehmenden Konfessionalisierung konnten die Fürsten ihre Untertanen stärker denn je kontrollieren.

Verfassertext

1 Wähle eine Aufgabe aus:

a) Beschreibe die Bedeutung, die das Augsburger Bekenntnis von 1530 und der Krieg des Kaisers gegen den Schmalkaldischen Bund für das Zerbrechen der Glaubenseinheit hatten (Darstellungstext).

b) Gib mithilfe des Darstellungstextes die Gründe wieder, die zur Glaubensspaltung im Reich führten.

2 Fasse die Beschlüsse des Augsburger Religionsfriedens zusammen (M1).

3 a) Nimm Stellung zu der Frage, wer von den Friedensregelungen profitierte und wer nicht (Darstellungstext, M1). ▶ Hilfe

b) Benenne die beiden für dich wichtigsten Bestimmungen in M1 und begründe deine Auswahl.

4 Wähle eine Aufgabe aus:

a) Überprüfe mithilfe von M2, ob und wie die Fürsten mithilfe der Religion ihre Macht steigern konnten.

b) Diskutiere, inwiefern die Reichsfürsten die Religion und den Glaubensstreit benutzten, um ihre eigene Macht weiter auszubauen (M2).

Nutze jeweils den **Wortschatz**.

500 Jahre danach: Was geht uns die Reformation noch an?

Die Reformation hatte weitreichende Folgen, ohne die unsere Gesellschaft heute nicht die wäre, die sie ist – mit vielen positiven Aspekten.

- ***Untersuche auf dieser Seite, welche Spuren die Reformation bis heute hinterlassen hat.***

M1 *Luther-Spielzeugfigur*

M2

500 Jahre danach: Was geht uns die Reformation noch an?

Mit der Geschichte ist es so eine Sache: Sie ist Vergangenheit. Und manchmal fragt man sich, was sie eigentlich heute noch mit unserem Leben zu tun hat. Vor genau 500 Jahren, am 31. Oktober 1517, lösen Luthers Thesen gegen den Ablasshandel der Kirche ein folgenschweres Ereignis aus: die Reformation. Die Konsequenzen für Theologie und Kirche sind offensichtlich ...

Doch die Reformation hat nicht nur die Kirche verändert, sondern die gesamte Gesellschaft. Die Folgen sind bis heute zu spüren ...

Eine für alle: Unsere Sprache

... Nicht zuletzt war sie [Luthers Bibelübersetzung] ein entscheidender Faktor, dass sich ... eine deutsche Hochsprache entwickelt hat. Bis heute prägt außerdem Luthers bildgewaltige Übersetzung der Bibel unsere Sprache. Wir verdanken ihm zum Beispiel unzählige Sprichwörter und Redewendungen. Wenn Sie jemandem Ihr „Herz ausschütten", weil es Ihnen „wie Schuppen von den Augen gefallen ist", dass Sie auf einen „Wolf im Schafspelz" hereingefallen sind, der „mit Engelszungen auf sie eingeredet hat" – so wären das nur vier Beispiele für Formulierungen, die wir ohne Luther heute nicht hätten. Und das gilt auch, wenn die Bibel für Sie ein „Buch mit sieben Siegeln" bleibt und sie schon beim Anblick einer Kirche zur „Salzsäule erstarren". Und wenn Sie das nächste Mal „Perlen vor die Säue werfen" oder „anderen eine Grube graben", in die Sie selbst hineinfallen, zitieren Sie Luther.

Schule für alle: Unser Bildungssystem

Es war ein zentrales Anliegen Luthers ..., es dem einfachen Volk zu ermöglichen, selbst die Bibel zu studieren ... Dazu gehörte aber nicht nur eine ordentliche Bibelübersetzung, sondern auch Bildung – denn lesen und schreiben zu können war damals ein Privileg von Adligen und Geistlichen. Im Zuge der Reformation entstanden zahlreiche Bildungseinrichtungen und Schulen, und zwar sowohl für Jungen als auch für Mädchen. ....

*Autor: Fabian Maysenhölder, Quelle: www.n-tv.de/panorama/Was-geht-uns-die-Reformation-nochan-article20108439.html (Stand: 20. 07. 2023).***

Gruppenarbeit:

1 Die Luther-Figur (M1) ist mit über 1 Million Verkäufen die erfolgreichste Einzelfigur eines Spielzeugherstellers. Als Erklärung gibt der Vorsitzende der Evangelischen Kirche in Deutschland, Heinrich Bedford-Strohm, im Juni 2017 an, dass Eltern diese Figur ihren Kindern kaufen, weil sie spüren, dass sie mehr zu bieten habe als Darth Vader oder Spiderman.
Beurteilt in der Klasse, warum die Luther-Figur zu einem Verkaufserfolg werden konnte.

2 Arbeitet, ausgehend von M2, Stichpunkte zur Beantwortung der Überschrift heraus. Blättert auch noch einmal durch das Kapitel, um weitere Punkte zu finden. Nutzt den **Wortschatz**.

3 Fasst eure Ergebnisse in folgender Grafik zusammen und ergänzt weitere Aspekte:

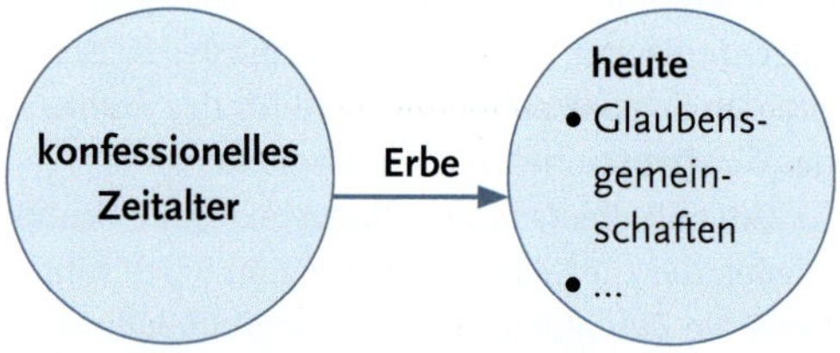

Wortschatz: ein folgenschweres Ereignis auslösen • etwas wird durch ein Ereignis geprägt • unzählige (= viele) Redewendungen – ein zentrales (= wichtiges) Anliegen haben • etwas hat Auswirkungen bis heute • historische Spuren in der Gegenwart

1450	1500	1550	1600	1650

um 1500 Zunahme des Ablasshandels

1517 95 Thesen Martin Luthers: Beginn der Reformation

1521 Reichstag in Worms: Reichsacht gegen Luther

1524/25 Bauernkrieg im Deutschen Reich

1530 Augsburger Konfession

1545–1563 Konzil von Trient

1555 Augsburger Religionsfrieden

Kirchenspaltung am Beginn der Neuzeit

Die Reformation führt zur Kirchenspaltung

Bei Krankheiten, Not und vorzeitigem Tod von Kindern erwarteten die Menschen Trost und Hilfe von der Kirche. Doch viele Priester kümmerten sich nicht um die Sorgen der Menschen. Vor allem das verschwenderische Leben vieler Bischöfe und der Päpste sowie das Geschäft mit dem **Ablasshandel** empörte viele Gläubige. **Martin Luther** protestierte mit seinen **95 Thesen** (1517) gegen diese Missstände und wollte die Kirche erneuern (reformieren). Seine theologischen Schriften rückten das Evangelium ins Zentrum des Glaubens und stellten die Autorität des Papstes infrage. Mit Luthers Übersetzung der Bibel ins Deutsche entstand eine neue, **„evangelische" Konfession**. Eine Kirchenspaltung war ursprünglich nicht das Ziel Luthers. Da viele Reichsfürsten zum neuen evangelischen Glauben übertraten, wurde die Reformation zu einer immer mächtigeren Bewegung. Aus dem Streit um die Erneuerung der Kirche wurde ein politischer Machtkampf zwischen dem Kaiser und den Fürsten, der schließlich nach der religiösen auch eine tiefe politische Spaltung des Heiligen Römischen Reichs Deutscher Nation zur Folge hatte.

Der Bauernkrieg

Proteste und vereinzelte Aufstände unzufriedener Bauern hat es im Spätmittelalter immer wieder gegeben. Im **„Bauernkrieg"** 1524 bis 1526 nahmen die Aufständischen die freiheitlichen Ideen der Reformation zum Anlass, gewaltsam ihre Lebensverhältnisse zu verbessern. Die Bauern verlangten das Ende der Leibeigenschaft und die Verringerung der Dienste und Abgaben. Vor allem ging es ihnen um die Wiederherstellung der traditionellen Rechte ihrer Dorfgemeinden. Dazu zählten das Recht zum kostenlosen Schlagen von Bau- und Brennholz sowie das Recht zur Nutzung von Dorfweiden für das Vieh. Diese Rechte waren durch die Ausweitung der Macht der Landesherren immer stärker eingeschränkt worden. Luther stand anfangs den Forderungen der Bauern positiv gegenüber. Als aber die Bauern im Südwesten des Reichs zum blutigen Kampf gegen Grundherren und Fürsten übergingen, rief Luther die Herrscher dazu auf, gegen die Aufständischen gewaltsam vorzugehen. Dies tat er offenbar, weil er vom Wohlwollen der protestantischen Fürsten abhängig war, nachdem die Reichsacht über ihn ausgesprochen worden war. 1525 wurden die Bauernheere von landesherrlichen Truppen besiegt.

Der Augsburger Religionsfrieden

Da die Spaltung der Länder des Reichs in katholische oder evangelische Regionen schon weit fortgeschritten war, wurde auf dem **Augsburger Reichstag** 1555 ein Kompromiss erzielt. Dort wurde die Gleichberechtigung beider Konfessionen beschlossen. Außerdem erhielt jeder Landesherr das Recht, über die Religionszugehörigkeit seiner Untertanen zu entscheiden.

Machtgewinn durch die Konfessionalisierung

Kaiser Karl V. (1519 bis 1556) sah die Einheit des Reichs bedroht, wenn es die Einheit im Glauben nicht mehr geben würde. Langjährige Kriege gegen Frankreich und das Osmanische Reich hatten jedoch dazu geführt, dass er sich nur selten im Deutschen Reich aufhielt und sich kaum um die **Reformation** kümmerte. Dies nutzten die Fürsten zur Stärkung ihrer Macht in ihren Herrschaftsgebieten: Sie erreichten dies durch die Oberaufsicht über kirchliche Angelegenheiten und durch eine Verwaltung durch gut ausgebildete Beamte.

1 Erstelle eine Mind-Map (→ S. 156) zum Thema Reformation. Verwende folgende Hauptäste: Ursachen, Verlauf, Ergebnisse und Folgen. Du kannst die Mind-Map auch digital erstellen (→ S. 159).

Im Kapitel konntest du folgendes Fachwissen und folgende Kompetenzen erwerben:

- Ursachen, Verlauf und Bedeutung der Reformation erklären
- Gründe für den raschen Erfolg der Reformation erläutern und beurteilen
- Ursachen und Verlauf der Bauernaufstände beschreiben
- die Ergebnisse des Augsburger Religionsfriedens beurteilen
- die Spuren der Reformation bis heute beurteilen
- **Medien und Methoden:** Ein Flugblatt untersuchen und deuten

M 1

Flugblatt „Im Höllenrachen“, Holzschnitt, vor 1536. Die Abbildung zeigt Nonnen und Mönche, die im Maul eines Teufels tafeln, der auf einem Ablassbrief sitzt.

M 2

Luther nutzte die sogenannte Lutherrose, um deutlich zu machen, dass ein Text wirklich von ihm stammte. Abbildung aus der Übersetzung des Alten Testaments von Martin Luther, 1523. Text unter der Lutherrose: Dis zeichen sey zeuge / das solche bucher durch meine hand gangen sind / denn des falschen druckes vnd bucher verderbens / vleyssigen sich ytzt viel.

M 3

Martin Luther über die Zerstörung von Bildern durch die „Bilderstürmer“ (1522):

Einige Anhänger Luthers nahmen Bibelstellen zum Anlass, alle Bilder und Statuen in den Kirchen zu zerstören, da es Götzenbilder[1] seien. Aufruhr bringt nimmermehr die Besserung, die man damit sucht. Denn Aufruhr hat keine Vernunft und geht ... mehr über die Unschuldigen denn über die Schuldigen. Darum ist kein Aufruhr recht, wie rechte Sach er immer haben mag und [es] folget allezeit mehr Schadens denn Besserung daraus.

*Zit. nach P. Börger, Quellen zur Geschichte der Reformation, Heidelberg (Quelle & Meyer) 1953, S. 23.***

[1] *Ein Bild oder ein Gegenstand, der als Gottheit verehrt wird. Für die Bilderstürmer war nur die Bibel Objekt der Verehrung.*

cornelsen.de/webcodes
Code: covehu
Selbsteinschätzungsbogen

M 4

Ein Mönch, der sich Luther anschloss, schrieb 1527:

1517 kamen etliche mit den gekauften Ablassbriefen zu Martin ... und beichteten. Als sie dabei aber sagten, dass sie weder von Ehebruch, Wucher noch unrechtem Gut und dergleichen Sünde und Bosheit ablassen wollten, da sprach sie Martin Luther nicht frei von ihren Sünden. Da beriefen sie sich auf die Ablassbriefe. Diese wollte Luther nicht anerkennen. Er berief sich auf die Aussagen der Bibel: Wenn ihr eure Sünde nicht bereut und Buße tut, werdet ihr alle umkommen.

*Zit. nach Heinrich Fausel (Hg.), Martin Luther, München (Siebenstern) 1967, S. 191.**

M 5

An die Entstehung der sogenannten „Zwölf Artikel" erinnert in Memmingen (Bayern) dieses Wandgemälde am Gebäude der Kramerzunft, dem damaligen Versammlungsort der Bauern. Foto, 2011

M 6

Szene aus einem calvinistischen Gottesdienst, Gemälde, 16. Jh. Protestantische Kirchen sind im Vergleich zu katholischen weitgehend schmucklos.

Sachkompetenz

1 Recherchiere, welche reformatorischen Ereignisse in der Nähe deines Schul- oder Wohnorts stattgefunden haben. Gib im Internet die Suchbegriffe „Stätten", „Reformation" und „Niedersachsen" ein.

2 Luther setzte schon früh ein Zeichen gegen Falschmeldungen:

a) Erkläre anhand von M2, weshalb das nötig war.

b) Diskutiert in der Klasse: Wie können heute Unwahrheiten in den Medien überprüft werden?

3 Vergleiche die in der Quelle M4 angesprochenen zwei Positionen zum Ablasshandel.

4 Ordne die in M5 dargestellten Personen drei verschiedenen Gruppen zu. Gib den Personen Sprechblasentexte.

5 Wähle drei Fachbegriffe aus dem Kapitel und erkläre sie deinem Banknachbarn.

Methodenkompetenz

6 Untersuche und deute das Flugblatt M1 mithilfe der Arbeitsschritte auf S. 137. ▶ Hilfe

Urteilskompetenz

7 Beurteile, warum es zum Bildersturm kam und warum Luther dies ablehnte (M3, M6).

8 **Gruppenarbeit:** Historikerinnen und Historiker sprechen im Zusammenhang mit Reformation und dem „konfessionellen Zeitalter" von einem „Missbrauch der Religion für andere Interessen". Wählt ein Beispiel aus, an dem ihr diese Behauptung überprüft und eure Sichtweise begründet:

A das Geschäft mit der Angst im Ablasshandel

B das Verlangen der Bauern nach Wiederherstellung alter Rechte

Check   Video: *Flugblatt „Im Höllenrachen"*

Kapitel 1:

→ S. 22/23

1 Arbeite aus M1 die Abgaben und Frondienste heraus, die Hörige dem Abt des Klosters Limburg leisten mussten.

2 Bewerte die Abgaben und Dienste der Limburger Hörigen: Welche Forderungen des Grundherrn scheinen dir aus heutiger Sicht noch akzeptabel, welche nicht? Begründe deine Meinung.

M1

Aus einer Urkunde Kaiser Konrads II. für das Kloster Limburg (1035):

Jeder Mann entrichte jährlich einen Schilling, eine Frau sechs Pfennige, oder aber es dienen Männer wie Frauen wöchentlich einen Tag auf dem Abtshof. Der Abt hat auch die Verfügungsgewalt über ihre noch unverheirateten Söhne. Er kann, welchen er will, in die Küche ..., in die Backstube stellen ..., die Wäsche waschen ..., die Pferde bewachen lassen und ihn zu jedem Dienst ... abordnen ... Wenn der Abt einen ... in seinem Gefolge haben will und ihn zum Truchsess[1] oder Mundschenk[2] oder zu seinem Reiter machen [will] ..., [so ist ihm dies erlaubt]. Nach dem Tode des Mannes wird das beste Stück Vieh ... zum Abtshof entrichtet, nach dem Tode einer Frau das wertvollste Kleid. Eine Frau, die außerhalb des Dorfes heiratet, gibt selbstverständlich ihren Zins von sechs Pfennigen.

*Zit. nach Quellen zur Geschichte des deutschen Bauernstandes, hg. v. Günther Franz, 2. Aufl., Darmstadt (Wiss. Buchgesellschaft) 1976, Nr. 51.***

[1] *Amtsträger, der für die Tafel und den Speisesaal zuständig war*

[2] *Amtsträger, der für den Wein zuständig war*

→ S. 30/31

1 Vergleiche mithilfe von M2 die Investitur eines katholischen Bischofs heute mit den Regelungen im Wormser Konkordat.

M2

Die Investitur eines katholischen Bischofs heute:

Ein neuer Bischof muss gewählt werden, wenn der bisherige Amtsinhaber stirbt, der Papst dessen Rücktritt mit Erreichen der Altersgrenze von 75 Jahren annimmt oder diesen in ein anderes Bistum versetzt. Die Neubesetzung verläuft dann z. B. in den Bistümern Freiburg und Rottenburg-Stuttgart folgendermaßen ab: Das sogenannte Domkapitel – bestehend aus den wichtigsten geistlichen Würdenträgern des Bistums – erstellt eine Liste geeigneter Kandidaten. Das Domkapitel schickt diese Liste direkt nach Rom in den Vatikan, in dem die Kandidaten unter Aufsicht des Papstes überprüft werden. Nach der Prüfung der vorgeschlagenen Kandidaten sendet der Vatikan eine Liste mit drei geeigneten Kandidaten zurück an das Bistum. Aus diesem Dreiervorschlag wählt das Domkapitel den neuen Bischof für das Bistum.

Der Vatikan fragt bei der amtierenden Landesregierung in Stuttgart nach, ob Bedenken gegen den Gewählten vorliegen. Gibt die Landesregierung grünes Licht, ernennt der Papst den Gewählten, der den Eid auf die Landesverfassung von Baden-Württemberg leistet. Dann wird die Bischofsweihe im Freiburger Münster oder im Rottenburger Dom gefeiert ...

*http://www.katholisch.de/aktuelles/aktuelle-artikel/schwierige-wahl (Stand: 22. 06. 2023).***

→ S. 46

1 **Recherche:** Informiere dich im Internet zu einem Handwerksberuf deiner Wahl, unter welchen Voraussetzungen man heutzutage **a)** eine Lehrstelle bekommt und **b)** einen Meisterbrief.

→ S. 47

1 Untersuche anhand von M3 die Bildungschancen der Frauen im Mittelalter.

M 3

Die Historikerin Edith Ennen schrieb 1994 über Mädchenbildung in den mittelalterlichen Städten:
In den ... betrachteten Städten war in den bürgerlichen Kreisen kein großer Unterschied der Knaben und Mädchenbildung festzustellen. Viele Frauen, vor allem Kauffrauen, konnten lesen, schreiben, rechnen und ihre eigenen oder des Ehegatten Geschäftsbücher führen. Aber seit etwa 1350 bahnte sich in den Städten eine Entwicklung an, von der die Mädchen ausgeschlossen blieben. Die Bürgersöhne besuchten in zunehmendem Ausmaß Universitäten in der weiten Fremde, in Italien und Frankreich, aber auch die Neugründungen ... in Prag, Heidelberg, Köln, Erfurt, Wien, Leipzig usw. Die Universitäten überrundeten die klösterliche Gelehrsamkeit und Bildung. Sie durchbrachen die überlieferte ständische Ordnung, an ihnen konnten Bürger- und sogar Bauernsöhne studieren ... Knaben- und Mädchenbildung gingen jetzt getrennte Wege ... Die Frau verfügte hinfort nicht nur über keine politischen Rechte, sie besaß vielfach auch gar nicht mehr die Voraussetzung für eine politische Laufbahn (weil ihr die Voraussetzung eines Studiums fehlte). In der Geschichtsforschung wurde festgestellt, dass Ärztinnen nach 1500 weitgehend aus den Urkunden verschwinden.

*Edith Ennen, Frauen im Mittelalter, 5. Aufl., München (C. H. Beck) 1994, S. 194.**

Kapitel 2:

→ S. 66/67

1 Nenne Beispiele: Wo begegnet dir die islamische Kultur heute im Alltag?

2 Beschreibe die Bedeutung, die eine Pilgerfahrt nach Mekka für das Zusammengehörigkeitsgefühl der Muslime hat (S. 66, M1).

→ S. 68/69

1 **Recherche:** Im heutigen Jordanien sind Wüstenschlösser der ersten islamischen Kalifen erhalten. Informiere dich im Internet und stelle ein Bauwerk in der Klasse vor. Nutze die Arbeitsschritte auf S. 248.

2 Stelle mithilfe von M1 den Einfluss des Kulturaustausches in der Landwirtschaft zusammen.

M 1

Über den Einfluss des Kulturaustausches in der Landwirtschaft (1999):
In Recemunds[1] Kalender finden wir die früheste Erwähnung einer Reihe von Feldfrüchten, die von den Arabern in Spanien eingeführt wurden: Dazu gehören Reis, Zuckerrohr, Auberginen, Wassermelonen und Bananen. Einige davon waren von Bewässerung abhängig. Der Reis zum Beispiel war eine Spezialität der Gegend um Valencia, wo es bereits hoch entwickelte Bewässerungssysteme gab ... Auch zahlreiche andere neue Feldfrüchte, die Recemund nicht nennt, die aber in anderen Quellen des 10. und 11. Jahrhunderts erwähnt sind, wurden angebaut, so beispielsweise Hartweizen, Baumwolle, Spinat, Artischocken, Orangen, Zitronen und Limonen ... Insbesondere die Bewässerung verlängerte die Vegetationszeit[2] des Jahres – auf gut bewässertem Land kann man ... vier Gemüseernten im Jahr erzielen – und mildert die Abhängigkeit von unvorhersehbaren Faktoren wie dem Wetter.

*Zit. nach Richard Fletcher, El Cid, übers. von Martin Pfeiffer, Weinheim u. a. (Beltz Quadriga) 1999, S. 32f.**

[1] *christlicher Bischof, der die islamische Kultur annahm*
[2] *Zeit, in der die Pflanzen wachsen*

→ S. 72/73

1 Vergleiche die Einschätzung über die Bedeutung und Folgen der Kreuzzüge in M2 und M3. Worin wird die Bedeutung der Kreuzzüge für die Kirche und die Gesellschaft gesehen?

M 2

In einem Handbuch zur Geschichte heißt es über die Bedeutung der Kreuzzüge:
In den Kreuzzügen kommt die Einheit des christlichen Abendlandes, das Gut und Blut für die religiöse Idee opfert, zu ihrem großartigen Ausdruck. Das christliche Rittertum schließt sich über alle nationalen Schranken hinweg zusammen und findet hier das höchste Ziel ihres idealen Strebens. Das Ansehen des Papsttums, das die Züge ins Werk setzte, erreicht einen Höhepunkt. Der schließliche Misserfolg dieser Unternehmen versetzt der Stellung der römischen Kirche einen nicht wieder verwundenen Schlag.

Ploetz, Auszug aus der Geschichte, 28. Auflage, Würzburg (Herder) 1976, S. 523.

M 3

Der französische Historiker Jacques Le Goff über die Kreuzzüge:
Die westliche Ritterschaft, die ins Heilige Land zog, verarmte dort an Menschen und Gütern ... Sie hat dort auch durch die wiederholten Niederlagen ... einen Teil ihres Ansehens verloren. Und sie kam häufig eher zerrüttet als gefestigt zurück. Auch die Kirche hat mehr verloren als gewonnen. Indem sie die Kreuzzüge zur Institution machte, Ablässe und Sondersteuern für die Kreuzfahrer gewährte und Militärorden schuf, die, nachdem sie das Heilige Land nicht hatten halten können, sich auf den Okzident [= Abendland] zurückzogen, ihn ausbeuteten und Ärgernis erregten, hat sie mehr Enttäuschung und Zorn hervorgerufen als Hoffnung genährt.

*Jacques Le Goff, Das Hochmittelalter, Fischer Weltgeschichte, Bd. 11, Frankfurt a. M. (Fischer TB) 1965, S. 144.***

→ S. 74/75

1 **a)** Recherchiere im Internet nach weiteren Abbildungen zum Aufruf des Papstes zum Kreuzzug.
b) Erkläre, warum das Dargestellte in M1 auf S. 74 vermutlich so nicht stattgefunden hat. Beachte die Entstehungszeit der Rede M2 und des Holzschnitts M1.

Kapitel 3:

→ S. 96

1 Lies M1 und stelle dar, wie Rheticus das streng wissenschaftliche Vorgehen des Kopernikus beschreibt. Verwende dabei folgende Begriffe: *Beobachtung – Vermutung – Überprüfung – Theorie.*

M 1

Wissenschaftliches Arbeiten
Der Wittenberger Mathematikprofessor Rheticus hatte 1539 Kopernikus' Schrift „Über die Kreisbewegungen der Himmelskörper" noch vor ihrer Veröffentlichung gelesen. Er berichtete:
Mein Herr Lehrer Kopernikus hat die Beobachtungen aller Zeiten mit den seinigen sorgfältig verglichen und, in einer bestimmten Reihenfolge niedergeschrieben, stets zur Benutzung bereitliegen. Wenn nun etwas sicher festzustellen ist oder in die Wissenschaft und die angenommene Theorie neu aufzunehmen ist, dann geht er, von den ersten Beobachtungen anfangend, bis zu den seinigen herab und erwägt sorgfältig, unter welchem Gesetz sie wohl untereinander in Einklang zu bringen seien ... Wenn er dann alles mit der größten Sorgfalt erwogen hat und findet, dass kraft des astronomischen Gesetzes die bisherigen Hypothesen aufgegeben werden müssen, dann stellt er, nicht ohne göttliche Eingebung und Befehl, neue Theorien auf und begründet mithilfe der Mathematik in streng geometrischer Beweisführung, was aus seinen Theorien durch richtige Schlüsse abgeleitet werden könne.

*Zit. nach Hermann Kesten, Copernicus und seine Welt, Amsterdam (Querido) 1948, S. 283.**

→ S. 100/101

1 Fasse M2 in eigenen Worten zusammen.

M 2

Der Priester Friedrich Spee über die Hexenverfolgung in Deutschland (1631)

Spee verfasste die anonym veröffentlichte Schrift „Cautio Criminalis“, in der er sich gegen die Folter von Hexen aussprach. Er prägte die Aussage „Die Folter macht die Hexe“:

Dieser Glaube an eine Unmenge von Hexen in unserem Lande wird aus zwei wichtigen Quellen genährt. Deren erste heißt Unwissenheit und Aberglauben des Volkes. Alle Naturforscher lehren, daß auch solche Erscheinungen auf ganz natürlichen Ursachen beruhen [...], die man als außerordentlich bezeichnet, wie beispielsweise ein übermäßiger Platzregen, besonders starker Hagel und Frost, ein übergewaltiger Donnerschlag und Ähnliches ... Die zweite Quelle des Glaubens an die unzähligen Hexen heißt Neid und Mißgunst des Volkes.

*Zit. nach Miriam Grabarits & Detlev Mares (Hg.), Umweltgeschichte. Fundus Quellen der Geschichtswissenschaft. Frankfurt/M. (Wochenschau) 2023. S. 173 f.**

→ S. 108/109

1 Nenne mithilfe von M3 weitere Motive für die Entdeckungsfahrten.

M 3

Paolo dal Pozzo Toscanelli aus Florenz schrieb an Kardinal Martinez in Lissabon, Berater des portugiesischen Königs, 1474

Der Gelehrte glaubte an einen Seeweg nach China und Indien durch eine Fahrt in westliche Richtung. Kolumbus kannte seine Schriften:

Dieses Land [China und Japan] ist es wert, von den Europäern aufgesucht zu werden. Zum einen wegen der ungeheuren Schätze an Gold, Silber und Edelsteinen aller Art und wegen der Gewürze, die von dort kommen und selten bis zu uns gelangen. Zum anderen wegen der Gelehrten, den Philosophen und Astrologen. Von ihnen wollen wir erfahren, mit welchem Geschick und welchem Geist dieses so mächtige Land regiert wird und seine Kriege führt.

*Colección de los viajes y descubrimientos que hicieron por mar los españoles, Band II, Madrid (Imprenta Real) 1825, Colección diplomática número 1, o. S. Übers. von Hans-Joachim Cornelißen.***

→ S. 110/111

M 4

Kolumbus betritt am 12. Oktober 1492 auf der Bahama-Insel Guanahaní den amerikanischen Kontinent. Flugschrift, 1493

1 a) Beschreibe die Flugschrift M4.

b) Vergleiche M1 mit dem Kupferstich von Theodor de Bry auf S. 110. Wie wird die Ankunft der Europäer jeweils dargestellt?

2 a) Notiere deine Vermutungen, wie die Ureinwohner die in M2 auf S. 111 geschilderten Geschehnisse an jenem Tag wohl wahrgenommen haben.

b) Begründe deine Meinung.

→ S. 118/119

1 Stelle den Dreieckshandel in einem Comicstrip dar. Gestalte vier Szenen, die auf einem europäischen Handelsschiff spielen und die Reise zwischen der Abfahrt aus dem Heimathafen und der Rückkehr darstellen.

Kapitel 4:

→ S. 134/135

1 a) Lies den Text M1.
b) Suche dir drei Wörter aus, die im Text vorgestellt werden, und erkläre sie.
c) Stelle Vermutungen darüber an, warum diese Wörter „Erfolg" gehabt haben.

M1

Luthers Sprache:
Ältere Bibelübersetzungen hatten sich oft Wort für Wort am lateinischen Text orientiert und waren daher in sehr umständlichem und oft schwer verständlichem Deutsch geschrieben. Um den Menschen die Inhalte der Bibel anschaulicher zu machen, schuf Luther viele Wörter und Ausdrücke ganz neu, die wir bis heute gebrauchen, so zum Beispiel etwas nach Herzenslust tun, friedfertig sein, die Nächstenliebe, ein Machtwort sprechen, ein Rotzlöffel sein, ein Schandfleck sein, erstunken und erlogen sein, im Dunkeln tappen, ein Denkzettel.
Verfassertext

Kapitel 1:

→ **S. 17, Aufgabe 3:** Nimm den Darstellungstext Z. 37–65 zu Hilfe.

→ **S. 19, Aufgabe 2:** Finde Adjektive, die die Statue am besten beschreiben.

→ **S. 33, Aufgabe 2b):** Welche Haltung zur Ständegesellschaft nimmt der Priester in M4 ein?

→ **S. 33, Aufgabe 4a):** Wer profitierte davon?

→ **S. 39, Aufgabe 2:** Ihr könnt auch das Internet zur Recherche nutzen. Nutzt dazu die Arbeitsschritte auf S. 160.

→ **S. 39, Aufgabe 3c):** Bezieht die Amtsstube, den großen Saal und die Wehranlagen mit ein.

→ **S. 45, Aufgabe 1a):** Beachte die Personen und die Einrichtung der Räume.

→ **S. 45, Aufgabe 4:** Ist es richtig, von „den“ Menschen zu sprechen?

Kapitel 2:

→ **S. 73, Aufgabe 2c):** Beachtet dazu Entstehungszeit und Verfasser der beiden Quellen.

→ **S. 73, Aufgabe 3:** Berechne die zurückgelegten Kilometer.

→ **S. 73, Aufgabe 4a):** Im Bild werden im oberen und im unteren Teil zwei Vorgänge gezeigt, die zeitlich nicht zusammenpassen.

→ **S. 75, Aufgabe 2b):** Der Papst ist nach dem christlichen Glauben der Stellvertreter Gottes auf Erden.

→ **S. 79, Aufgabe 1:** Berücksichtige hierbei auch die Begriffe Markt, Risiko, Kapital, Bank, Wechsel.

Kapitel 3:

→ **S. 98, Aufgabe 3:** Denke daran, dass sich Informationen jetzt viel schneller verbreiten konnten.

→ **S. 101, Aufgabe 1:** Bedenke bei den Motiven, was der Antrieb oder die Beweggründe der Ankläger gewesen sind.

→ **S. 111, Aufgabe 4a):** Berücksichtige dabei auch die Informationen zu de Bry in M1.

→ **S. 119, Aufgabe 2:** Das Schaubild könnte so aussehen:

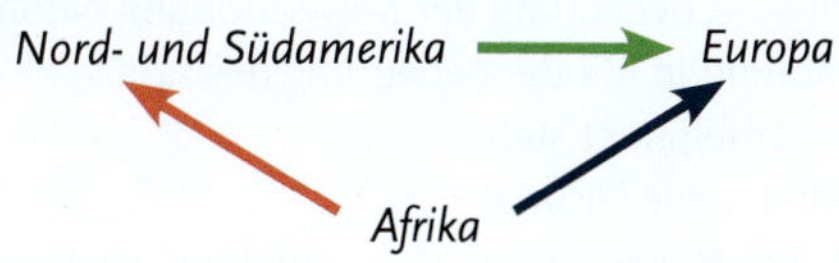

Kapitel 4:

→ **S. 129, Aufgabe 1:** Kläre die Begriffe in der Legende der Karte mithilfe eines Lexikons.

→ **S. 131, Aufgabe 3b):** Achte auf die Position der Personen und ihre Tätigkeiten.

→ **S. 135, Aufgabe 5b):** Was waren die eigentlichen Ziele Martin Luthers?

→ **S. 139, Aufgabe 1:** Nenne mithilfe eines Atlanten, in welchen heutigen Bundesländern die Aufstände stattfanden.

→ **S. 139, Aufgabe 2:** Lege eine Tabelle an:

Ursachen der Unzufriedenheit	*Forderungen der Bauern*
…	…

Kapitel 1

→ S. 56/57

1 Korrekturen: 1. Untergang des Oströmischen Reichs → Weströmischen Reichs; 2. Alexander der Große → Karl der Große; 3. Lehnsherren und Gesellen → und Vasallen / Lehnsmännern; 4. Die Freundschaft → Der Konflikt; 5. aus vier Ständen aus drei Ständen: […] den Bauern und den Bürgern → aus drei Ständen: […] Bauern / Bürgern; 6. Burgen waren […] religiöse Zentren → Klöster; 7. Die Macht der Bürger wurde von den Stadtherr(e)n […] eingeschränkt → Macht der Stadtherr(e)n wurde von den Bürgern […]

2 **a)** Lexikon/Internet: Kürschner: verarbeitet Tierfelle zu Pelzen; Sattler: stellt Lederwaren her (z. B. Sättel, Zaumzeug …); Riemenschneider: verarbeitet u. a. Leder zu Riemen und zu Geschirr für Tiere; Krämer: Kleinhändler, der vor allem Lebensmittel, aber auch andere Produkte verkauft; Wechsler: wechselt Geld; Filzer: stellt u. a. Kopfbedeckungen und Umhänge her.
b) Kürschner, Sattler, Krämer (heutige Bezeichnung: Kleinhändler), Filzer.

3 Unterschiede: in M3 kniet König Karl der Große demütig nieder, um in Gebetshaltung von Papst Leo III. die Kaiserkrone zu empfangen; in M4 sitzt Karl der Große auf einem Thron, während Papst Leo III. stehend sich streckt, um ihm die Kaiserkrone aufzusetzen; Deutungsansätze: In M3 möchte der Künstler die Rolle des Papstes und die religiöse Bedeutung der Kaiserkrönung betonen, während in M4 die Bedeutung des Königs/Kaisers im Mittelpunkt steht.

4 individuelle Lösung

5 **a)** Das Bild ist in der Mitte durch die nach vorne laufende Stadtmauer klar geteilt; die linke Hälfte (Stadt) ist durch hohe, dicht aneinandergereihte Steinhäuser gekennzeichnet und durch Menschen, die etwas transportieren oder „bewegen"; die rechte Bildhälfte enthält das durch Landwirtschaft (Felder) gezeichnete Hügelland, nur von einzelnen Gehöften „unterbrochen". Auffallend ist, dass sich in der rechten Bildhälfte zwei Menschengruppen befinden, die sich von ihrem Aussehen (Status) und ihrer Tätigkeit grundlegend voneinander unterscheiden: vornehm gekleidete Reiter, die sich unterhalten, und auf dem Feld körperlich hart arbeitende Bauern. Während es zwei Reitergruppen gibt, von denen eine in die Stadt, die andere von dieser wegreitet, wirkt die Gruppe der auf dem Feld arbeitenden Personen in sich geschlossen. In der Stadt lassen sich Personen unterscheiden, die Lastpferde vor sich hertreiben, eine Person, die eine Schweineherde treibt, und zwei, die etwas am Körper tragen. Die Darstellung von Stadt und Land wirkt deutlich stilisiert: Die Stadt-„Aufnahme" wirkt aufgrund der Enge und Farbgebung sehr energiegeladen und „bunt", die des Landes aufgrund der angedeuteten Weite (Hügellandschaft mit Baum- und Pflanzreihen) ruhig und offen. Aber auch die ländliche Lebenswelt ist eine strukturierte und kultivierte: Das zeigen die Begrenzungen, die offensichtlich von Menschenhand angelegt sind, und die durchgängig landwirtschaftliche Nutzung des Bodens. Das Stadttor, das die Verbindung beider Lebensbereiche darstellt, wird nicht selbst gezeigt, aber dadurch, dass Personen hinter der Mauer verschwinden, andere jenseits dieser hervorkommen, ist klar, dass sich unter dem Turm das Stadttor befinden muss. Der Künstler macht in seinem Bild deutlich, dass die Lebensbereiche und -formen, die er durch Stadt und Land darstellt, sich unterscheiden, aber er verknüpft das nicht mit einer expliziten Wertung. Vielmehr erscheint es so, als seien beide Bereiche füreinander notwendig, als seien sie – trotz der klaren Trennung (Stadtmauer) – miteinander verbunden.
b) Auf dem Land lebten die Menschen als Bauern in kleinen Dörfern. Meistens waren sie Leibeigene oder Hörige und an das Land des adligen Grundherrn gebunden. Dieser traf die Entscheidungen. In den Städten gab es Handwerker und Kaufleute. Gegenüber dem Land veränderte sich die städtische Gesellschaft beständig. Es gab einen regen Handel, während auf dem Land hauptsächlich Nahrung für den Eigenbedarf produziert wurde. Auch entstanden in den Städten Formen der städtischen Selbstverwaltung. Die politische Mitbestimmung ermöglichte es den Bürgern, zunehmend eigene Gesetze und Regierungen zu bestimmen.

6 Für den ersten Stand (Klerus): Die Kirche spielte eine wichtige Rolle bei der Krönung und Legitimation des Königs. Auch griff der Herrscher bei der Lehnsvergabe auf Angehörige des ersten Stands zurück (s. Investiturstreit). Zudem gewährte er dem Klerus Privilegien wie z. B. Steuerfreiheit; für den

zweiten Stand (Adel): Das Kaiser- und Königtum gab dem Adel politische Macht, Landbesitz und Status. Sie waren Berater und Gefolgsleute des Herrschers und erhielten als (Kron-)Vasallen Ländereien und Machtbefugnisse als Lehen; für den dritten Stand (Bauern/Bürger): Die Bauern waren von ihren Grundherren abhängig und hatten kaum Kontakt zum König/Kaiser. Entscheidungen des Herrschers konnten aber ihr Leben beeinflussen, z. B. in Bezug auf Land und Abgaben. Die Bürger der Städte konnten von Städtegründungen, Handelsprivilegien, Rechtssicherheit und Schutz durch den König/Kaiser profitieren. Andererseits konnten auch sie durch neue Abgaben und Steuern belastet werden.

7 (teilweise) individuelle Lösungen; Aspekte, welche in der Gegenwart noch zu finden sind: Dorfleben mit kleineren Gemeinschaften und landwirtschaftlichem Schwerpunkt; einzelne Klosterorden mit aktiven Mitgliedern (z. B. Benediktiner & Franziskaner); Burgen bzw. Burgruinen als Touristenattraktion; städtisches Handwerk und Handel, Stadtbezeichnungen als Hansestädte; politische Mitbestimmung und Selbstverwaltung auf lokaler Ebene etc.

Kapitel 2

→ S. 86/87

1 1–d, 2–h, 3–e, 4–a, 5–c, 6–f, 7–b

2 Kadi – der Richter, sukkar – der Zucker, sifr – die Ziffer, Al-Kuhul – der Alkohol, Safar – die Safari, Zurafa – die Giraffe, Haschisch – der Haschisch, Gharrafa – die Karaffe

3 Durch die Mongolenreiche entstand auf dem Landweg über ein Jahrhundert lang eine sichere Handelsroute zwischen Europa und Ostasien. Sie wurde auch von christlichen Missionaren benutzt. Deren Missionsversuche in Asien blieben erfolglos; sie brachten jedoch neues Wissen über die Kulturen Zentral- und Ostasiens mit nach Europa.

4 A – Sachurteil. Die Möglichkeit für Menschen, sicher nach Asien zu reisen, ist eine Beobachtung aus Sicht der Menschen im 13. Jahrhundert.
B – Werturteil. Was aus damaliger Sicht möglicherweise nachvollziehbar war, ist aus heutiger Sicht mit Bezug auf unsere heutigen Werte nicht vertretbar. C – Sachurteil. Marco Polo kannte nicht die Ausmaße der gesamten Welt und konnte somit nur nach damaligen Maßstäben urteilen.

5 M3 = Darstellung; M4 = Quelle; M5 = Quelle.

6 Mögliche Themen sind das Alltagsleben (Wetter, Essen, Körperpflege, Wohnen, Märkte), die Wissenschaften (Mathematik, das Schachspiel, die Literatur, die Musik) oder der Kampf und Krieg (Rüstungen, Beutezüge, Zusammenarbeit oder Kampf).
M5 zeigt das gemeinsame Interesse von christlichen und muslimischen Rittern an bestimmten Tätigkeiten wie hier dem Schachspiel. Das verdeutlicht, dass es neben kriegerischen Auseinandersetzungen auch friedliche Kontakte gab.

7 **a)** Im Mittelalter begegneten sich Menschen unterschiedlicher Kulturen an vielen Orten und zu vielen Zeitpunkten. Dabei kam es oft zu Konflikten. Besonders deutlich wird dies am Beispiel des Kontaktes europäischer Händler und Missionare mit den Herrschern des Mongolenreichs. Die Europäer wollten Waren ein- und verkaufen und die Mongolen zum Christentum missionieren. Auf ihren Reisen lernten sie neue Schiffsbauweisen, Ernährungsweisen und Reichtümer kennen. Oft wurden Geschenke übergeben, um eine sichere Reise zu garantieren. Dass die Mongolen ihren Absichten allerdings nicht immer wohlwollend gegenüberstanden, mussten die nach Bündnissen strebenden Europäer allerdings ebenfalls erfahren.
b) Im Mittelalter begegneten sich Menschen unterschiedlicher Kulturen an vielen Orten und zu vielen Zeitpunkten. Dabei kam es oft zu Konflikten. Besonders deutlich wird dies am Beispiel des im Jahr 1095 begonnenen ersten Kreuzzugs. Auf dem Weg zu ihrem Ziel Jerusalem begegneten die Kreuzfahrer vielen fremden Kulturen, denen sie sehr oft feindlich gegenübertraten. So töteten sie viele Menschen aufgrund ihrer Religion und des Feinbildes, das ihnen in der Heimat vermittelt wurde. Viele Juden und Muslime fielen den Kreuzfahrern auf ihrem Weg zum Opfer. In den später entstandenen Kreuzfahrerstaaten koexistierten die verschiedenen Kulturen allerdings aufgrund der gegenseitigen Abhängigkeit friedlich.

Kapitel 3

→ S. 124/125

1 Das Gemälde ist um 1520 in Italien entstanden, der Maler ist unbekannt. Es zeigt den Mathematiker Luca Pacioli und einen Schüler. Die Kleidung und die Kordel von Pacioli zeigen, dass er Mönch des Franziskanerordens ist. Der Mathematiker ist umgeben von Dingen, die er für seine wissenschaftlichen Untersuchungen benötigt. Auf der Schiefertafel ist eine geometrische Figur mit Kreide gezeichnet. Vorne steht ein Kompass, daneben liegt ein Zirkel. Mit der linken Hand zeigt Pacioli auf eine nicht erkennbare Abbildung im Buch, das vor ihm liegt. Auf dem Tisch und an der Wand sind geometrische Körper zu erkennen. Das Buch und die Instrumente vermitteln den Betrachtern die Botschaft, dass hier wissenschaftlich gearbeitet wird.

2 Nr. 1: falsch: Kopernikus fand heraus, dass die Erde um die Sonne kreist, Nr. 2: richtig, Nr. 3: richtig, Nr. 4 falsch: Leonardo stellte sich vor, wie Flugobjekte funktionieren könnten, und zeichnete sie, Nr. 5: richtig, Nr. 6: falsch: Dies wurde nur behauptet und versucht, durch Folter nachzuweisen, Nr. 7: richtig.

3 individuelle Lösung

4 individuelle Lösung

5 Arbeitsschritte S. 105:

1 bis 3: Karte und Kartografen einordnen
Es handelt sich um eine Karte aus dem Jahr 1507. Der Kartograf ist Martin Waldseemüller, der genaue Auftraggeber ist unbekannt.

4 bis 7: Kartenelemente beschreiben und deuten
Es handelt sich um eine Weltkarte, die wie moderne Karten mit der Himmelsrichtung Norden nach oben ausgerichtet ist und über ein Koordinatennetz verfügt. Abgebildet werden die Kontinente Europa, Afrika und Asien, aber auch die bis Ende des 15. Jahrhunderts unbekannten Kontinente Süd- und Nordamerika sind eingezeichnet. Amerika ist jedoch nur sehr schmal gezeichnet und auch Ostasien ist ungenau dargestellt: Indien ist sehr groß, darunter sind zahlreiche große Inseln eingezeichnet, die aber nicht heutigen geografischen Kenntnissen entsprechen. Australien und Neuseeland fehlen. Ortsnamen sind auf der Karte verzeichnet, außerdem finden sich zahlreiche Textfelder mit weiteren Erläuterungen. Man erkennt, dass sich der Kartograf um genaue Angaben und Erklärungen bemüht hat. Umrahmt wird die Karte von Zeichnungen, welche u. a. die Winde darstellen sollen, sowie oben von einer Darstellung des antiken Gelehrten Ptolemaios und des Entdeckers Amerigo Vespucci. Auch dies verweist darauf, dass die Karte einen wissenschaftlichen Anspruch hat und sich der Kartograf bemühte, die vorhandenen geografischen Kenntnisse unter Einbeziehung der aktuellsten Entdeckungen möglichst genau abzubilden. Die Darstellung der weiter von Europa entfernten Kontinente ist aber noch sehr ungenau und spiegelt das hier nur grob vorhandene Wissen der Zeit.

6 Die Darstellungen Europas und Afrikas auf der Karte von Waldseemüller entsprechen bereits weitgehend modernen Karten. Für Europa und auch Afrika hatte man bereits genauere Kenntnisse über die Küstenverläufe und auch das Landesinnere. Die Karte zeigt zudem bereits die „neuen" Kontinente Nord- und Südamerika – jedoch sind diese noch sehr verzerrt dargestellt. Hier hatte man nur erste und noch sehr ungenaue Kenntnisse darüber, wie groß die Landmasse war und wie die Küsten genau verliefen. Da es bisher vor allem Entdeckungsreisen nach Mittelamerika gegeben hatte, wusste man etwa noch nicht, dass der nordamerikanische Kontinent deutlich größer war als hier abgebildet.

7 Anhand der Ausführungen von Jakob Fugger lässt sich erkennen, dass reiche Kaufleute politischen Einfluss nehmen konnten und sich dessen auch bewusst waren. Er ist sehr höflich gegenüber dem Kaiser, fordert aber das von ihm geliehene Geld zurück und erinnert Karl V. daran, dass er und seine ganze Familie den Aufstieg und Machterhalt des Kaiserhauses (das „Haus Österreich") finanziell erst möglich gemacht haben. Man kann sagen, dass die politische Macht hier von der wirtschaftlichen Macht reicher Kaufleute abhängig geworden war.

8 Die Entschuldigung des Kolumbus weist darauf hin, dass seine Entdeckung Amerikas negative Folgen für die einheimische Bevölkerung hatte. Die Entschuldigung ist trotz allem jedoch lapidar und wenig seriös, und die Ernsthaftigkeit könnte angezweifelt werden. Die Karikatur gibt einen Hinweis darauf, dass bis heute Entschuldigungen an die Ureinwohner Amerikas durch die Regierungen Europas, aber auch Amerikas ausstehen.

Kapitel 4

→ S. 144/145

1 individuelle Lösung

2 **a)** Durch die massenhafte Verbreitung von Flugschriften und anderen Print-Medien kamen auch viele Fälschungen in Umlauf.

b) Überprüfung der Webseitenanbieter:
- Gibt es ein Impressum und lässt es sich öffnen?
- Sind Autoren bekannt?
- Sind Sprache und Rechtschreibung korrekt?
- Wird die Herkunft des Wissens benannt?/Gibt es Fußnoten, die auf die Quellen als Basis für die Informationen verweisen?
- Inhalte können verglichen/überprüft werden mit Angaben u. a. in Schulbüchern, Lexika und Fachliteratur.

3
- einerseits Ablassbriefe als Weg zur Sündenvergebung ohne aber tatsächliche Reue bzw. Verhaltensänderung für die Zukunft
- andererseits Luther/Bibel: Sünden müssen wahrhaft bereut und Buße getan werden; zur wahrhaften Reue gehört auch der Wille, die Sünden in Zukunft nicht zu wiederholen

4
- Verfasser der sogenannten „12 Artikel" (Brief mit Forderungen an die Grundherren) in der Hand haltend
- rechts: protestantischer Prediger mit der Bibel
- links die beiden bewaffneten Personen im Hintergrund: Bauern

Sprechblasentexte: individuelle Lösungen

5 individuelle Lösung

6 Arbeitsschritte S. 137:

1 bis 3. Angaben zum Bild machen
Der unbekannte Künstler war ein Kritiker der katholischen Kirche und sehr wahrscheinlich ein Anhänger Luthers. Das Flugblatt erschien fast zwanzig Jahre nach Luthers Thesenanschlag 1517 und fast 20 Jahre vor dem Augsburger Religionsfrieden. Die Auseinandersetzung zwischen Protestanten und Katholiken war also in vollem Gange. Das Flugblatt trägt den Titel „Im Höllenrachen".

4. bis 8. Text- und Bildelemente beschreiben, zusammenfügen und deuten
Auf dem Flugblatt wird eine Teufelsfigur dargestellt, die auf einem Ablassbrief mit vielen Siegeln sitzt. Ein Fuß hat die Form einer Vogelkralle, der andere Fuß steckt in einem goldenen Gefäß, das wohl Weihwasser enthält. In der Rechten hält das Teufelswesen eine Schatulle, sicherlich mit Geld, das aus dem Ablasshandel stammt. Das Maul des affenartigen Gesichts ist weit aufgerissen. Im Innern sieht man Mönche und Nonnen an einer festlichen Tafel sitzen. Von links fliegen auf seltsamen Fabelwesen der Papst (erkennbar an der Tiara, Kopfbedeckung des Papstes, dem Petrusschlüssel und einem Ablassbrief) und ein weiterer Kirchendiener herbei. Auf dem Haupt des Monsters brutzelt ein Höllenfeuer, das von einem kleinen Teufel bewacht wird. Weitere Unwesen treiben ihr Spiel auf einem baumartigen Gewächs, das aus dem Nacken der großen Teufelsfigur ragt. Auch aus diesem Feuer holen sich kleine Kirchenleute ihre Mahlzeit.

9. bis 11. Aussage formulieren
Der Bevölkerung sollte durch diese drastische Darstellung deutlich gemacht werden, dass die katholische Kirche mit dem Ablasshandel teuflische Absichten verfolgte. Das Flugblatt muss aufgrund der offensichtlichen Bösartigkeit der Teufelsfigur widerlich und abstoßend auf die Zeitgenossen gewirkt haben. Der Künstler wollte mit seinem Flugblatt die katholische Kirche und das Papsttum bekämpfen.

7 Es kam zum Bildersturm, weil die Bilder für die Gläubigen nichts mit Gott und dem Glauben zu tun hatten. Für sie waren sie eher eine Ablenkung von der eigentlichen Bibelbotschaft. Die Gläubigen wollten sich in der Kirche nur auf ihren Glauben konzentrieren. Luther lehnte dies ab, weil die Gläubigen mit Gewalt vorgegangen sind. Gewalt ist für Luther keine Lösung.

8 individuelle Lösung

Eine Mind-Map erstellen

Eine „Mind-Map“ (Englisch für „Gedächtnislandkarte“) dient dazu, Informationen zu einem Thema oder einer Fragestellung übersichtlich darzustellen. Dazu werden Begriffe und kurze Stichpunkte mithilfe von Ästen und Zweigen sinnvoll angeordnet. Durch unterschiedliche Schriften, Schriftgrößen, Farben, Symbole, Pfeile, Bilder etc. kann die Mind-Map zusätzlich gestaltet werden. Eine Mind-Map hilft, die wichtigsten Informationen zu einem Thema zu lernen oder zu wiederholen. Du kannst eine Mind-Map auch digital erstellen (→ S. 159).

Informationen zusammenstellen und ordnen
1. Sammle alle Begriffe und Informationen zum Thema, entweder, indem du dir Stichpunkte machst oder sie in einem Text markierst.
2. Überlege dir, welche Hauptbereiche („Äste“) es geben soll. Ordne deine Notizen den Ästen zu („Zweige“).

Mind-Map entwerfen
1. Schreibe das Thema/die Frage in die Mitte des Blattes. Benutze am besten ein unliniertes DIN-A4-Blatt im Querformat. Achte auf einen ausreichend großen Rand, um das Blatt abheften zu können.
2. Zeichne von der Mitte aus für jeden Hauptbereich einen Ast; notiere darauf den Namen des Bereichs (ein Wort, eine kurze Wortgruppe).
3. Vom Ende der Hauptäste gehen die Zweige ab. Notiere hier die Begriffe auf den Zweigen. Von diesen Zweigen können gegebenenfalls noch feinere Zweige abgehen.
4. Achte bei deiner Skizze darauf, den Raum auszunutzen: Die Äste sollten nicht zu weit von der Mitte entfernt sein, sonst bleibt zu wenig Platz für die Zweige.

Mind-Map gestalten
1. Erstelle mithilfe deiner Skizze die endgültige Mind-Map: Achte darauf, sauber und deutlich – am besten in Druckschrift – zu schreiben. Und am besten schreibst du deinen Text waagerecht; so lässt sich der Text leichter lesen, ohne das Blatt oder den Kopf drehen zu müssen.
2. Gestalte deine Mind-Map farbig (**Tipp:** Verwende immer eine Farbe für einen Ast mit seinen Zweigen!) und zeichne passende Bilder, Symbole, Pfeile etc.

Ein Rollenspiel durchführen

- **Ausgangslage festhalten:**
  Fertigt eine Situationskarte und mehrere Rollenkarten an. ***Situationskarte:*** kurze Beschreibung, welche Situation nachgespielt werden soll. Welche Probleme sind zu lösen? ***Rollenkarte:*** Je eine für die dargestellten Personen und für die Beobachter. Auf den Karten sind Tätigkeit, Eigenschaften, Verhalten und die Ziele der Personen notiert.
- **Rollen verteilen:**
  Vorgaben der Rollenkarten beachten, eigene Vorstellungen dürfen aber auch eingebracht werden.
- **Spiel vorbereiten:**
  Die Spielenden heften sich ein Schild mit ihrer Rollenkennzeichnung an. Sie besprechen die Situation (Situationskarte) und die Rollen (Rollenkarten) untereinander.
- **Spiel durchführen:**
  Spielbeobachter machen sich während des Spiels Notizen zu den einzelnen Rollen.
- **Spiel auswerten:**
  Die Beobachter bewerten das Spiel und begründen ihre Meinung. Wurden die Rollen glaubhaft gespielt? Welche Argumente wurden genannt? Passten sie in die Situation und die Zeit? Was war gut, was könnte verbessert werden?

Eine Bilderserie für ein soziales Netzwerk erstellen

M 1

In sozialen Netzwerken gibt es die Möglichkeit, einzelne Bilder oder ganze Bilderserien zu posten (= veröffentlichen). Diese Postings werden mit passenden Hashtags (#) und kurzen Erklärungstexten versehen:

Beispiel für ein Bild in einer Bilderserie in einem sozialen Netzwerk

Einen Flyer erstellen

M 2

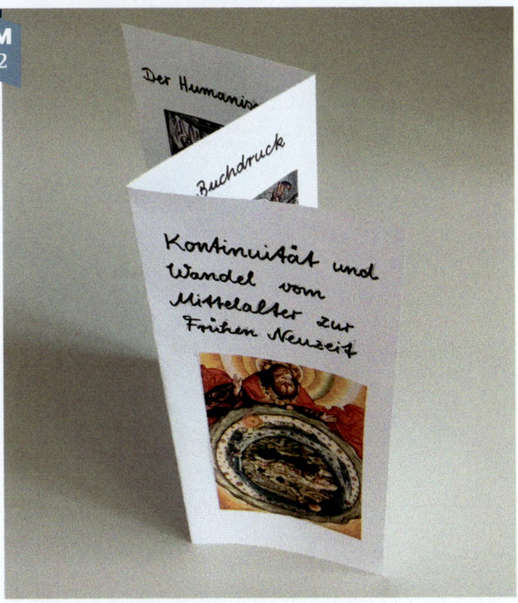

Ein Flyer ist ein Informationsblatt, das anschaulich über ein historisches Thema informiert. Er beinhaltet Fotos und kurze, erklärende Sätze. Gehe wie folgt vor:

- Finde einen Titel oder eine Fragestellung für den Flyer (siehe M2).
- Recherchiere Informationen aus Büchern oder aus dem Internet.
- Wähle anschließend das Text- und Bildmaterial für den Flyer aus.
- Falte ein Blatt Papier (A4-Format) wie in M2 vorgegeben.
- Notiere das Thema oder die Fragestellung auf dem Titelblatt des Flyers.
- Gliedere den Flyer: Jede Seite sollte über einen Unterpunkt des Themas oder der Fragestellung informieren.

Beispiel für einen Flyer

Arbeitshilfen zur Begriffs- und Texterschließung

Einen Sachtext lesen und verstehen

1. Den Text überfliegen
- Welche Überschrift/Zwischenüberschrift hat der Text?
- Worum könnte es in dem Text gehen?
- Auf welche Frage gibt der Sachtext Antworten?

2. Den Text lesen und bearbeiten
- Welche Textstellen hast du gut verstanden?
- Welche Wörter und Textpassagen hast du nicht verstanden?
- In welche Abschnitte lässt sich der Text einteilen?
- Was sind die wichtigsten Informationen in jedem Textabschnitt?

3. Den Inhalt zusammenfassen
- Was sind die wichtigsten Informationen und Begriffe im Text?
- Stelle die Textinformationen bildlich dar, zum Beispiel als Schaubild, Mind-Map oder Tabelle.
- Gib den Inhalt des Textes wieder (mündlich oder schriftlich).

Die Strukturlege-Technik

Diese Technik hilft dir, einen Text, den du gelesen hast, noch besser zu verstehen und die wichtigsten Informationen zu lernen. Du benötigst dafür kleine Papierkärtchen und Stifte. Gehe dabei so vor:

a) Einzelarbeit: Lies jeden Absatz eines Darstellungstextes einzeln. Schreibe die wichtigen Begriffe aus dem Darstellungstext auf Papierkärtchen (ein Begriff pro Kärtchen).

b) Einzelarbeit: Lege die Kärtchen so auf den Tisch oder ein Blatt Papier, dass sie eine sinnvolle Struktur bilden. Verbinde deine Kärtchen mit Linien oder Pfeilen.

c) Partnerarbeit: Erkläre deinem Partner, warum du deine Kärtchen in diese Struktur gelegt hast. Du kannst deine Struktur im Gespräch mit deinem Partner auch verändern.

d) Einzelarbeit: Klebe deine Struktur in dein Heft oder schreibe sie ab. Ergänze Pfeile oder Symbole und beschrifte diese.

Begriffskarten

In jeder Themeneinheit lernst du neue Fachbegriffe kennen. Diese sollst du nicht nur verstehen, sondern auch selbst erklären und aktiv verwenden können – zum Beispiel in deinen Antworten im Unterricht oder bei der Bearbeitung der Aufgaben.

So erstellst du eine Begriffskarte:
1. Zeichne eine Begriffskarte (M1) in dein Heft. Verwende dazu etwa die Hälfte einer Heftseite. Mithilfe des Webcodes kannst du dir auch eine Vorlage herunterladen.
2. Notiere den Fachbegriff in dem Feld in der Mitte (gib auch den Artikel an).
3. Fülle die vier Felder deiner Begriffskarte aus. Sollte es keine Gegenbeispiele für deinen Begriff geben, kannst du sie weglassen.
4. Stelle deine Begriffskarte in einem Kurzvortrag vor.

M 1

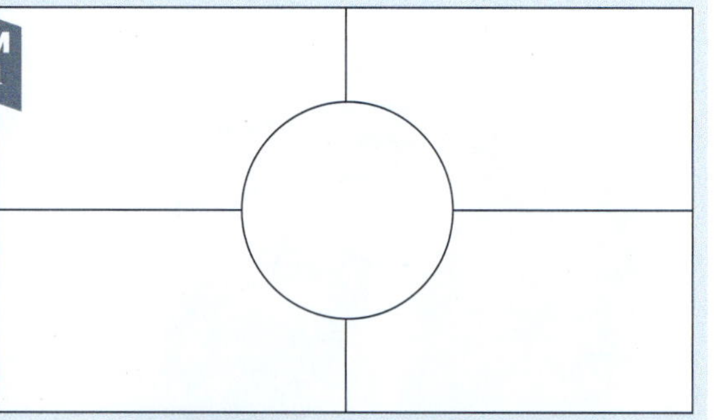

cornelsen.de/webcodes
Code: devaco
Vorlage Begriffskarte

Übersicht digitaler Anwendungen und Internetseiten zur Aufgabenbearbeitung

Viele Aufgaben in diesem Buch kannst du auch digital bearbeiten. In der folgenden Übersicht findest du Vorschläge für digitale Anwendungen (Apps), mit denen du deine Lösungen mit dem Smartphone, dem Tablet oder mithilfe eines Computers erstellen kannst. Wenn du die unten genannten Apps nutzen möchtest, musst du sie im Internet suchen. Die hier aufgelisteten Apps sind nur Beispiele. Es gibt im Internet noch andere Angebote. Achte bei der Verwendung von Apps immer darauf, ausschließlich kostenlose Angebote zu nutzen. Damit stellst du sicher, dass keine Kosten entstehen. Bespreche die Nutzung mit deiner Lehrerin oder deinem Lehrer.

1. Ideen sammeln

Im Unterricht werden bei der Erarbeitung eines Themas oft Ideen oder erste Gedanken zu einem Thema gesammelt. Anstelle mit der Tafel zu arbeiten, könnt ihr eure Ideen und Gedanken auch digital mithilfe eines Smartphones, eines Tablets oder eines Computers sammeln und gemeinsam auswerten. Dazu eignen sich zum Beispiel Apps wie **„Padlet"** oder **„Answer Garden"**, mit denen du verschiedene Themen schnell und übersichtlich darstellen kannst oder mit denen ihr gemeinsam in der Klasse Ideen zu einem Thema sammeln könnt.

2. Eine Mind-Map erstellen

Im Schulbuch wirst du in mehreren Aufgaben dazu aufgefordert, eine Mind-Map zu erstellen. Arbeitsergebnisse oder Überlegungen zu einer Leitfrage kannst du aber auch in einer digitalen Mind-Map zusammenfassen und grafisch darstellen. Dazu kannst du beispielweise die Apps **„MindMeister"** oder **„Popplet"** verwenden. Nutze dazu ein Smartphone, ein Tablet oder einen Computer.

3. Ein Quiz erstellen

Zum Abschluss eines Themas und zum Wiederholen der Inhalte kannst du neben den in der Cornelsen Lernen App angebotenen interaktiven Übungen auch ein eigenes digitales Quiz erstellen. Dazu eignet sich zum Beispiel die App **„Quizlet"**. Mit dieser App kannst du dir zu jedem Thema dein eigenes digitales Quiz mit eigenen Fragen erstellen. Deine Mitschülerinnen und Mitschüler können die Fragen dann am Smartphone, am Tablet oder am Computer beantworten.

4. Audio- und Videobearbeitung

Mithilfe deines Smartphones oder einer Kamera kannst du ganz einfach Audios oder Videos aufnehmen. Diese kannst du dann beispielsweise für Interviews oder einen eigenen Erklärfilm nutzen. Zur einfachen Bearbeitung von Audioaufnahmen eignet sich zum Beispiel die App **„Audacity"**. Wenn du selbstgedrehte Videos bearbeiten möchtest, könntest du die App **„SoundCloud"** oder eine andere geeignete App verwenden.

Informationen beschaffen

Eine Internetrecherche durchführen

→ Band 5, S. 93

Suche beginnen
1. Zu welchem historischen Thema, zu welcher Frage suche ich Informationen?
2. Welche Internet-Suchmaschine wähle ich aus?
3. Welche Internethinweise gibt das Schulbuch?

Die Suchabsicht festlegen
4. Welche Suchwörter helfen mir zur Beantwortung meiner Fragen weiter?

Überblick über das Suchergebnis bekommen
5. Welche Links sind interessant und brauchbar für mich?
6. Welche Links stammen von glaubwürdigen Anbietern?

Ergebnisse ordnen
7. Wie gehe ich mit den Informationen einer Webseite um?

Informationen sichern und auswerten
8. Wie halte ich die gefundenen Informationen fest?

Texte, Bilder, Karten, Gegenstände untersuchen

Gegenständliche Quellen untersuchen/interpretieren

→ Band 5, S. 19

Die gegenständliche Quelle beschreiben
1. Was sind die äußeren Merkmale (zum Beispiel Aussehen, Größe, Gewicht, Material) des Gegenstandes?
2. Wie alt ist der Gegenstand?
3. Wo wird der Gegenstand heute aufbewahrt?

Die Funktion und Bedeutung der gegenständlichen Quelle herausarbeiten
4. Wie funktioniert bzw. wie bedient man den Gegenstand?
5. Wozu wurde der Gegenstand in der Vergangenheit genutzt?
6. Wem gehörte der Gegenstand?
7. Welche Bedeutung hatte der Gegenstand damals und heute?

Die gegenständliche Quelle interpretieren
8. Welche Aussagen lassen sich mithilfe des Gegenstandes über das Leben der Menschen (zum Beispiel auf Lebensweisen, Alltag, technischer Fortschritt) treffen?
9. Ist der Gegenstand für unser heutiges Leben noch bedeutsam oder wurde er von einem anderen ersetzt?

Einen Sachtext verfassen

→ Band 5, S. 52

Eine Leitfrage formulieren
1. Worüber soll der Sachtext informieren?

Informationen sammeln, ordnen und in kurzen Stichpunkten notieren
2. Suche nach Quellen und Darstellungen, die dir Informationen zu deiner Leitfrage liefern.
3. Schreibe dir stichpunktartig Informationen auf, mit denen du die Leitfrage beantworten kannst. Ordne diese nach Wichtigkeit.

Den Sachtext gliedern und schreiben
4. Die Einleitung: Stelle das Thema und die Leitfrage(n) vor.
5. Der Hauptteil: Formuliere aus den vielen Informationen und Stichpunkten aus dem dritten Arbeitsschritt ganze, zusammenhängende Sätze. Damit der Sachtext verständlich ist, musst du das Geschehene zeitlich ordnen: Was geschah zuerst, was folgte darauf, was geschah gleichzeitig zu einer Handlung/einem Ereignis?
6. Der Schluss: Beantworte die Leitfrage(n) aus Arbeitsschritt 1 und erkläre, woher deine Informationen stammen.

Eine Bildquelle auswerten

→ Band 5, S. 63

Die einzelnen Bildelemente beschreiben

1. Welche Art von Bild liegt hier vor (zum Beispiel Vase, Wandmalerei, Gemälde, Fotografie)?
2. Wer hat das Bild erstellt? Wann wurde es erstellt?
3. Welche Personen, Tiere oder Gegenstände sind zu sehen?
4. Wie werden sie dargestellt (zum Beispiel Kleidung, Farbe, Körperhaltung, Gesichtsausdruck)?
5. Wo befinden sich die Personen, Tiere und Gegenstände?

Die Zusammenhänge erklären

6. In welcher Beziehung stehen die abgebildeten Personen, Tiere oder Gegenstände zueinander?
7. Findest du Merkmale, die auf bestimmte Eigenschaften, Beruf oder gesellschaftliche Stellung hinweisen?

Die Bildquellen deuten

8. Warum wurde das Bild gemalt? Der Titel des Bildes und die Bildunterschrift geben dir weitere Informationen.
9. Welche Botschaft soll dem Betrachter des Bildes vermittelt werden?

Herrscherbildnisse erschließen

→ Band 5, S. 79

Einzelne Elemente beschreiben

1. Welche Art von Kunstwerk liegt hier vor (zum Beispiel Statue, Vase, Gemälde, Fotografie)?
2. Aus welchem Material ist es gemacht? Wie groß ist das Kunstwerk?
3. Wer ist dargestellt?
4. Welche Einzelheiten kannst du beschreiben (Körperhaltung, Gesichtsausdruck, Aussehen, Herrschaftszeichen)?
5. Was erscheint dir merkwürdig oder fremd?

Die Beschriftung auswerten und weitere Informationen hinzuziehen?

6. Welche Hinweise gibt die Bildunterschrift?
7. Welche Bedeutung haben die Einzelheiten (zum Beispiel Herrschaftssymbole, Körperhaltung ...)?
8. Welche weiteren Informationen brauche ich? Wo kann ich die Informationen beschaffen?

Das Kunstwerk/Herrscherbildnis deuten

9. Welche Botschaft soll dem Betrachter des Kunstwerks vermittelt werden?
10. Welche Fragen bleiben offen?

Eine Geschichtskarte auswerten

→ Band 5, S. 103

Den Kartentitel auswerten

1. Welche Informationen kannst du dem Kartentitel entnehmen?

Die Kartenlegende entschlüsseln und den Maßstab feststellen

2. Nimm dir Zeit, die Legende genau zu studieren. Sie ist der Schlüssel zum Verständnis der Karte: Wofür stehen die verwendeten Symbole?
3. Welche Bedeutung haben die Schriftfarben?
4. In welchem Maßstab ist die Karte angefertigt?

Die Karte lesen

5. Häufig gehst du von vorformulierten Fragen und Aufgaben aus, manchmal stellst du selbst Fragen an die Karten.
6. Was ist die Hauptaussage der Karte?

Weitere Fragen zur Karte stellen

7. Karten können nicht alle wichtigen Informationen zu einem Thema enthalten, da sie sonst mit Symbolen überladen und kaum lesbar wären. Ausgehend von einer Karte ergeben sich deshalb oft Fragen, zu deren Beantwortung du weitere Hilfsmittel benötigst.

Eine schriftliche Quelle untersuchen

→ Band 5, S. 113

Die Textquelle lesen
1. Lies den Text gründlich.

Informationen zum Autor und der Entstehungszeit herausarbeiten
2. Wer ist der Autor/die Autorin der Quelle?
3. Wann und wo wurde die Quelle geschrieben?
4. Um welche Art von Text handelt es sich? (zum Beispiel: Tagebuch, Brief, Rede, Zeitungsartikel)
5. An wen ist der Text gerichtet?

Inhalt der Textquelle erfassen und verstehen
6. Welche Begriffe muss ich klären?
7. Wie ist die Quelle aufgebaut? Finde Überschriften für die wichtigsten Abschnitte.
8. Welche Stellen sind erklärungsbedürftig? Stelle passende Warum-Fragen und versuche, sie zu beantworten.
9. Was ist die Hauptaussage des Textes? Fasse sie in 1–2 Sätzen zusammen.

Absicht des Autors erkennen und die Textquelle beurteilen
10. Welche Absicht verfolgte der Autor?
11. Wie zuverlässig erscheinen die Aussagen der Quelle? Berücksichtige dabei auch die Informationen zum Autor und der Entstehungszeit.
12. Welches Urteil fällst du selbst zum Thema der Quelle?

Ein Schaubild auswerten

→ Band 5, S. 137

Einzelne Elemente des Schaubildes erfassen
1. Welche Fachbegriffe werden verwendet und müssen geklärt werden?

Aufbau des Schaubildes untersuchen und beschreiben
2. Wie ist das Schaubild zu lesen?
3. Welche Versammlungen und Ämter gab es?

Inhalt vertiefen
4. In den Schritten 2 und 3 hast du die Versammlungen und Ämter benannt. Erkläre nun ihre Funktion.
5. Wie war die Macht im Staat verteilt?

Schriftliche Quellen vergleichen

→ Band 5, S. 149

Ersten Eindruck festhalten
1. Wie ist dein Eindruck nach dem ersten Lesen?

Informationen zum Verfasser und zum Text sammeln
2. Wann sind die Texte geschrieben worden?
3. Wie groß ist der zeitliche Abstand zwischen Ereignis und Bericht?
4. Waren die Autoren Augenzeugen? Wenn nicht: Wen geben sie als Informanten an?
5. An wen ist der Text gerichtet?

Inhalt vergleichen
6. Gib die Hauptaussagen und Schlüsselbegriffe der Texte wieder.
7. Finde nun die Gemeinsamkeiten zwischen beiden Materialien.
8. Finde die Unterschiede. Gibt es Einzelheiten, die nicht in den Texten erscheinen bzw. unterschiedlich genau oder ausführlich wiedergegeben werden?
9. Was wird berichtet, ist es logisch oder enthält es Unstimmigkeiten?
10. Ist ein Urteil oder eine Meinung des Verfassers zu erkennen?

Weitere Informationen sammeln
11. Ziehe weitere Informationen hinzu, zum Beispiel aus Sachbüchern, dem Schulbuch oder dem Internet. Ergebnisse formulieren
12. Vergleiche die Notizen aus den einzelnen Arbeitsschritten. Formuliere ein Ergebnis, das die Gemeinsamkeiten und Unterschiede berücksichtigt.

Orte erkunden

Eine Exkursion zu einem außerschulischen Lernort durchführen

→ Band 5, S. 167

Informationen beschaffen

1. Besorgt euch Informationsmaterial im Internet oder bei der Verwaltung der Sehenswürdigkeit.

Exkursionen organisieren

2. Klärt, welcher Termin infrage kommt. Beachtet Termine in der Schule und die Öffnungszeiten der Sehenswürdigkeit. Ermittelt Fahrpreise, Fahrzeiten sowie Preise für Eintritt und Führungen.

Inhalte der Exkursion in der Schule vorbereiten

3. Sichtet das Material und entscheidet euch für einige Schwerpunkte eurer Exkursion.
4. Einigt euch auf den Ablauf der Exkursion.
5. Überlegt euch, wie ihr eure Ergebnisse dokumentieren wollt.
6. Teilt die Klasse in Gruppen ein, die dann Einzelfragen zu ihrem Thema formulieren.

Exkursion zum außerschulischen Lernort durchführen

7. Verschafft euch gemeinsam einen ersten Überblick, zum Beispiel durch eine Führung. Dies ist natürlich abhängig davon, wie ihr den Ablauf geplant habt.
8. Arbeitet jetzt in den vorher festgelegten Gruppen. Fertigt Notizen, Skizzen und Fotos oder Videos an. Befragt das Personal der Sehenswürdigkeit.

Befunde auswerten und dokumentieren

9. Wertet eure Ergebnisse in der Schule in Arbeitsgruppen aus und tragt sie der Klasse vor.
10. Dokumentiert eure Ergebnisse wie geplant.

Eine Bildquelle analysieren

→ Band 6, S. 27

Eine historische Stadtansicht untersuchen

→ Band 6, S. 51

Ein historisches Urteil bilden

→ Band 6, S. 75

Historische Karten analysieren

→ Band 6, S. 105

Ein Flugblatt untersuchen und deuten

→ Band 6, S. 137

Im Lexikon werden Fremdwörter, historische Begriffe und Ereignisse erläutert, die in den Texten dieses Buches vorkommen und mit einem * versehen sind. Die Fachbegriffe, die auf den Themenseiten erklärt werden, haben einen Verweis auf die entsprechende Seite.

A

der **Ablasshandel**, Sündenerlass nicht durch die Beichte, sondern die Zahlung einer Geldsumme.

der **Abt**, die **Äbtissin**, Vorsteher/in einer klösterlichen oder klosterähnlichen Gemeinschaft (Abtei). Die Mönche und Nonnen müssen ihnen gegenüber Gehorsam leisten.

der **Adel**, die **Adligen**, bestimmte Personen in einer Gesellschaft, die besondere Rechte genießen. Sie gehören meist schon durch Geburt den herrschenden oder besonders einflussreichen Familien an.

der **Altar**, Opferstätte oder Opfertisch als Verehrungsstätte für Gottheiten. Auf Altären können Opfergaben dargebracht werden. Doch auch die Errichtung des Altars und seine unter Umständen reiche Verzierung sind bereits ein Akt der Verehrung.

die **Antike**, Zeitabschnitt nach der Vor- und Frühgeschichte; beginnend mit den frühen Hochkulturen um 3000 v. Chr., endend mit dem Zerfall des Weströmischen Reichs, ca. 500 n. Chr. Die Zeit der klassischen Antike beginnt mit Griechenland um ca. 1000 v. Chr. und endet um 500 n. Chr.

die **Askese** (griech. Askesis = Übung, Lebensweise), Lebensweise, die darauf zielt, den eigenen Charakter zu festigen und neue Fähigkeiten zu erlernen. Der Asket lebt nach strengen Regeln und verzichtet häufig auf Genussmittel.

die **Azteken**, Völker einer Hochkultur in Mittelamerika, deren Kultur von den spanischen Eroberern 1521 zerstört wurde.

B

die **Barbaren**, Kolonialherren bezeichneten die Bevölkerung der eroberten Gebiete oft als Barbaren (span. bárbaros). In der Vorstellung der europäischen Kolonialherren galt die einheimische Bevölkerung häufig als zurückgeblieben und unzivilisiert.

der **Bischof**, ursprünglich Vorsteher der christlichen Gemeinde. Seit dem 4. Jahrhundert verwaltete der Bischof als oberster Priester ein bestimmtes Gebiet (= Diözese). Im Frühmittelalter wurden die Bischöfe häufig vom König eingesetzt. Nach dem Investiturstreit (Wormser Konkordat 1122) wurden Bischöfe von den Domkapiteln (Gemeinschaft der Geistlichen an einer Domkirche) gewählt.

der **Buchhalter**, die **Buchhalterinnen**, Berufsbezeichnung für jemanden, der die Rechnungsbücher eines Unternehmens führt.

der **Bürger**, die **Bürger**, im Mittelalter und in der Frühen Neuzeit vor allem die städtischen Kaufleute und Handwerker.

das **Bürgerrecht**, in der mittelalterlichen Stadt hatten Bürger das Recht, Grundbesitz frei zu verkaufen und zu vererben. Auch konnten sie ihren Wohnsitz wechseln. Alle Bürger wurden in Rechtsstreitigkeiten nach dem Stadtrecht behandelt. Juden, Gesellen, Mägde und Tagelöhner waren meist vom Bürgerrecht ausgeschlossen. Im Verlauf des Mittelalters erkämpften sich die Bürger immer mehr politische Mitspracherechte.

C

der **Calvinismus**, eine Ausrichtung des protestantischen Glaubens, die zur Zeit der Reformation entstand. Die Calvinisten folgen den Glaubenslehren des französischen Reformators Jean Calvin.

D

die **Darstellung**, eine Darstellung (Sachtext oder Rekonstruktionszeichnung) wird von einem Historiker verfasst und stellt ein bestimmtes Ereignis aus der Vergangenheit dar. Grundlage einer Darstellung sind unterschiedliche Arten von historischen Quellen, die der Historiker ausgewertet hat. In einer Darstellung sind alle Standpunkte und Sichtweisen der Verfasser der Quellen beachtet und hinterfragt worden. So hat der Historiker die Gründe überprüft, wenn Quellen widersprüchliche Aussagen zu einem Ereignis treffen. Nach Auswertung der Quellen und anderer Darstellungen fällt der Historiker ein eigenes Urteil aus seiner Sicht. Ein anderer Historiker kann aber auch anderer Meinung sein.

die **Dhimmi** (Schutzbefohlene), Bezeichnung für Christen und Juden, die unter der islamischen Herrschaft in Al-Andalus eine besondere Kopfsteuer zahlten.

der **koloniale Dreieckshandel**, siehe S. 94

die **Dreifelderwirtschaft**, bei dieser landwirtschaftlichen Nutzung des Bodens wird das Ackerland eines Dorfes dreigeteilt. Auf einem wird Wintergetreide und auf einem anderen Sommergetreide angebaut; der dritte Teil bleibt ungenutzt (Brache). Auf jedem Feld wechseln diese Anbauformen im festen Rhythmus; es kann sich also in jedem dritten Jahr erholen.

der **Dschihad**, arabische Bezeichnung für „Heiliger Krieg“. So bezeichnen Muslime den Kampf zur Verteidigung und Verbreitung des Islam. Eine andere Bedeutung des Begriffes meint das Streben, nach dem islamischen Glauben zu leben.

E

der **Erzengel**, Bezeichnung der Engel, die innerhalb der Schar der Engel eine führende Stellung einnehmen. Während die gewöhnlichen Engel für die Einzelmenschen verantwortlich sind, sind die Erzengel jene Boten, die weitreichende göttliche Beschlüsse überbringen, die für Gemeinschaften oder ganze Völker von Bedeutung sind. In Kunst und Literatur sind die Erzengel Michael, Gabriel, Raphael und Uriel am bekanntesten geworden

das **Evangeliar**, ist ein Buch mit dem vollständigen Text der vier Evangelien der Bibel. Besonders aus dem frühen Mittelalter ist eine Reihe von prachtvoll geschmückten Evangeliaren erhalten.

evangelisch, für Luther und seine Anhänger war nicht der Papst und die Lehren der katholischen Kirche maßgeblich, sondern allein das Wort Christi in der Heiligen Schrift, dem Evangelium. Deshalb bezeichneten sich die Anhänger Luthers als Evangelische.

F

die **Familie**, im Mittelalter verstand man unter „Familie“ die Gemeinschaft aller Menschen eines Fronhofes (vom Grundherrn bis zum unfreien Bauern). In der Stadt sprach man vom „ganzen Haus“ und meinte damit alle in einem Haushalt zusammenlebenden Menschen. Der Adel und die reichen Bürger legten auf die Abstammung von einem bedeutenden Ahnherrn sowie auf die weiteren verwandtschaftlichen Beziehungen Wert, da sie für das Ansehen, die Geschäftsverbindungen und die Wahl des Heiratspartners entscheidend waren.

der **Feudalismus** (lat. feudum = Lehen), Bezeichnung für das seit dem Mittelalter bestehende Herrschaftsverhältnis unter Adligen. Historiker verwenden auch den Begriff Lehnswesen.

der **Fronhof**, Haupthof und Mittelpunkt einer Grundherrschaft. Er umfasste das Herrenhaus, die Wirtschaftsgebäude sowie Äcker, Wiesen und Wälder. Auf dem Fronhof tagte das Hofgericht des Grundherrn, dem alle Angehörigen des Fronhofes, auch die Hörigen, unterworfen waren. Vom 12. Jh. an wurden die Fronhöfe meist aufgelöst und das Land an die Bauern verpachtet.

der **Frühkapitalismus**, Bezeichnung für die vom 16. bis zum 18. Jahrhundert in Europa bestehende Wirtschaftsform. Einzelne Unternehmer oder Handelsgesellschaften besitzen alle notwendigen Mittel zur Herstellung und zum Verkauf von Waren: Geld, Gebäude, Werkzeuge, Kontakte, Verfügung über Rohstoffe. Den Personen, die die Waren produzieren bzw. verkaufen, werden diese Mittel zur Verfügung gestellt – zu Bedingungen, die der Unternehmer bzw. die Gesellschaft diktiert (zum Beispiel Höhe des Lohns, Arbeitszeit, Verkaufspreis). Wie die Unternehmer ihren Gewinn nutzen, ist unterschiedlich: Manche lassen es sich gut gehen (konsumieren), manche kaufen neue Werkzeuge und Grundstücke (investieren), viele legen Gewinne in ländlichen Grundherrschaften an, manche wollen politischen Einfluss gewinnen und manche gehen bankrott.

G

das **Geld**, im frühen Mittelalter tauschten Menschen ihre Erzeugnisse gegenseitig aus (Tausch- oder Naturalwirtschaft), sodass Geld kaum eine Rolle spielte. Seit dem 12. Jh. nahm mit dem Aufschwung der Städte und des Handels die Bezahlung mit Geld immer mehr zu (Geldwirtschaft).

das **geozentrische Weltbild**, antike Philosophen und Wissenschaftler wie Aristoteles (384–322 v. Chr.) und Ptolemäus (um 100–160 n. Chr.) gingen davon aus, dass die Erde der Mittelpunkt des Universums ist (griech. ge = Erde).

die **Glaubensspaltung**, Spaltung innerhalb einer Kirche. Damit verbindet man häufig die Zeit der Reformation 1517 bis zum Ende des Dreißigjährigen Krieges.

die **Götzendienerei**, bezeichnet aus christlicher Sicht ein Anbeten von fremden oder heidnischen Göttern, das nicht mit den Gottvorstellungen aus dem Christentum vereinbar ist.

der **Graf**, hieß im frühen Mittelalter der königliche Amtsträger, der in seinem Bereich (Grafschaft) die hohe Gerichtsbarkeit ausübte, zur Heeresfolge aufrief und den Frieden im Inneren sicherte. Das Amt wurde im 9. Jh. erblich und vom örtlichen Adel übernommen, der selbst neue Grafschaften gründete. Einige Grafen bauten ihre Herrschaftsbereiche seit dem 12. Jh. zu eigenständigen Gebieten aus und wurden damit zu Landesherren.

die **Grundherrschaft**, zum Beispiel ein Adliger, ein Kloster oder ein Bischof verfügte über das Obereigentum an Grund und Boden. Er überließ abhängigen Bauern, den Grundholden (= Hörigen), Land zur Bewirtschaftung. Für den Schutz, den der Grundherr gewährte, waren die Hörigen zu Abgaben und Frondiensten verpflichtet. Gänzlich unfreie Bauern, die Leibeigenen, arbeiteten auf dem Herrenland bzw. auf Fronhöfen, die den Mittelpunkt einer Grundherrschaft bildeten.

H

die **Hadithe** (arabisch Erzählung, Bericht, Mitteilung, Überlieferung), bezeichnet die Überlieferungen der Aussprüche und Handlungen des islamischen Propheten Mohammed sowie der Aussprüche und Handlungen Dritter, die dieser stillschweigend gebilligt haben soll.

der **Handelskapitalismus**, Bezeichnung für eine Wirtschaftsform, in der einzelne Unternehmer oder Handelsgesellschaften alle notwendigen Mittel zur Herstellung und zum Verkauf von Waren besitzen: Geld, Gebäude, Werkzeuge, Kontakte, Verfügung über Rohstoffe. Den Personen, die die Waren produzieren bzw. verkaufen, werden diese Mittel zur Verfügung gestellt – zu Bedingungen, die der Unternehmer bzw. die Gesellschaft diktiert (zum Beispiel Höhe des Lohns, Arbeitszeit, Verkaufspreis). Wie die Unternehmer ihren Gewinn nutzen, ist unterschiedlich: Manche lassen es sich gut gehen (konsumieren), manche kaufen neue Werkzeuge und Grundstücke (investieren), viele legen Gewinne in ländlichen Grundherrschaften an, manche wollen politischen Einfluss gewinnen und manche gehen bankrott.

die **Handelskolonie**, vorherrschende Form der Kolonialisierung. Aus den eroberten Gebieten machten die europäischen Kolonialmächte Handelskolonien, die sie für die Wirtschaft ihres Landes nutzten.

die **Hanse**, siehe S. 49

das **heliozentrische Weltbild**, der polnische Astronom Nikolaus Kopernikus (1473–1543) stellte die Behauptung auf, dass die Planeten um die Sonne kreisten (griech. helios = Sonne).

der **Herzog** / das **Herzogtum**, ursprünglich waren Herzöge Anführer ihres Stammes. Als im 9. Jh. die Herrschaft der fränkischen Könige schwächer wurde, entwickelten sich in den Gebieten der einzelnen Stämme Adlige zu mächtigen Anführern. Macht und Stellung dieser Stammesherzöge war der des Königs vergleichbar: Sie waren oberste Richter, erließen Gesetze, riefen zur Heeresfolge auf und sicherten den Frieden ihres Stammes.

die **Hidschra**, bezeichnet die Flucht (eigentliche Wortbedeutung: Auswanderung, Auszug) Mohammeds von Mekka nach Medina und seine Ankunft in Quba am 24. September 622. Sie markiert den Beginn der islamischen Zeitrechnung, die jedoch erst 17 Jahre später durch den Kalifen Umar ibn al-Chattab eingeführt wurde.

die **historischen Karten**, siehe S. 105

die **Hochkultur**, Merkmale einer Hochkultur sind: ein Staat mit zentraler Verwaltung und Regierung, Arbeitsteilung, ein Abgaben-(Steuer-)System, Schrift, Zeitrechnung, Kunst, Architektur, Anfänge von Wissenschaft und Technik.

die **Hörigen** → die Leibeigenen

der **Humanismus**, siehe S. 94

I

die **indigene Bevölkerung**, (lat. indigenus = eingeboren), einheimische oder ursprüngliche Bevölkerung in einer Region.

die **Insignien**, Herrschaftszeichen (zum Beispiel des Bürgermeisters). Der deutsche König besaß als Insignien die Krone, die heilige Lanze, das Zepter, den Reichsapfel und das Schwert. Der Papst trägt die Tiara (weiße Haube mit drei Kronreifen), der Bischof ist an der Mitra (spitze weiße Haube) und dem Krummstab zu erkennen.

die **Investitur** (von lat. investire = bekleiden), bezeichnet die feierliche Einsetzung von hohen Geistlichen in ihr Amt im Mittelalter.

der **Islam** (arab. islam = Hingabe an Gott, Ergebung in Gottes Willen), der Islam bekennt sich wie Judentum und Christentum zu einem Gott. Grundlage des Islam ist der Koran, der in 114 Suren (= Abschnitte) geteilt ist und Erzählungen, Lobpreisungen und Gleichnisse enthält. Der Islam wurde zu Beginn des 7. Jh. durch den Propheten Mohammed begründet.

J

das **Judentum**, Bezeichnung sowohl für die Religion, die Tradition, die Philosophie als auch für die Gesamtheit der Juden; erste monotheistische Religion. Die Heilige Schrift der Juden ist die Thora (hebr. = Lehre). Das sind die fünf Bücher Mose, die dem Volk der Juden von Gott übertragen wurden. Der Ort des jüdischen Gottesdienstes ist die Synagoge.

K

der **Kaiser**, das **Kaisertum**, siehe S. 18

die **Karavelle**, ein Segelschiff, das während den europäischen Entdeckungsfahrten eingesetzt wurde.

der **Ketzer**, bezeichnet seit dem 12. Jh. alle Personen, die nicht die offizielle Lehre der Kirche glaubten und dafür verfolgt und bestraft wurden.

der **Kirchenbann**, begeht ein Mensch ein schweres Verbrechen oder weicht er von der rechten Lehre ab, so kann die Kirche als schärfste Strafe über ihn den Kirchenbann (Exkommunikation) verhängen, so wie die weltliche Gewalt die Reichsacht aussprechen kann. Damit wird er von den Sakramenten (zum Beispiel Abendmahl) und aus der christlichen Gemeinschaft ausgeschlossen, das heißt kein Christ darf mit ihm sprechen oder mit ihm Geschäfte betreiben.

der **Klerus**, in der katholischen Kirche Amtsträger; alle Personen, die durch eine kirchliche Weihe in den Dienst der Kirche getreten sind (Geistliche). Die Geistlichen waren ein eigener Stand und besaßen bis ins 19. Jh. Vorrechte.

das **Kloster**, ein Kloster (lat. claustrum = verschlossen) ist ein gegenüber der Außenwelt „abgeschlossener Ort“, in dem Mönche oder Nonnen leben. Die Leitung eines Klosters liegt in der Hand eines Abtes oder einer Äbtissin. Mönche und Nonnen legen beim Eintritt ins Kloster ein Gelübde ab, ihr Leben lang einer schriftlich überlieferten Ordensregel zu folgen. Sie dürfen nicht heiraten und müssen auf privaten Besitz verzichten.

die **Koexistenz**, beschreibt das gleichzeitige Vorhandensein verschiedener Systeme. Verstanden wird darunter oft das friedliche, aber unabhängige Nebeneinander zweier (mehrerer) Dinge.

die **Kolonie**, in der Neuzeit Errichtung von Handelsstützpunkten. Sie konnten auch größere Gebiete umfassen.

der **Kolonialismus**, Einrichtung von Handelsstützpunkten und Siedlungen in wenig entwickelten Ländern, vor allem außerhalb Europas, sowie deren Inbesitznahme durch überlegene Staaten seit dem Ende des 15. Jh. Die überlegenen Staaten verfolgen dabei vor allem wirtschaftliche und militärische Ziele.

die **Konfession**, anfangs nur ein Glaubensbekenntnis, später eine (christliche) Bekenntnisgruppe, zum Beispiel Lutheraner, Calvinisten, Katholiken.

das **Königsheil**, im Mittelalter gab es die Vorstellung, dass das Vorhandensein eines Königs das Wohlergehen des beherrschten Volkes beeinflusste. Das Königsheil hatte nach dieser Vorstellung auch einen Einfluss auf das Wetter, die Ernten oder sogar auf den Krieg.

das **Konkordat**, bezeichnet einen Vertrag zwischen einem Staat und der römisch-katholischen Kirche, zum Beispiel das Wormser Konkordat, in dem die Besetzung von Bischofsämtern geregelt wurde.

das **Konzil**, Versammlung von Bischöfen und anderen hohen Geistlichen zur Beratung und Entscheidung von Glaubensfragen und kirchlichen Angelegenheiten. Auch die Kaiser als oberste Schutzherren der Kirche beriefen Konzile ein.

der **Koran**, das bedeutendste Buch des Islam. Im Arabischen bedeutet das Wort Qur'an so viel wie „Lesung“ oder „Vortrag“. Darin enthalten sind die Offenbarungen des Erzengels Gabriel, die er im Jahre 610 Mohammed verkündet haben soll. Der Koran besteht aus 114 Kapiteln, den sogenannten Suren. Diese umfassen mehr als 6000 Verse.

die **Kreuzzüge**, siehe S. 72

L

der **Laie**, ein Angehöriger der katholischen Kirche, der kein geistlicher Amtsträger ist.

der **Landesherr**, Herrscher über ein fest umrissenes Gebiet (= Territorium) des Reichs. Seit dem 11. Jh. entstand im Deutschen Reich durch Zusammenfassung der verschiedenen Herrschaftsrechte die Herrschaft über ein Gebiet. Während sich vor dem Aufkommen der Landesherren Herrschaft auf Personen, unabhängig von ihrem Wohnsitz, richtete (Lehnswesen), sind nun die Bewohner eines Territoriums der Gewalt des Landesherrn unterworfen.

die **Landeskirche**, siehe S. 135

die **Lehenvergabe**, siehe S. 25

das **Lehnswesen** → Lehensvergabe

der **Leibeigene**, die Leibeigenen lebten und arbeiteten auf dem Hof ihres Herrn (Leibherrn) und gehörten zu dessen persönlichem Besitz. Die Leibeigenen durften nicht vom Hof ihres Leibherrn wegziehen und konnten nicht ohne dessen Zustimmung heiraten. In Deutschland begann die Abschaffung der Leibeigenschaft im 18. Jahrhundert.

M

die **Magd**, die **Mägde**, Bezeichnung für weibliche Personen, die in der Regel als Dienstmädchen Haus- und landwirtschaftliche Arbeiten ausübten.

der **Markt**, Ort zum Tausch oder Verkauf und Kauf von Waren, meist in der Mitte der Stadt gelegen.

das **Massenmedium**, bezeichnet ein Kommunikationsmittel, das zur Verbreitung von Informationen in der Öffentlichkeit beiträgt. Heute sind das Internet und Fernsehen die wichtigsten Massenmedien. In der Frühen Neuzeit wurden mit der Einführung des Buchdrucks Flugblätter und Bücher zu Massenmedien.

die **Ministeriale** (Dienstmannen), waren ursprünglich Unfreie. Seit dem 10. Jh. wurden sie von ihren Herren mit Verwaltungs- und Kriegsdiensten beauftragt. Sie waren für Könige, Fürsten, Bischöfe oder Äbte unentbehrlich.

der **Missionar**, die Missionierung, die Verbreitung einer Religion, in der christlichen Religion zumeist durch Mitglieder von Mönchsorden, wie zum Beispiel der Missionar Bonifatius.

das **Mittelalter**, der Begriff bezeichnet den Zeitraum zwischen 500 n. Chr. und 1500 n. Chr., der Zeit zwischen Antike und Neuzeit in der Geschichte Europas. Die Völkerwanderungen, das Ende des Weströmischen Reichs 476 n. Chr., die Gründung des Frankenreichs um 500 n. Chr. und der Aufstieg des Islam (7. Jh.) werden als Beginn einer neuen Epoche gesehen. Sie endet um 1500 in einer Zeit wichtiger Erfindungen und Entdeckungen (1492 Amerika) und religiöser Umwälzungen (1517 Reformation).

das **Monopol**, wirtschaftliche Situation, bei der es nur einen Anbieter für ein bestimmtes Produkt gibt. Er kann den Preis vorschreiben.

die **Moschee** (arabisch = Ort der Niederwerfung), ist ein ritueller Ort des gemeinschaftlichen islamischen Gebets und darüber hinaus der politischen, rechtlichen und lebenspraktischen Wertevermittlung im Sinne des Islam sowie ein sozialer Treffpunkt.

das **Münzrecht**, Bezeichnung für das Recht im Mittelalter, eigene Münzen prägen zu dürfen und das Geldwesen im eigenen Herrschaftsbereich zu regeln.

N

die **Neuzeit**, siehe S. 94

O

der **Orden**, eine christliche Gemeinschaft von Männern oder Frauen, die sich durch Gelübde verpflichten, ihr Leben in den Dienst Gottes zu stellen. Diese Verpflichtung galt für alle christlichen Orden. Zahlreiche Ordensgemeinschaften lebten nach dem Vorbild der Benediktiner nach festen Regeln in einem Kloster: Ihre Mitglieder gelobten lebenslangen Aufenthalt im Kloster, Ehelosigkeit, Verzicht auf Eigentum und Gehorsam gegenüber dem Vorsteher des Klosters.

die **orthodoxe Kirche**, die orthodoxe Kirche entstand 1054 durch die Kirchenspaltung in die orthodoxe und die katholische Kirche.

P

der **Papst** / das **Papsttum**, nach kirchlicher Überlieferung war der Apostel* Petrus der erste Bischof in Rom. Deshalb besaß der römische Bischof eine herausgehobene Stellung in der Kirche und trug seit dem 5. Jahrhundert den Titel „Papst“ (lat. papa). Mit dem Bündnis zwischen dem Karolinger Pippin und dem Papst begann eine für das gesamte europäische Mittelalter wichtige Verbindung zwischen König und Kirche. Nach der Lehre der Kirche hatte Christus dem König (später dem Kaiser) die gesamte weltliche Macht und dem Papst die Führung der geistlichen Herrschaft verliehen.

der **Patrizier**, die **Patrizier**, Bezeichnung für die Angehörigen der städtischen Oberschicht in der spätmittelalterlichen Stadt, bestehend aus dem alten Stadtadel und durch den wirtschaftlichen Erfolg aufgestiegene Fernhandelskaufleute.

die **Pestepidemie**, der Begriff steht für die im 14. Jahrhundert in Europa herrschende Pestwelle. Zwischen 20 und 25 Millionen Menschen starben an dieser Krankheit, die über die Seidenstraße Europa erreichte. Heute wissen wir, dass die hoch ansteckende Lungenpest durch direkten Kontakt mit einem Erkrankten übertragen wird. Die weniger ansteckende Beulenpest wurde durch Ratten, Flöhe und Insekten weitergegeben. Diese waren im Mittelalter in allen Häusern anzutreffen. Besonders viele Opfer der Pest gab es in den Städten.

die **Pfalz**, der Begriff leitet sich vom Wohnsitz der römischen Kaiser auf dem Hügel Palatin ab. Im deutschen Sprachgebrauch entstand daraus das Wort „Palast“.

der **Pilger**, Bezeichnung für eine Person, die aufgrund ihres Glaubens eine längere Reise, meistens zu Fuß, zu einer religiös besonders verehrten Stätte unternimmt.

der oder das **Pogrom**, der Begriff kommt aus dem Russischen und bezeichnete ursprünglich Judenverfolgungen in Russland. Er wird heute allgemein verwendet für gewaltsame Ausschreitungen gegen Minderheiten, insbesondere gegen Juden, die mit Plünderungen und Mord einhergehen.

das **Privileg**, Sonderrechte, die ein Herrscher oder Staat Einzelpersonen oder Gruppen verleiht. Dazu gehören zum Beispiel Steuerbefreiung, hohe Posten in Heer, Verwaltung oder Wirtschaft.

die **Protestanten**, seit 1530 Bezeichnung für die Anhänger Luthers, weil sie gegen den Beschluss des Reichstags zur Bekämpfung der Reformation protestiert hatten.

der **Prophet**, Bezeichnung für eine Person, die sich von Gott berufen fühlt, um göttliche Botschaften zu verkünden.

Q

die **Quelle**, historische Quellen sind Überlieferungen, aus denen wir Kenntnisse über das Vergangene gewinnen können. Es gibt unterschiedliche Arten von Quellen: gegenständliche Quellen (zum Beispiel Gebäude, Denkmäler, Schmuck, Werkzeuge, Maschinen, Knochen, Münzen), schriftliche Quellen (zum Beispiel Urkunden, Akten, Rechtssammlungen, private Briefe, Großmutters Kochbuch), mündliche Quellen (zum Beispiel erzählte Lebenserinnerungen, Sagen), akustische Quellen (zum Beispiel Tonaufnahmen, Volkslieder), Bildquellen (zum Beispiel Gemälde, Zeichnungen, Drucke, Fotos, Filme), Traditionen (zum Beispiel religiöse Feste, Volksfeste, Bräuche, Sprache).

R

die **Reconquista** (span. = Rückeroberung), Bezeichnung für die Rückeroberung des letzten islamischen Königreichs Granada im Süden der Iberischen Halbinsel im Jahre 1492 durch christliche Heere. Anschließend wurden die spanischen Gebiete wieder zusammengefügt.

die **Reform** (lat. re = zurück, formatio = Gestaltung), im politischen Bereich eine Umgestaltung der bestehenden politischen Ordnung. Im Mittelalter und der Frühen Neuzeit wurde darunter die Beseitigung von Missständen in Staat und Kirche verstanden.

die **Reformation**, siehe S. 135

die **Reichsacht**, bei schweren Vergehen (zum Beispiel Mord) konnten der König bzw. Kaiser oder ein von ihm beauftragter Richter den Täter ächten. Dieser war damit aus der Gemeinschaft ausgestoßen und im gesamten Reich vogelfrei. Jeder hatte das Recht, einen Geächteten zu töten. Er verlor seinen Besitz, und wer ihn aufnahm, verfiel selbst der Reichsacht.

der **Reichsfürst**, hoher Adliger im Mittelalter, der keinen Lehnsherrn zwischen sich und dem König hatte.

die **Reichsstadt**, im Heiligen Römischen Reich (bis 1806) gab es Städte, die unmittelbar dem König bzw. dem Kaiser unterstanden. Diese Reichsstädte zahlten zwar Steuern und sollten die Politik des Herrschers unterstützen, die inneren Angelegenheiten konnte der Rat der Stadt jedoch selbst regeln.

die **Reichsstände**, waren im Heiligen Römischen Reich um die 300 Vertreter, die Sitz und Stimme im Reichstag zu Regensburg hatten. Dabei unterschieden sich die Vertreter grundlegend in „weltliche" (u. a. Fürsten und Könige) und „geistliche" (der Kirche zugehörende) Reichsstände.

der **Reichstag**, im Mittelalter rief der deutsche König die Vertreter der Reichsstände (Reichsfürsten, Vertreter der Reichs- und Bischofsstädte) zu Hoftagen zusammen. Diese in unregelmäßigen Abständen vom König einberufene Versammlung wurde seit 1495 Reichstag genannt. Seit 1663 trat der Reichstag als ständiger Kongress, als „Immerwährender Reichstag" zusammen. Seine Kompetenzen waren nicht eindeutig festgelegt, er beschäftigte sich aber mit Reichsgesetzen und -steuern, Entscheidungen über Krieg und Frieden und dem Heereswesen.

das **Reisekönig(tum)**, siehe S. 21

die **Renaissance**, siehe S. 94

die **Ritter**, adlige Reiterkrieger. Als Gruppe entstanden sie in den Kriegen des 9./10. Jh. Seit dem 12. Jh. bildeten sie einen Stand mit eigenen Idealen wie Treue und Gefolgschaft. Ihr Niedergang begann im 14. Jh.

S

die **Seidenstraße**, Bezeichnung für eine feste Handelsstraße, die China mit Europa und den neu entstandenen islamischen Reichen auf der Arabischen Halbinsel im Nahen Osten verband. Seit der Antike trieb das Chinesische Reich mit Parthern und Römern darüber Handel und tauschte Waren aus. Im Mittelalter gelangten über die Seidenstraße größere Mengen chinesischer Seide auf die Märkte Europas.

die **Staatsreligion**, bezeichnet das innerhalb eines Staates als einziges anerkanntes oder dominierendes Glaubensbekenntnis.

die **Ständegesellschaft**, im Mittelalter unterschied man zwischen dem Stand der Geistlichen, des Adels und der Bauern. In der städtischen Gesellschaft kamen noch die Bürger hinzu. Die Zugehörigkeit zu einem Stand bestimmte über die Rechte des Einzelnen, den Zugang zu Berufen und die Bildungsmöglichkeiten. Wichtigstes Merkmal einer ständischen Gesellschaft ist die große politische, soziale und rechtliche Ungleichheit zwischen den einzelnen Ständen.

die **Sklaverei** → die Versklavung

der **Sultan**, Bezeichnung für einen islamischen Herrscher.

die **Sunniten** und **Schiiten**, Unter den Nachfolgern Mohammeds trennten sich die Muslime in Sunniten und Schiiten. Die Sunniten erkannten alle Kalifen als rechtmäßige Führer der Gemeinde an, die Mohammeds Worten und Taten folgten (arabisch sunna = gewohnte Handlung). Sie stellen heute mit 90 Prozent den Hauptanteil der Muslime weltweit. Die andere Gruppe folgte nur dem Kalifen Ali, einem Schwiegersohn Mohammeds. Aus seinen Anhängern bildeten sich die Schiiten (arabisch schiat-Ali = Partei Alis). Sie stellen heute im Iran und im Osten des Irak die Mehrheit der Muslime.

T

der **Tagelöhner**, die **Tagelöhner**, Bezeichnung für jemanden, der kein festes Arbeitsverhältnis besitzt. Ein Tagelöhner ist tageweise immer wieder bei abwechselnden Arbeitgebern angestellt. Im Mittelalter kamen Tagelöhner aus ärmlichen Verhältnissen. Sie übten körperliche Gelegenheits- und Hilfsarbeiten aus, die ein in einer Zunft zusammengeschlossenes Handwerk nicht ausübte.

V

der **Vasall** (keltisch = Knecht), ein Lehensmann, der von einem Lehnsherrn abhängig ist und für ihn Dienste leisten muss.

das **Verlagssystem**, Verlag kommt von „vorlegen“, d. h. Geld und Arbeitsmaterialien vorstrecken. Im Spätmittelalter und der Frühen Neuzeit beschafften in vielen wichtigen Gewerberegionen Europas kapitalkräftige Kaufleute („Verleger“) die Rohstoffe und sorgten dafür, dass die fertigen Waren (zum Beispiel Stoffe und Metallgeräte) verkauft wurden. Die Ware selbst wurde von einzelnen Handwerkern und Heimarbeitern zu Hause hergestellt.

die **globale Vernetzung**, der weltweite Zusammenhang und Austausch in den Bereichen Wirtschaft, Kommunikation, Kultur und Wissen. Der mittelalterliche Fernhandel (zum Beispiel Seidenstraße) oder Religionsaustausch (zum Beispiel Christentum-Islam) förderte die Vernetzung über weite Entfernungen. Mit der Eroberung Amerikas und dem Aufbau weltumspannender Handelsbeziehungen (zum Beispiel Asienhandel, transatlantischer Dreieckshandel) begann die Epoche der globalen Vernetzung (= Globalisierung).

die **Versklavung**, in der Antike waren versklavte Menschen eine „Sache“, über die ihr Besitzer frei verfügen konnte. Sie wurden als Kriegsgefangene ins Land gebracht und konnten gekauft werden. Eine neue Form der Versklavung entstand im Zeitalter der Entdeckungsfahrten. In großer Zahl wurden Menschen in Afrika erworben und als Versklavte nach Amerika in die Kolonien gebracht. Dort setzte man sie als Arbeitskräfte in den landwirtschaftlichen Großbetrieben (Plantagen) ein.

W

die **Wallfahrt**, eine Fahrt/Reise zu einem religiösen Ort oder einer heiligen Stätte.

das **Weltbild**, darunter verstehen wir heute die Zusammenfassung der Ergebnisse unseres vor allem naturwissenschaftlichen Wissens zu einer Gesamtsicht der Welt. Im Mittelalter wurde der Begriff Weltbild von dem Begriff Weltanschauung nicht unterschieden und meinte damit eine Gesamtauffassung von Wesen und Sinn der Welt und des menschlichen Lebens in der göttlichen Ordnung. In der Frühen Neuzeit wurde die Vorstellung, dass die Erde der Mittelpunkt der Welt und des Weltalls sei, durch Nikolaus Kopernikus verändert, der erkannte, dass die Erde um die Sonne kreist (heliozentrisches Weltbild). Dieses Weltbild widersprach den Lehren der Kirche, die von dem geozentrischen Weltbild (die Erde als Mittelpunkt der Welt) ausgingen.

das **Wormser Konkordat**, Regelung der → Investitur (1122). Ein Bischof hat sowohl weltliche als auch geistliche Aufgaben: Er verwaltet den Besitz der Kirche und die Sakramente: Die weltlichen Herrschaftsrechte verleiht ihm der König, die geistlichen Aufgaben werden ihm von der Kirche übertragen.

Z

die **Zunft**, verpflichtender Zusammenschluss von Handwerkern eines Berufszweiges. Die Zunft regelte und überwachte Ausbildung, Warenqualität, Handel und Anzahl der Meisterbetriebe. Sie sicherte die wirtschaftliche Existenz der Handwerker, indem sie Konkurrenz verhinderte. Im Mittelalter prägten die Zünfte die alltägliche Lebensführung.

Die mit einem * versehenen Begriffe werden im Lexikon näher erklärt.

Bildquellen

Cover: dpa Picture-Alliance/Reuters/Enrique Shore; Umschlagseiten Karten 1–5: Cornelsen/Carlos Borrell Eiköter; S. 3 un.: Cornelsen/Autor René Jenkel; S. 4 ob.: bpk, un.: Bridgeman Images/Bible Society, London, UK; S. 5 mi.: akg-images/Schadach; S. 12/13: akg-images; S. 14 M1: Cornelsen/Carlos Borrell Eiköter; S. 15 M2: Cornelsen/René Jenkel, M3: Niedersächsisches Landesamt für Denkmalpflege, M4: Libellula e. V., M5: Bridgeman Images/De Agostini Picture Library/S. Vannini; S. 16 M1: akg-images; S. 17 M2: Cornelsen/Carlos Borrell Eiköter; S. 18 M1: bpk/RMN – Grand Palais/Jean-Gilles Berizzi; S. 19 M2: dpa Picture-Alliance/Oliver Berg; S. 19 M4 li.: Cornelsen/Carlos Borrell Eiköter; S. 20 M1: Bridgeman Images/Tarker, M2: Bridgeman Images/; S. 21 M3: Cornelsen/Klaus Becker, M5: Cornelsen/Carlos Borrell Eiköter; S. 22 M1: Erfurth Kluger Infografik GbR/Illustrationen: Cornelsen/Thomas Binder, M2: akg-images/British Library; S. 23 M3: akg-images; S. 24 M1: akg-images; S. 25 M1: Cornelsen/Erfurth Kluger Infografik GbR, Cornelsen/Thomas Binder (König, Ritter, Ministerialen), Cornelsen/Michael Teßmer (Herzöge, Grafen, Bischöfe, Äbte), Cornelsen/Nicole Rademacher (Äbtissin); S. 26: akg-images; S. 29 M2: bpk; S. 30 M1: akg-images; S. 31 li.: bpk/Félicien Faillet, re.: De Agostini Picture Library/A. Dagli Orti/Bridgeman Images; S. 32 M1: akg-images; S. 33 M2: Cornelsen/Elisabeth Galas; S. 34 M1: bpk/Hermann Buresch; S. 35 M2: bpk/RMN – Grand Palais/René-Gabriel Ojéda, M3: Cornelsen/Elisabeth Galas, Gabriele Heinisch; S. 36 M1: Imago Stock & People GmbH/Hans Blossey; S. 37 M2: Bridgeman Images/Buyenlarge Archive//UIG; S. 38 M2: DEUTSCHE BURGENVEREINIGUNG e. V., Dienstelle Marksburg/Gerhard Wagner; S. 38/39 un.: Cornelsen/Thomas Binder; S. 40 un.: Cornelsen/Thomas Binder; S. 41 M3: Cornelsen/Elisabeth Galas; S. 42 M1: Cornelsen/Autor René Jenkel, M2: Cornelsen/Carlos Borell Eiköter; S. 44 M1: bpk/RMN – Grand Palais; S. 45 M2: bpk/RMN – Grand Palais/Bulloz, M3: Bridgeman Images/Ecole Nationale Superieure des Beaux-Arts, Paris, France, M4: Cornelsen/Erfurth Kluger Infografik GbR; S. 47 M1: Imago Stock & People GmbH/Rudolf Gigler; S. 48 M2: Archiv der Hansestadt Lübeck; S. 49 M3: Cornelsen/Carlos Borell Eiköter, M4: akg-images; S. 50 M1: Bridgeman Images/The Stapleton Collection, M2: Cornelsen/Carlos Borrell Eiköter; S. 52 M2: Altigi GmbH/Goodgame Studios; S. 53 M4: dpa Picture-Alliance/Horst Ossinger; S. 54 ob. re.: bpk/RMN – Grand Palais/René-Gabriel Ojéda, mi.re.: bpk/RMN – Grand Palais/Jean-Gilles Berizzi; S. 55 ob.: akg-images; S. 56 M2: Cornelsen/Carlos Borell Eiköter; S. 57 M3: Bridgeman Images, M4: mauritius images/alamy stock photo/Pictorial Press Ltd, M5: Palazzo Pubblico, Siena, Italy/Alinari/Bridgeman Images; S. 58/59: akg-images; S. 60 M1: Cornelsen/Carlos Borell Eiköter; S. 61 M2: akg-images/Erich Lessing, M3: mauritius images/alamy stock photo/World History Archive, M4: akg-images/Pictures From History; S. 62 M1: Cornelsen/Klaus Kühner, bearbeitet durch Carlos Borell Eiköter; S. 65 li.: mauritius images/Travel Collection; S. 64 M1: Cornelsen/Carlos Borrell Eiköter; S. 66 M1: stock.adobe.com/ayazad; S. 67 M2: Bridgeman Images/Photo © Luisa Ricciarini/ Topkapi Museum, Istanbul Turkey, M3: Bridgeman Images//Pictures from History; S. 68 M1: Cornelsen/Carlos Borrell Eiköter; S. 69 M3: akg-images/Manuel Cohen; S. 70 1: akg-images/Bible Land Pictures; S. 70/71: Cornelsen/Erfurth Kluger Infografik GbR; S. 71 M2: Cornelsen/Carlos Borrell Eiköter, 6: akg-images/Israel Talby; S. 73 M2: akg-images/Jérôme da Cunha; S. 74 M1: akg-images; S. 77 M3: Cornelsen/Carlos Borrell Eiköter; S. 78 M1: Cornelsen/Carlos Borrell Eiköter; S. 79 M2: akg-images/British Library; S. 80 M1: Cornelsen/Carlos Borell Eiköter; S. 83 M3: akg-images; S. 84 ob. re.: akg-images; S. 85 ob. mi.: akg-images; S. 87 M5: bpk; S. 88/89: akg-images/Erich Lessing; S. 90 M1: Cornelsen/Carlos Borrell Eiköter; S. 91 M2: Imago Stock & People GmbH/Heritage Images, M3: akg-images, M4: bpk/Gemäldegalerie, SMB/Jörg P. Anders; S. 92 M1: Cornelsen/Carlos Borrell Eiköter; S. 93 M2: B.Seifert, Lübke+Wiedemann, D-Leonberg; S. 94 M1: Bridgeman Images, M2: Bridgeman Images/Photo © Nicolò Orsi Battaglini /Galleria Palatina & Appartamenti Reali di Palazzo Pitti, Florence, Tuscany, Italy, M3: akg-images/Heritage Images/Fine Art Images, M4: Bridgeman Images/Alinari Archives, Florence/Biblioteca Reale, Turin, Piedmont, Italy; S. 96 M1: Bridgeman Images/Bible Society, London, UK, M2: Bridgeman Images/© British Library Board. All Rights Reserved; S. 97 M2: akg-images/Science Photo Library; S. 98 M1: akg-images, M2: Cornelsen/Klaus Becker; S. 99 M1: Bridgeman Images/PVDE, M2: Bridgeman Images/ Gallerie dell'Accademia, Venice, Italy, M3: akg-images/Science Photo Library; S. 100 M1: Cornelsen/Erfurth Kluger Infografik GbR, M2: Bridgeman Images/De Agostini Picture Library; S. 102 M1: akg-images, S. 102 M2: Bridgeman Images/National Gallery, London, UK; S. 104 M1 li.: Cornelsen/Hans Wunderlich, M1 re.: akg-images/BRITISH

LIBRARY/SCIENCE PHOTO LIBRARY, M2: akg-images/Roland and Sabrina Michaud; S. 106 M1: Cornelsen/Hans Wunderlich; S. 106 M2: bpk/Dietmar Katz; S. 107 M3: Bridgeman Images/De Agostini Picture Library; S. 108 M1: Cornelsen/Carlos Borrell Eiköter; S. 110 M1: akg-images, M4: akg-images/Roland and Sabrina Michaud; S. 111 M3: akg-images; re.: bpk/Lutz Braun; S. 112 M1: bpk/The Trustees of the British Museum; M2: akg-images; S. 113 M4: akg-images/De Agostini Picture Lib./(c) Banco de México Diego Rivera Frida Kahlo Museums Trust/VG Bild-Kunst, Bonn 2023/Diego Rivera: The Great City of Tenochtitlan; S. 114 M1: Cornelsen/Carlos Borrell Eiköter; S. 115 M2: akg-images; S. 116 M1: Bridgeman Images/Granger; S. 118 M1: Cornelsen/Carlos Borrell Eiköter; S. 120 M1: Cornelsen/Elisabeth Galas; S. 121 M3: bpk; S. 122 ob. li.: akg-images/Science Photo Library; S. 123 ob. li.: Bridgeman Images/© British Library Board. All Rights Reserved; S. 124 M1: Bridgeman Images; S. 125 M4: Bridgeman Images, M5: Klaus Pielert (Künstler), Haus der Geschichte, Bonn; S. 126/127: akg-images/Schadach; S. 128 M1: Cornelsen/Carlos Borrell Eiköter; S. 129 M2: mauritius images/hwo, M3: akg-images, M4: Shutterstock.com/Aerial-motion; S. 130 M1: akg-images; S. 131 M2: akg-images; S. 132 M2: Bridgeman Images/Cranach, Lucas, the Elder (1472–1553); S. 133 M4: Imago Stock & People GmbH/epd; S. 134 M1: Cornelsen/Carlos Borrell Eiköter; S. 136 M1: akg-images; S. 138 M1: Cornelsen/Carlos Borrell Eiköter; S. 139 M4: Erich Fürst von Waldburg zu Zeil und Trauchburg, Waldburg-Zeil'sches Gesamtarchiv, Schloß Zeil, 88299 Leutkirch; S. 142 M1: Playmobil – geobra Brandstätter Stiftung & Co. KG, Zirndorf; S. 143 ob. li.: akg-images; S. 144 M1+M2: akg-images; S. 145 M5: mauritius images/Martin Siepmann, M6: Bridgeman Images/Universal History Archive/UIG; S. 149 M4: akg-images; S. 157 M1: Cornelsen/Rahmen: Shutterstock/Nevada31; Innenabbildung Paris: picture alliance/AP Images;